Bernhard Schlörit
# Verdammte Container

D1726655

## Der Autor

Bernhard Schlörit, Geburtsjahrgang 1949, musterte 1972 als sogenannter Aufwäscher auf einem Frachter an, getrieben von Neugier
und Abenteuerlust. Von der Seefahrt begeistert absolvierte er eine
mehrjährige Ausbildung, die er 1976 mit dem Erwerb des Seefunk-
zeugnisses 2.Klasse erfolgreich abschloss. Danach fuhr er 10 Jahre
als Funkoffizier auf verschiedenen Frachtschiffen in weltweiter Fahrt.
Es waren die gravierenden Veränderungen in der deutschen Handelsschifffahrt, die bei ihm wie bei vielen anderen Seeleuten in den
Achtziger Jahren einen Wechsel hin zu einem Landberuf erzwangen.
Im Herzen immer ein Seemann geblieben hat er seine Erinnerungen
und Erlebnisse in drei Büchern aufgearbeitet.

Ebenfalls vom Autor sind erschienen:
Hast du mal einen Sturm erlebt? - erhältlich bei Amazon
Auf dicken Pötten um die Welt -     erhältlich bei Amazon
Alle Bände erschienen 2015 in überarbeiteter 2.Auflage bei Createspace –
Amazon. Die Werke sind auch als E-Book bei allen namhaften Anbietern
erhältlich. Bei Amazon sind zu allen Büchern Rezensionen veröffentlicht.

**Bernhard Schlörit**

# Verdammte Container

## Verdammte Container – Seefahrt in den 1970er/1980er Jahren

+++

Das Buch erschien 2014 in der 1.Auflage beim Maritimbuchverlag Jürgen Ruszkowski, Nagelshof 25, D-22559 Hamburg. Diese hier vorliegende Neuauflage ist ausschließlich bei Amazon erhältlich
+++

Ein Amazon-Buch

2. überarbeitete Auflage
Copyright © 2015 by Bernhard Schlörit
Sophienstraße 73
D-64711 Erbach
bernhard.schloerit@onlinehome.de

Alle Fotos vom Autor, soweit nicht anders gekennzeichnet.
Herstellung und Druck: siehe Eindruck auf der letzten Seite.
Umschlaggestaltung und Umschlagfoto Bernhard Schlörit

ISBN 13 - 978-1515172598
ISBN 10 -- 1515172597

# Inhaltsverzeichnis

# Verdammte Container – Seefahrt in den 1970er/1980er Jahren

## Anmerkungen des Autors

Seefahrt in den „Good old days" war noch eine spannende Angelegenheit. Besonders wohl für jene Zeitgenossen, die nicht zur See fuhren. Und mit den „Good old days" meine ich die Fünfziger und Sechziger Jahre des vergangenen Jahrhunderts. Das war noch vor meiner Zeit, ich habe 1972 zum ersten Mal auf einem Frachter meinen Seesack abgestellt. Mit sehr gemischten Gefühlen, mein Wissen über diese Zunft beschränkte sich bis dahin nur auf einige wüste Geschichten, die mir zuvor bei „Tante Hermine", einer damals bekannten Hamburger Hafenkneipe, aufgetischt wurden. Und einige schnulzige Schlagertexte, in denen immer wieder mal ein weißes Schiff nach Hongkong fuhr, der Seemann das Träumen lässt und der Junge bald wieder kommt. Aber trotzdem fuhr ich damals raus wie in der guten alten Zeit, auf betagten Stückgutschiffen in der Linienfahrt, lange Reisen, gute Liegezeiten.

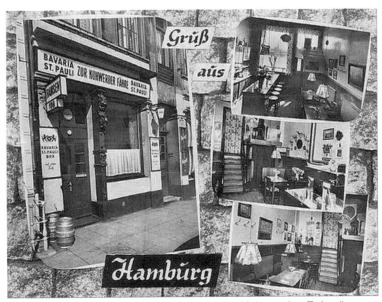

Alte Postkarte von „Tante Hermines Kuhwerder Fähre"
(Zur Verfügung gestellt von Peter Nennstiel)

7

# Verdammte Container – Seefahrt in den 1970er/1980er Jahren

Landgänge, die die meisten Janmaaten zunächst in Bars und manchmal in fremde Betten führten, ich erlebte auf diesen Reisen selbst meine wüsten Geschichten. Klischee und Realität waren verdammt nahe beieinander. Als „Aufwäscher" hatte ich angeheuert, einfach so, um mal die Seefahrt zu beschnuppern. Danach hatte ich mir den Besuch der Seefahrtschule vorgenommen, ich strebte die Laufbahn eines Funkoffiziers an.

Während ich in den Folgejahren mit dieser Ausbildung beschäftigt war, ging die gute alte Zeit still und leise den Bach runter. Und schuld daran war Malcolm McLean. Die wenigsten Seeleute dürften damals mitbekommen haben, wer ihnen die Sache ursprünglich eingebrockt hatte. Die Sache mit dem Container nämlich. Besagter Mr. McLean war in den Fünfzigern Besitzer einer kleinen amerikanischen Reederei, der „Pan-Atlantic Steamship Company". Und die glorreiche Idee, den Transport von Gütern zu beschleunigen, indem man das wilde Gemisch von losen Kisten, Säcken, Fässern und Ballen aufgab und die Ladung in genormte Transportbehälter stopfte, diese Idee hatte McLean schon in den Fünfzigern entwickelt. Malcolm McLean kaufte zwei alte Tanker, baute diese Pötte zu Transportern für solche genormten Behälter um und hatte damit den Startschuss für die weltweite Containerfahrt abgefeuert. Ganz unbemerkt, das war 1956, und die zahllosen Seeleute auf ihren herkömmlichen Frachtern, in den Bars und in den fremden Betten kriegten davon kaum etwas mit. Ich sowieso nicht, 1956 war ich sieben Jahre alt, besuchte in meiner Odenwälder Heimat eine Grundschule und war ziemlich sicher, dass Seeleute in den Masten großer Segelschiffe hingen und ständig mit Piraten kämpften.

„IDEAL X" lautete der Name des ersten Containerschiffes, das McLean im April 1956 auf die Reise schickte. Nach Meinung vieler Seeleute klang dieser Schiffsname genauso bescheuert wie die Idee mit den Containern. Auf dem ersten Trip fuhr der Zossen von Newark nach Houston, mit gerade mal 58 dieser Kisten an Bord. Von da an war die Sache aber nicht mehr aufzuhalten, sehr langsam, aber stetig, drangen die Frachtbehälter auf die weltweiten Schifffahrtsmärkte vor. Ein schleichender Prozess, in den Sechzigern

8

ging es für die meisten Seeleute noch weiter wie gehabt. Viele herkömmliche Stückgutschiffe klapperten die Häfen ab, benötigten dort noch reichlich Zeit für den Ladungsumschlag, und Hein Seemann ließ es an Land richtig krachen. Aber irgendwann, so in den frühen Siebzigern, fanden sich immer mehr Janmaaten auf einem solchen „Schachteldampfer" wieder. Und staunten, wie kurz doch eine Hafenliegezeit sein kann. Nun musste sich Hein mächtig beeilen, wenn er die Bars und die Betten noch bedienen wollte. Barbesuche endeten jetzt häufig halb nüchtern, und was die Betten betrifft, da war nun meistens „Shorttime" angesagt, nicht mehr so oft „Nachtschicht". „Verdammte Container", wird so mancher Fahrensmann in den Bart gemurmelt haben. Und mit dieser Bemerkung, häufig gehört und manchmal auch selbst geflucht, hatte ich den Titel für dieses Buch gefunden.

Um keine Missverständnisse aufkommen zu lassen: Die genormten ISO-Container sind eine der wichtigsten Erfindungen der Neuzeit, ohne diese Dinger und die damit verbundene Rationalisierung weltweiter Transport-Logistik gäbe es die gigantischen Warenströme der Gegenwart nicht, die Globalisierung wäre schon mangels ausreichender Transportmöglichkeiten gescheitert. Was vielleicht auch nicht jeder bedauern würde, aber was solls. Mit den Containern entstand ein weltumspannendes Transportsystem, ausgeklügelt bis aufs Letzte. In der Seefahrt galt schon immer die Devise „Time is Money", aber erst mit der Einführung dieser Transportboxen waren Reeder sowie Ex- und Importwirtschaft am Ziel ihrer Vorstellungen. Die Umschlagtechniken und die sonstige Hafenbewirtschaftung wurden bis zum heutigen Tag immer weiter entwickelt, Seeleute auf solchen Schiffen genießen mittlerweile kaum längere Liegezeiten als 'ne ständig hin und her pendelnde Fähre. „Rein-Raus" heißt es in den Häfen. Seeleute in den Sechzigern verstanden darunter noch was anderes...

Wie oben schon ausgeführt gehöre ich zu jener Generation von Seeleuten, die genau in den Übergang von der konventionellen Frachtfahrt zur Containerfahrt gerieten. Auf herkömmlichen Linienfrachtern begann ich als „Messbüddel" und nach dem Erwerb meines Funkerpatentes landete ich zunächst in der Kühlschifffahrt. Rosige Zeiten für Janmaaten, Fahrtgebiet und Liegezeiten gaben noch was her. In meinem ersten Buch **„Hast du mal einen Sturm erlebt?"** habe ich diese Periode ausführlich geschildert. Danach ging es **„Auf dicken Pötten um die Welt",** auf Massengutschiffen erlebte man teilweise nach gemächlichen Überfahrten auch mal mehrwöchige Hafenaufenthalte. Im Oktober 1978 aber hatten sie mich zum ersten Mal erwischt, meine Reederei beorderte mich auf ein Containerschiff, Premiere für den Funker Schlörit. Nun lernte ich sie also kennen, die schnelle Fahrt auf den rasenden Kistentransportern. Und mit einer gewissen Beruhigung stellte ich fest, dass auf diesen Pötten auch nur mit Wasser gekocht wurde. Damals. Obwohl die „Schachteldampfer" dieser Epoche im Vergleich zu heutiger Tonnage noch recht klein waren, zog sich der Hafenaufenthalt immer wieder mal in die Länge. Abhängig vom Fahrtgebiet natürlich, in modern ausgestatteten Häfen mit gut entwickelter Infrastruktur ging das Laden und Löschen schon flotter über die Bühne. Trotzdem, auch auf den Containerfrachtern erlebte ich noch so Einiges, der Film lief nur etwas schneller ab.

Auf ein paar dieser Trips will ich den Leser hier mitnehmen. Die Reisen auf dem Vollcontainerschiff SEATRAIN PRINCETON, im Liniendienst zwischen der kalifornischen Küste und verschiedenen Häfen Ostasiens. Und zwar im Winter, wir hatten mieses Schietwetter vom ersten bis zum letzten Tag. Ich möchte von meiner Zeit auf der SEATRAIN BENNINGTON erzählen, eingesetzt im klassischen Nordatlantikdienst, rüber zur US-Ostküste. Und ungeachtet der Tatsache, dass ich hier die Containerfahrt zum Titelthema machte, schildere ich auch eine Reise auf dem konventionellen Frachter AQUITANIA, die in krasser Form den Kontrast zur Containerfahrt veranschaulicht. Auf diesem Kahn kam ich direkt nach meinem Nordatlantik-Containertrip zum Einsatz, fünfeinhalb Monate Dienstzeit stehen im Seefahrtbuch. Auf See waren wir nur knapp sechs Wochen, wir lagen monatelang in diversen Häfen herum. Einige wenige Container als Decksladung, und die hätten wir beinahe noch im Sturm verloren. Schließlich dürfen mich die Leser noch auf die RIENZI begleiten. Ein Containerschiff, das in der Karibik im sogenannten „Feeder-Dienst" fuhr. Wir hüpften von Insel zu Insel, hektisch war es aber nie. Eigentlich ein Traumtrip.

Ich werde also wieder von den Dingen erzählen, die die Seefahrt für mich so erzählenswert machen. Vom Reiz ferner Länder und Häfen. Von dem Respekt, den uns die See mit ihren Wetterkapriolen immer wieder abnötigte. Von den oft recht interessanten Typen, die sich an Bord befanden. Von bemerkenswert professionellen Seeleuten und auch von den Säufern und Dummschwätzern, die auf manchen Pötten ihr Unwesen trieben. Von packenden Situationen und dann wieder von monotoner Langeweile. Und von der Lebensgier der Janmaaten, wenn nach längerer Reise einige Stunden, eine Nacht oder in manchen Fällen mehrere Tage im Hafen für Abwechslung sorgten. Themen also, die hin und wieder einer deftigen Sprache bedürfen. Eben jener Sprache, der wir uns an Bord häufig bedienten, wir pflegten uns rustikal auszudrücken, ich pflegte es dann auch rustikal aufzuschreiben. So wird der Leser in diesem Erlebnisbericht all das wiederfinden, das sich wie ein roter Faden durch meine Seefahrtserinnerungen zieht. Schiffe und Häfen, Stürme und raue See, Monotonie und Hektik gleichermaßen, moderne, ihrer Zeit entsprechende Technik und sehr viel gelebte Tradition. Schräge Typen wie auch effizient arbeitende Fachleute, Hitze, Kälte, eingeschränkte Lebensbedingungen an Bord, und last but not least Kneipen, Bars und hin und wieder leichte Mädchen. Eben der Stoff, der sich hinter den mageren Zeilen verbirgt, mit denen mein Seefahrtbuch zehn Jahre in diesem Beruf ausweist.

Es sind die Erlebnisse eines Seefunkers, die ich hier niederschrieb. Den Lesern sollte bewusst sein, dass ich damit auch an einen ausgestorbenen Berufsstand erinnere, der technische Fortschritt ist schon vor etlichen Jahren über uns „Antennenheizer" hinweggerollt. Kapitäne kommunizieren heute mit PC-ähnlichen Endgeräten über eine weitgehend automatisch gesteuerte Satellitenverbindung. Vorbei die Zeit jener Gestalten, die in ihrer Funkbude dem zirpenden Klang der Morsesignale lauschten und mit der Schlackertaste in schneller Tonfolge ihre Telegramme verschickten, in den Augen vieler Bordkollegen sowas wie schwarze Magie. Wir sind zu einer Fußnote in der Geschichte der Seefahrt geworden.

Es ist also völlig richtig, dass mein Verleger diese Schilderungen als Zeitzeugen-Dokumente versteht. Die Seefahrt der beschriebenen Epoche unterscheidet sich in vielen Punkten von der Seefahrt der Gegenwart. Die Containerfrachter im Jahre 2014 sind Giganten, und jährlich werden neue Größen-Rekorde im Schiffbau gemeldet. Hätte uns damals jemand von Schiffen mit einer Ladung von 18.000 Standardcontainern erzählt, hätten wir uns an die Stirn getippt. Heute werden diese Pötte gebaut. Schiffe wie zu meiner Fahrtzeit mit Kapazitäten um die 800 bis 1.000 Container werden nur noch im regional begrenzten Zubringerdienst eingesetzt, als sogenannte Feeder-Schiffe. Liegezeiten haben sich extrem verkürzt, und nach dem Anschlag aufs World Trade Center in New York wurden weltweit Sicherheitsbestimmungen in den Häfen durchgesetzt, die mit rigorosen Kontrollen den Landgang noch mehr erschweren. Die Pötte sind vollgestopft mit modernster Technik und werden von grundlegend anders strukturierten Besatzungen gefahren. Überhaupt hat sich der Betrieb mit einigen wenigen europäischen Führungskräften und ausländischen, häufig wirklich exotischen „Mietbesatzungen", zum Standard-Bemannungsmodell deutscher Reedereien entwickelt. Damit ist auch eine andere Lebenskultur auf den Schiffen heimisch geworden. Ich erzähle also von der Seefahrt einer vergangenen Zeit, die aber bereits die künftige Entwicklung in der Containerfahrt erahnen lässt.

Die geschilderten Ereignisse sind alle authentisch, lediglich einige Kalenderdaten sind zweifelhaft, da nicht mehr genau zu rekonstruieren. Nicht immer konnte ich noch feststellen, wann Kapitän X von Kapitän Y abgelöst wurde oder auf welcher von fünf aufeinanderfolgenden Reisen Steuermann Z im Puff versackte. Namen habe ich, wie schon in meinen ersten beiden Büchern, häufig verändert. Die Gründe ergeben sich oft aus den Begebenheiten, die zur Sprache kommen.

Mancher Fahrensmann war früher eine echte Wildsau und ist inzwischen zum seriösen Großvater herangereift, dem möchte ich seine Anonymität bewahren. Und viele Namen habe ich schlicht vergessen, dann habe ich die damaligen Kollegen einfach umgetauft.

# Verdammte Container – Seefahrt in den 1970er/1980er Jahren

Da, wie ich nun weiß, nicht nur alte Fahrensleute zu solchen Büchern greifen, sondern auch die eine oder andere Landratte ein Faible für solche Schilderungen hat, habe ich in diesem wie in meinen anderen Büchern immer wieder mal fachliche oder sonstige Hintergrunderläuterungen eingefügt, in Kursivschrift, um sie vom allgemeinen Erzählstrang zu unterscheiden. Alte Seeleute mögen das „überlesen", unbefahrenen Lesern möge es nützen.

Bisher sah ich keine Veranlassung, eines meiner Bücher einer bestimmten Person aus meinem Umfeld zu widmen. Hier habe ich aber einen guten Grund dazu. Manfred Huber, Schiffselektriker, fuhr mit mir zusammen auf zwei Pötten, daraus entstand eine Freundschaft, die uns über viele Jahre verband, bis er leider viel zu früh im Jahre 2009 verstarb. Ich traf ihn 1980 zum ersten Mal, auf eben jener SEATRAIN BENNINGTON, die in diesem Band eine Rolle spielt. Und deshalb will ich mit diesem Buch ganz besonders an „Manni" Huber erinnern, einen Seemann mit Leib und Seele, an Bord wie an Land ein Kumpel, mit dem mich zahllose Erinnerungen verbinden. Er war nicht ein Bordkollege unter vielen, er war ein Freund.

So, das war dann mal genug zur Einführung. Wir starten mit dem üblichen Ablauf: Urlaubsende, Anruf von der Reederei, in etwa immer der gleiche Schnack: „Herr Schlörit, wir haben wieder `nen Dampfer für sie. Kommenden Mittwoch fliegen sie nach Los Angeles, sie steigen auf der SEATRAIN PRINCETON ein. Ticket ist am Frankfurter Flughafen hinterlegt. Gute Reise!" Das in dem Anruf genannte Ziel war austauschbar, der Schiffsname und der Mittwoch auch. Aber sonst war es fast immer der gleiche Text, den die Personalinspektoren am Telefon herunter beteten.

Der Rest war Routine, Koffer packen, einige persönliche Dinge regeln, mit den Kumpels noch mal um die Häuser gezogen, und dann ist der Abreisetag da. Und damit beginnt mein Trip mit diesen verdammten Containern...

# Die Dummen fahren zur See, die ganz Dummen im Winter

So stelle ich mir die Käfighaltung von Legehennen vor. Seit Stunden sitze ich eingepfercht in einer Boeing B-747 der Lufthansa, zum ersten Male reise ich mit einem solchen Jumbo-Jet. Die Kiste ist brechend voll, 400 weitere Passagiere sind mit mir in dieser Röhre gestapelt und dünsten leise vor sich hin. Nicht alle sind leise, die amerikanische Mutter in meiner Sitzreihe sieht sich außerstande, ihre tobsüchtigen Kleinkinder zu bändigen. Was meine Laune nicht gerade hebt. Zur anderen Seite hockt eine mächtig korpulente deutsche Mutti, die ihren in Kalifornien lebenden Sohn besuchen möchte. Und dies allen Sitznachbarn sehr ausführlich erläutert, worum eigentlich niemand gebeten hat. Über die Kopfstütze vor mir schaue ich auf einen riesigen wippenden Gamsbarthut, ein Ami hat „Good old Germany" bereist, also hauptsächlich Bayern, jetzt hat er sich als „Seppl" verkleidet und gedenkt so seine in L.A. wartende Familie zu erschrecken. Hoffentlich sind wir bald da.

Ab und zu fällt mir ein Typ auf, der in regelmäßigen Abständen vor der Galley aufkreuzt, dem Arbeitsbereich der Stewardessen. Und sich da alle Nase lang ein neues Bier abholt. Ein Riesenbaby, der Kerl, groß, kräftig, schwarzer Vollbart. Könnte ein Seemann sein, mein Personalinspektor erwähnte am Telefon, dass noch zwei Maaten mit mir auf die SEATRAIN PRINCETON fliegen. Beim Einsteigen in Frankfurt konnte ich die in der Menge unmöglich ausfindig machen.

Wenige Stunden später. Endlich landen wir in Los Angeles, und ich darf diesen fliegenden Folterkeller verlassen. Elfeinhalb Stunden waren wir in der Luft. Zeitunterschied zu Deutschland 9 Stunden, wir sind am frühen Nachmittag in Frankfurt gestartet, und jetzt ist es vor Ort erst später Nachmittag. Meine innere Uhr behauptet aber, dass es schon später Abend sei, und entsprechend schräg bin ich drauf.
Ich schleppe mein Gepäck in die Ankunftshalle, nach penibler Überprüfung durch den „Immigration-Officer", der mich zunächst, wie

in den USA üblich, für einen verkappten Kommunisten mit Nazi-Hintergrund und Mafia-Verbindungen gehalten hat. Das lässt zumindest die kritische Miene des Uniformträgers vermuten. Aber nach einem Blick ins Seefahrtsbuch und in den mir von der Reederei zugestellten Begleitbrief (Überschrieben mit „To whom it may concern") stellt er mir doch flott das Transitvisum für Seeleute aus und wendet sich dem nächsten Schwerkriminellen in der Warteschlange zu.

Kurz darauf lerne ich Kenneth Norquist kennen. Kenneth ist Baptistenpfarrer, leitet in Wilmington, dem Containerhafen von L.A., eine Seemannsmission und ist der gute Geist vieler deutscher Seeleute hier an der Küste. Für Schiffe, die regelmäßig nach Wilmington kommen, nimmt er gleichzeitig noch gewisse Agenturaufgaben wahr. Jetzt steht der hier im Flughafen-Terminal und hält ein Schild hoch, beschriftet mit „MV Seatrain Princeton". Na, dann latsch' ich doch mal dahin. Stelle mich dem freundlichen Kenneth vor: „Hi, my name is Bernhard Schlörit, Radio-Officer!" Und schon steht das Riesenbaby aus dem Flugzeug neben mir, dachte ich es mir doch. „Hallo, I`m Wolfgang Groß, 2nd Mate!" Schließlich schlurft noch ein kofferschleppender Seemann heran, ein Assi (*Ingenieurs-Assistent*). Damit hat Kenneth seine Schäfchen alle zusammen, umgehend verfrachtet er uns in seinen Van und schaukelt uns in Richtung Dampfer. Draußen ziehen Stadtteilschilder von Los Angeles vorbei. Inglewood, Hawthorne, Carson. Drinnen erzählt Mr. Norquist, dass er schon seit Jahren „German Seamen" betreue. Und die beiden Schiffe der Reederei Laeisz, die ja alle paar Wochen in Wilmington an die Pier gehen, die hat er gewissermaßen adoptiert. Egal, welches Problem, Kenneth hilft aus. Ein Seemann hat „Trouble" mit Behörden, Kenneth ist da. Die Crew möchte mal `nen Ausflug in die Umgebung machen, Kenneth organisiert das. Crewchange, die Leute müssen von oder zum Flughafen gebracht werden, Kenneth fährt.

*Viele dieser Aufgaben werden normalerweise von den sogenannten Agenturen wahrgenommen. Schiffe benötigen im Hafen einen Makler, der für Reederei und/oder Kapitän alle Belange des Schiffes gegenüber den Behörden vertritt, die Versorgung mit schiffswichti-*

gen Gütern durch einen lokalen Schiffshändler vermittelt und auch den Lade- und Löschbetrieb organisatorisch begleitet. Die Agentur kümmert sich bei Bedarf noch um weitere Dienstleister, die den Service rund ums Schiff sicherstellen. Reparaturdienste, wenn technische Arbeiten mit Bordmitteln nicht mehr zu bewältigen sind. Wäschereibetriebe, die bei Einlaufen die umfangreiche Schiffswäsche abholen und binnen Stunden gereinigt wieder anliefern. Wird Treibstoff oder Frischwasser benötigt, sorgt die Agentur für das sogenannte „Bunkern", wie der Betankungsvorgang bei Schiffen genannt wird.

Die Agenturen besorgen auch die vom Kapitän bestellten Geldbeträge in Landeswährung oder die überall akzeptierten US-Dollars, um damit Vorschüsse an die Crew zu zahlen oder im Hafen fällige Rechnungen bei Bedarf bar zu begleichen. Ein Seeschiff bedarf einer reichlich vielschichtigen Infrastruktur, es ist die Aufgabe der Agenturen, die damit verbundenen Aktivitäten zu managen. Und dazu gehören eben auch alle Aufgaben rund um den Besatzungswechsel, wenn denn einer stattfindet. Beschaffung der Visa für die Ein- oder Ausreise der Janmaaten, der Transfer von oder zu den Flughäfen, Buchung der Flüge oder Zugverbindungen, gegebenenfalls die Bestellung von Hotelzimmern, wenn die Abreise erst später stattfand oder die Ablöser schon einen Tag vor dem Schiff im Hafen eintrudelten. Die dann auch fälligen Fahrdienste aber machte in L.A. der umtriebige Kenneth Norquist.

Später dann Ankunft am Schiff. Ich klettere aus dem Van und schaue mir den Kasten an, der für die nächsten Monate Wohnsitz und Arbeitsplatz für mich sein wird. Das MS „SEATRAIN PRINCE-TON". Zuhause steht ein Bildband in meinem Bücherregal, die Geschichte der Reederei Laeisz. Dort habe ich mir vor der Abreise noch schnell die technischen Daten des Pottes angeschaut. Eigentlich heißt der Kahn ja PLUVIUS

Nun wurde das Schiff aber langfristig von der amerikanischen Reederei Seatrain-Lines angemietet, und die wollten außer ihrer Schornsteinmarke auch einen Namen am Bug sehen, der der Namenstradition dieser Company entspricht.

Folgerichtig fährt der Kahn jetzt als SEATRAIN PRINCETON, und das im gleichen Fahrtgebiet ebenfalls von Seatrain Lines eingesetzte Schwesterschiff PLUTOS heißt SEATRAIN LEXINGTON.

Schiffsriss des MS SEATRAIN PRINCETON

Seatrain Lines gliederte die zwei Dampfer im eigenen Liniennetz ein und besorgt die Befrachtung. Bei Laeisz verblieb das Schiffsmanagement. Die beiden Zossen wurden erst 1972 in Dienst gestellt und waren in den Folgejahren im Cross-Trade (Frachttransporte zwischen ausländischen Häfen) auf der Route Kalifornien-Japan eingesetzt. Erst vor einiger Zeit änderte sich das Fahrtgebiet, Seatrain Lines schickt die beiden Dampfer nun von Kalifornien nach Taiwan und Hongkong. Mein erster Job, der mich regelmäßig über den Pazifik führen wird. Meine bisherigen Schiffe gurkten alle in der Karibik, im Atlantik, im Mittelmeer, in den großen Seen, auch im Persergolf und mal im Schwarzen Meer herum. OK, einmal Pazifik hatte ich schon, 1972 mit `nem Linienfrachter längs der Westküste Südamerikas. Aber das war ja nur so was wie große Pazifik-Küstenfahrt, und Ostasien kenne ich überhaupt nicht. Schauen wir mal, was da auf mich zukommt.

Jetzt stehe ich an der Gangway und lasse den Blick wandern. 172 Meter Schiffslänge, 24 Meter breit. Vermessen ist der Schlorren mit 13.294 BRT, maximal transportiert er 816 der 20 Fuß-Standardcontainer. Aufbauten weit hinten, und sonst nichts an Deck. Keine Bäume, keine Kräne, ein Vollcontainerschiff ohne eigenes Ladegeschirr. Am schwarzen Rumpf groß die Aufschrift SEATRAIN LINES. Und auf dem Deck stehen aufgestapelt die bunten Kisten, deren Transport die originäre Aufgabe des Dampfers ist. Am Schiff arbeitet eine riesige Containerbrücke, eine gewaltige Konstruktion, die gerade brummend einen Container von Deck abhebt und an Land fährt. Dort landet die Kiste direkt auf der Ladefläche eines Trucks und wird vom Kai gerollt. Flackernde gelbe Warnlichter

# Verdammte Container – Seefahrt in den 1970er/1980er Jahren

überall, jede Bewegung der Containerbrücke oder sonstiger Fahrzeuge wird von gellenden Warnsirenen begleitet. Ganz schöner Hallas hier.

Ich schleppe mein Gepäck die Gangway hoch, erste Schritte in mein neues Lebensumfeld. Im Deckshaus gedämpftes Summen, irgendwo leise Dieselgeräusche. In den unteren Decks Mannschaftsunterkünfte, die Kombüse, die Messen. Weiter oben Offiziersunterkünfte, das Schiffsoffice. Ich stolpere an der geöffneten Tür der Kapitänswohnung vorbei. Yes, der hat 'ne Wohnung, mit großem Wohn- und Arbeitsraum, abgetrennter Schlafkammer. Keine bescheidene Einzelkammer wie unsereins, mit nur zwei Streifen auf den Schulterstücken. Und am Schreibtisch sehe ich den „Master next God" gerade sitzen, da kann ich mich gleich zum Dienstantritt melden, bevor ich die Funkbude erreiche. Vor mir ein untersetzter Mann mittleren Alters, Brillenträger, grinst mich freundlich an. Ich stelle mich vor. „Jou", meint der Alte, „Siegert mein Name, willkommen an Bord. Schicken 'se dann erst mal ihren Vorgänger in Urlaub, wir schnacken später noch." Und schon bin ich wieder draußen. Das ist also Otto Siegert, in der ganzen Reederei bekannt unter dem Pseudonym „Taifun-Otto". Mein erster Eindruck ist ganz OK. Und bei dem kurzen Wortwechsel war ein Anflug von Humor beim Alten zu erkennen, für mich ein absolutes „Muss" bei Menschen, mit denen ich gut auskommen will. Ohne Humor zur See fahren, das macht's nur unnötig schwer. Bei den Widrigkeiten, denen man bei der Seefahrt immer wieder mal ausgesetzt ist. Na ja, das ist mein erster Eindruck. Abwarten.

Ganz oben hinter der Brücke die Funkbude. Ja leck mich doch, geht's vielleicht noch ein bisschen kleiner? Ein winziger Raum, zur Hälfte vollgestopft mit der ganzen Funktechnik. Der in jenen Jahren sehr verbreitete ST 1400 als Hauptsender. Keine Fernschreibausrüstung, aber sonst alles zeitgemäß, und da kann ich schon mal aufatmen. Nicht dieser uralte Kram, den ich vor wenigen Jahren auf den Kühlschiffen vorfand – zu Beginn meiner Funkerlaufbahn. Mein Vorgänger sitzt entspannt am Arbeitsplatz, kein Wunder, für den geht's nach sechs Monaten Borddienst wieder nach Hause. Der bemerkt meinen kritischen Blick und grinst: „Sind `se froh, dass hier überhaupt `ne Funkbude existiert. Weiß nicht, ob`s stimmt, aber da wird behauptet, die holländische Bauwerft, die den Zossen zusammengebastelt hat, hätte vorher nur Kümos gebaut. (*Kümos sind Küstenmotorschiffe, die in der Regel über keine separate Funkstation verfügen und auch keinen hauptamtlichen Funker fahren. Die Funkanlage befand sich bei Kümos auf der Brücke und wurde von Kapitän oder Steuermann nebenbei mitbedient*) Erst als die Gurke fast fertig war, hätte sich jemand dran erinnert, dass da irgendwo noch ein Funker mit seinem Gerümpel unterzubringen ist." Und so sieht das hier auch aus. „Schauen `se sich mal den Wohnraum an!" Ich schaue mir den Wohnraum an und gucke noch bedröppelter aus der Wäsche. Das ist keine Kammer, das ist ein möblierter Hasenstall. Den meisten Platz allerdings beansprucht die überdimensionierte Koje, wahrlich fast ein Doppelbett. Was soll das denn, wie haben sich die Erbauer dieser Bude denn die Lebenswirklichkeit eines Seefunkers vorgestellt? Ok, mit `ner mitreisenden Ehefrau mag das ja recht praktisch sein, aber so was ist eher die Ausnahme. Gerade bei diesem entlegenen Einsatzgebiet im Pazifik. Und bei mir sowieso, mangels Ehefrau. Alles andere ist Kleinformat, ein Mini-Sofa, ein schmaler Schrank, ein winziges Stück Holz auf Stelzen, das den Namen „Schreibtisch" trägt. Ein Tischchen auf Einzelfuß und 40 cm Buchregal. Ende.

Krönung ist dann die Nasszelle. Die haben die Holländer wohl auch erst nachträglich eingeplant, und jetzt befindet die sich innerhalb des Schornsteingehäuses. Komplett. „Da werden `se noch viel Spaß haben", meint mein Kollege. „Affenhitze da drin, is` so 'ne Kombination von Dusche und Sauna. Einziger Vorteil: Wenn `se mal ein T-Shirt waschen oder sonst was Kleines, einfach nass an die Wand kleben, wenn`s dann trocken runter fällt, ist`s gleich gebügelt!" Ja, toll, so was habe ich schon immer vermisst.

Wir schnacken noch ein bisschen über dieses und jenes, dann zieht mein Kollege von dannen. Unten wartet Pfarrer Norquist, um die abgelösten Piepels noch am gleichen Tag zum Flughafen zu bringen. Und ich bin jetzt diensttuender F.O. auf SEATRAIN PRINCETON.

19

# Verdammte Container – Seefahrt in den 1970er/1980er Jahren

Die Funkanlage ist mir vertraut, Verwaltung ist auf aktuellem Stand. Also genug Luft, um in Ruhe den Dampfer und die Crew zu beschnüffeln. Erste Chance dazu bietet das Abendessen, in der Offiziersmesse finden sich gegen 18:00 Uhr die meisten „Streifenträger" ein, wenn auch ohne Streifen. Uniform ist eher die Ausnahme bei Laeisz, im Hafen sind meist nur der Kapitän, der Chiefmate (1. Offizier) und eventuell der diensttuende Offizier an Deck „aufgetakelt" unterwegs. Erleichtert die Zusammenarbeit mit den Hafenleuten, den Stevedores (*Hafenarbeiter*) und den Behörden, die sehen dann auf Anhieb, wer ihr Ansprechpartner ist. Und auch ich trage, zumindest während der von mir wahrgenommenen Einklarierung (*Behördliche Abfertigung des Schiffes bei Einlaufen*) meine Uniform. Danach verschwindet die umgehend im Schrank, und ich bin wieder in Räuberzivil unterwegs.

Also, von den Piepels hier ist mit keiner bekannt. Außer dem Riesenbaby, das mit mir angereist war. Sonst lauter fremde Gesichter. In der O-Messe zumeist Deutsche, nur der dritte Ing. ist ein Pole. Drüben in der Mannschaftsmesse zunächst auch keine bekannte Seele. Sowieso sind dort die meisten wieder Gilbertesen, Seeleute von diversen Südseeinseln. Lediglich der Bootsmann, der Decksschlosser, der SBM (*Schiffsbetriebsmeister*) und zwei Motorenwärter sowie die Kombüsenbesatzung sind deutsche Sailors. Aber den Koch kenne ich, mit dem fuhr ich '76 auf der PEKARI. Der löste damals in Rotterdam Ede Wolf ab, den berüchtigten Frikadellenkönig von Laeisz. Mit seinem Dienstantritt wurde die Verpflegung deutlich besser, und das lässt auch hier auf anständiges Futter hoffen.

Dann tobt da in der Kombüse noch ein Kochsmaat herum, und der ist wirklich ein Unikum. Die S. PRINCETON ist sein erster Dampfer. Er stammt aus der Schweiz, labert ein kaum verständliches „Schwyzerdütsch" und staunt über alles, was er bisher noch nicht gesehen hat. Und da er fast alles hier noch nie gesehen hat, staunt er eigentlich ununterbrochen.

Nach dem Essen noch ein bisschen Smalltalk mit den neuen Kollegen. Der Trip sei ganz OK, in den beiden taiwanesischen Häfen, die angelaufen würden, liege man schon mal zwei Tage. Lediglich

# Verdammte Container – Seefahrt in den 1970er/1980er Jahren

Hongkong ginge affenschnell, spät abends rein und 6 oder 7 Stunden später wieder raus. Kaum einer hat bisher von Hongkong was gesehen. Aber hier, an der Ami-Küste, ginge es auch nicht so rasend flott. In Wilmington sollen wir morgen früh auslaufen. Nach 24 Stunden Fahrt gehen wir dann in Oakland (San Francisco Bay) an die Pier, und angesichts des bevorstehenden Wochenendes werden auch 48 Stunden Liegezeit erwartet. Hört sich ganz gut an. Nur der Chiefmate dämpft ein wenig meine Erwartungen. „Auch wenn die Liegezeiten für 'nen Schachteldampfer ganz OK sind, dazwischen liegen immer 14 Tage Überfahrt. Und das ist jetzt nicht so lustig, Winterhalbjahr im Nordpazifik. Richten Sie sich mal auf überwiegendes Schietwetter ein. Sie wissen ja: Die Dummen fahren zur See, die ganz Dummen im Winter!" Hmm...

Allzulange bin ich nach dem Abendessen nicht mehr aktiv, der Jetlag sitzt mir in den Knochen. Trotzdem sehe ich zu, dass ich abends spät noch 'nen Wetterbericht aufnehme, morgen früh um 6 Uhr sollen wir auslaufen. Der anschließende Schlaf ist 'ne Quälerei, wegen der Zeitverschiebung stehe ich sowieso neben mir, und draußen wird mit gelegentlichen Unterbrechungen gearbeitet. Jedes Mal ein dumpfer Schlag, wenn die Containerbrücke wieder eine Box in der Luke absetzt. Durch die Vorhänge das matte Flackern der Blinklichter. Nächtliche Hafenatmosphäre.

Am folgenden Morgen, zum Auslaufzeitpunkt quäle ich mich aus der Koje. Verdammt, jetzt müsste man pennen können, aber was nich' is', is'nich'. Nach dem Frühstück sofort in die Funkbude, meine Wache beginnt erst um 08:00 Uhr, aber unmittelbar nach Auslaufen sind vom Alten die üblichen Auslauftelegramme zu erwarten. Meldungen an Reederei, Charterer, Behörden über Auslaufzeitpunkt und voraussichtliche Ankunftszeit in Oakland. Der „Reiseleiter" muss mich ja nicht gerade in der Koje antreffen, wenn er vor Wachbeginn mit seinen Depeschen auftaucht. Meine Eile ist aber überflüssig, das Auslaufmanöver zieht sich bis 07:30 Uhr hin, und Taifun-Otto präsentiert mir die Telegramme erst nach Acht, während meiner regulären Frühwache.
Mein Vorgänger hat mir einige Notizen und eine ganz brauchbare

# Verdammte Container – Seefahrt in den 1970er/1980er Jahren

Übersicht über die funktechnischen Gegebenheiten hinterlassen. Bevorzugt wird hier mit San Franzisco-Radio gearbeitet, die Verbindung zur heimatlichen Küstenfunkstelle Norddeichradio ist im Pazifik über weite Strecken beschissen. Also leitet auch Laeisz den Reederei-Funkverkehr über San Francisco/KFS. Für mich eine komfortable Sache, bei bester Verbindung gehen die Telegramme in kurzer Zeit raus, das flutscht nur so. Trotzdem komme ich nicht umhin, wenigstens einmal am Tage auch irgendwie einen Sammelanruf von Norddeich abzuhören, da kann sich immer mal ein Telegramm fürs Schiff einfinden, und das gilt es dann möglichst verzugsarm zu erwischen. Hier an der kalifornischen Küste haut das ja noch einigermaßen hin, wenigstens bei Nacht. Später, weit draußen auf dem Pazifik sind da schon einige Verrenkungen nötig, um den Sender in Ostfriesland zu hören.

Jetzt also die 24 Stunden nach Oakland. Zunächst fällt mir auf, dass der Dampfer abartig vibriert. Was ist das denn für eine Zitterkiste, alles rumpelt, wackelt und bebt mit einer Intensität, wie ich es noch auf keinem Schiff bisher erlebt habe. Ich bin kurz davor, im Rhythmus der Vibrationen mit den Zähnen zu klappern. Mittags in der Messe äußere ich mich dazu, der Chief (*Leitender Ingenieur*) grinst über alle vier Backen: „Da gewöhnen sie sich noch dran, das Ding schüttelt sich halt ein bisschen mehr als üblich. Da haben die Holländer einen richtigen schwimmenden Vibrator zusammengebastelt!" – „Hat auch Vorteile!" meint der Blitz (*Schiffselektriker*) grinsend. „Wenn deine Alte mitfährt, brauchst 'de dich nur drauflegen. Für die Bewegung sorgt schon das Schiff!" Der muss es ja wissen, seine Frau befindet sich nämlich an Bord. Ist gestern eingestiegen, aber gesehen hat sie noch keiner. Ich auch nicht, ihre Papiere brachte mir der Blitz gestern Abend noch in die Funkbude, zwecks Aufnahme in die Crewliste. Ist 'ne Amerikanerin, und die soll er erst vor kurzem geheiratet haben.

Und noch eine Lady fährt hier mit. Susi, tiefschwarz, noch sehr jung und als Bordhund angemustert. Den Köter haben die Maaten vor einiger Zeit im Hafen von Keelung aufgegriffen und umgehend adoptiert. Susi ist noch sehr verspielt, und wenn sie sich so richtig freut, pinkelt sie auf der Stelle. Sie freut sich eigentlich andauernd.

Susi spielt mit dem 2.Offizier. Und pinkelt vermutlich gerade…

## Verdammte Container – Seefahrt in den 1970er/1980er Jahren

Es ist Samstagmorgen, als wir in Oakland an der Containerpier festmachen. Schon vor der Lotsenübernahme bin ich auf der Brücke, Fotos der Golden Gate-Brücke im Sonnenaufgang, das wär doch mal was. Das hätte ich mir schenken können, über der Bucht von San Francisco steht eine gigantische Nebelwand, von der berühmten Brücke ist nichts zu sehen. „Das sieht hier oft so aus!" meint der Chiefmate, der neben mir steht und den Maschinentelegrafen bedient. „So mancher Tourist ist nach Frisco gereist und stand dann mit seiner Kamera vor der Nebelwand. Und zwar tagelang!" So ein Mist aber auch. Man soll die Hoffnung aber nicht aufgeben, dieser Kahn läuft ja alle Nase lang in die San Francisco Bay ein.

Nun liegen wir also im Containerhafen von Oakland. Kein Stadtteil San Franciscos, wie ich fälschlicherweise annahm, sondern eine Großstadt am Ostufer der San Francisco Bay. Mit Frisco ist Oakland durch eine doppelstöckige und elend lange Brücke verbunden, die Bay Bridge. Der Hafen sieht aus wie die meisten großen Häfen, hier schon mit zahlreichen Containerbrücken ausgestattet, unzählige Lagerschuppen, Kräne und überall die gestapelten Container in allen Farben und von allen möglichen Reedereien. Jetzt, im Jahre 1978, hatte der Container noch nicht alle Fahrtgebiete erobert, aber in diesem Port dominierte er bereits das Geschehen.

Unmittelbar nach dem Festmachen komme ich als Purser zum Einsatz. Die Einklarierung gehört zu meinem Job, mit meinen diversen Zoll- und Mannschaftslisten finde ich mich im Salon ein, und mit den lokalen Behördenvertretern ziehe ich dann den notwendigen Verwaltungsakt durch, der bei jeder „Einreise" eines Seeschiffes obligatorisch ist. Weltweit, auch wenn das Schiff den eigenen Heimathafen anläuft. Jetzt aber findet hier nur eine Einklarierung der einfacheren Art statt, wir hatten zuvor bereits einen US-Hafen angelaufen, damit entfällt wenigstens die langwierige Immigration-Prozedur mit grenzpolizeilicher Überprüfung aller Besatzungsmitglieder. Der Rest ist Routine, ein paar Zolllisten und sonstige vorgeschriebene Formulare, ein bisschen freundliches Geplauder, der Steward serviert Kaffee. Der Alte, der Chiefmate und der Chief sind auch zugegen, die befassen sich aber nicht mit meinem profanen Behördenkram. Deren Anliegen betrifft die Beladung, den Zeitplan, eventuelle Sonderladungen, das vom Chief angeforderte Bunkern. Auch der Vertreter der Agentur kommt mit Einlaufen an Bord, und der hat jetzt alle Hände voll zu tun, um den Anforderungen der Schiffsleitung zu genügen.

Auslaufen wird für Sonntagabend 18:00 Uhr angesetzt. Hört sich gut an, erst morgen Abend Leinen los, und bis dahin liegen eigentlich keine wesentlichen Arbeiten auf meinem Tisch. Hafenwochenenden sind dienstfreie Tage, solange keine sicherheitsrelevanten oder sonstige schiffswichtige Dinge zu erledigen sind. Gut, Hafenliegezeiten sind für Funker sowieso „Tage der Untätigkeit", aber offiziell gibt es da auch „Regelarbeitszeit", man muss dann schon ab und an etwas Beschäftigung vorgaukeln. Irgendwas ist ja immer mal zu tun, Verwaltungsarbeiten macht man ja zusätzlich zu Funkerei auch. Aber jetzt, an diesem Samstag in Oakland, ist „Daddeldu" in der Funkbude, außerdem stehen noch einige Besorgungen an. Ich will mir einen Kassetten-Recorder besorgen, mein bisher auf Schiffen verwendetes Gerät hat den Geist aufgegeben. Für den Empfang von Radionachrichten ist die Funkstation bestens ausgestattet, ein Funker muss also nicht wie die meisten Seeleute irgendein voluminöses Radio mit an Bord schleppen, um die Kammer zu beschallen. Aber man hört ja auch gerne Musik eigener Wahl, mit den derzeit üblichen und sehr handlichen Musik-Kassetten lässt sich das leicht realisieren. Unmittelbar nach der Einklarierung verlasse ich das Schiff, der Custom-Officer, der beim Small-Talk in der Messe meinen Einkaufswunsch mitbekam, nimmt mich freundlicherweise mit in die City. In einem „RadioShack", einer Filiale dieser in den USA recht populären Elektronikmarktkette, haben sie genau das gesuchte Gerät. Ein kleines UKW/Kassetten-Radio der Marke „Sharp" erfüllt meine Ansprüche. Das Ding ist auch für das 220/230-Volt-Bordnetz geeignet, nicht nur für die in den USA üblichen 110/120 Volt. Und da ich nur wenige Kassetten von zu Hause mitgebracht habe, wird auch dieser Bestand hier ergänzt. Schon zwei Stunden später bin ich wieder an Bord und installiere meine Beute „seefest" in dem winzigen Bücherregal, das meine Kammer ziert.

# Verdammte Container – Seefahrt in den 1970er/1980er Jahren

Nach dem Mittagessen überlege ich, nochmal an Land zu gehen. Vielleicht ein wenig „Sightseeing", mal die Gegend anschauen. Da läuft mir an der Gangway der Bootsmann über den Weg, auch im Landgangspäckchen. „Na Funker, auch on shore?" „Jou, wollte ich eigentlich!" – „Tscha, wenn Sie mitkommen wollen, ich will auch mal gerade los, kenne da 'ne ganz lustige Kneipe in der Stadt" 'Ne ganz lustige Kneipe. Na gut, warum eigentlich nicht, Sightseeing kann man so oder so betreiben. Also ziehen Funker und Bootsmann gemeinsam ab, Richtung ganz lustige Kneipe.

Eine halbe Stunde später sitzen wir in einem recht großen Pub in einem Außenbezirk der Stadt. Alles sehr alt und auf historisch gemacht. Vielleicht ist es sogar historisch und kein „Fake", es lässt sich schwer beurteilen. Unmittelbar vor dem Schuppen ist auf der Straße ein alter Schienenstrang eingelassen, das fiel uns beiden kaum auf. Und wie wir so beim Bier sitzen und angeregt plaudern, fangen plötzlich die Gläser im Barschrank und vor uns an zu vibrieren, der Tresen zittert, alles scheppert verhalten vor sich hin. Ein Erdbeben? Schließlich sitzen wir hier in Kalifornien, da wackelt die Erde immer wieder mal. Dann draußen ein langsam lauter werdendes Gebimmel. Und plötzlich wird's dunkel in der Bude, direkt vor den riesigen Sprossenfenstern der Spelunke rollt ganz langsam und gemächlich ein Güterzug vorbei. So ein richtiger amerikanischer Monstertrain, erst zwei gigantische Dieselloks, und dann Wagon nach Wagon, endlos. Nicht auf einem isolierten Bahndamm, sondern mitten durch diesen Stadtteil. Na, das ist ja 'ne Nummer, ich krieg mich gar nicht mehr ein. Auch die amerikanischen Gäste sind höchst „amused", diese Pinte ist wohl bekannt für ihre Nähe zum Bahnverkehr.
Wir bleiben dann in der Bude hängen, ist ganz gemütlich hier. Mit dem Bootsmann unterhalte ich mich prächtig, der ist aber auch 'ne Type. Wenn sie beim Ohnsorg-Theater die Rolle eines Seemannes besetzen müssten, wäre der goldrichtig. Schon 'ne lange Fahrtzeit auf dem Buckel, Figur wie ein Schrank und breitestes Hamburger Platt. Und durstig wie ein Swimmingpool. Wir haben viel Spaß bei diesem Nachmittagsbier auf dem Zapfhahn-Bahnsteig.
Abends wieder an Bord. Ich habe die Zeitverschiebung der An-

reise noch immer nicht ganz überwunden, an der Koje führt kein Weg mehr vorbei...

Sonntagmorgen, Frühstück in der Messe. Es bleibt bei 18:00 Uhr Auslaufen, der Ladebetrieb wird immer wieder unterbrochen. Eine ganze Reihe von Containern ist noch nicht im Hafen eingetroffen, die rollen noch irgendwo auf Trucks über amerikanische Highways. Aber Seatrain will die Dinger unbedingt an Bord haben, irgendeine Terminladung. Na ja, mir ist das ziemlich egal, mit der Ladung habe ich direkt nichts zu tun.

Und wie ich noch in meinen Rühreiern herum stochere, haut mich der Kapitän an: „Funker, wie sieht's aus, Lust auf 'nen kleinen Ausflug?" „Was für 'nen Ausflug?" Also, die Sache wäre die, er kenne da eine deutschstämmige Familie, ist schon länger mit denen befreundet, und die hätten ihn zu 'ner kleinen Tour ins Napa Valley eingeladen. Ein Tal nicht zu weit von Oakland entfernt und eines der bekanntesten Weinanbaugebiete Kaliforniens. Und diese netten Leute hätten noch einen Platz frei im Wagen und angeboten, ruhig noch ein Besatzungsmitglied mitzunehmen. „Und Sie haben in ihrer Funkbude ja eh nix zu tun, also, wie wärs?" Ja, klar, warum nicht. Ich vermute ein gewisses Kalkül hinter der Einladung, so kann Taifun-Otto seinen neuen Funker schon mal beschnuppern, den hat er ja jetzt die nächsten Monate an der Backe und will wohl mal abklären, was das für ein Vogel ist. Mir soll's recht sein, beschnuppern funktioniert nämlich in beide Richtungen.

Eine Stunde danach fährt ein Dodge an der Gangway vor. Das ältere Ehepaar, das uns in Empfang nimmt, macht wirklich einen sehr freundlichen Eindruck, die leben schon seit den Nachkriegsjahren in Kalifornien und sind ganz happy, den früheren Landsleuten etwas von ihrer neuen Heimat zu zeigen.

Eineinhalb Stunden sind wir unterwegs. Zunächst durch die weitläufigen Stadtteile von Oakland, dann auf der Interstate 80 nach Norden. Weiter auf 'ner kalifornischen Staatsstraße in das bekannte Tal. Weinberge sucht man vergebens, die bauen die Reben in der flachen Ebene an. Dies allerdings überall, das komplette Napa Valley lebt vom Rebensaft. Unsere Gastgeber erläutern die Hintergründe, das mediterrane Klima und die Mischung von Sediment -und Vulkanböden schaffen beste Voraussetzungen für erfolgreichen Weinanbau. Und wir wären nicht in den USA, wenn hier nicht auch geballte Technik zum Einsatz käme. Zwischen den endlosen Rebenreihen stehen in gleichmäßigen Abständen gasbefeuerte Heizkörper. Und immer wieder große Propeller. Mit den Heizungen tricksen die Winzer das Klima aus, wenn's mal zu frisch ist. Und die Propeller sind als Nebelvertreiber gedacht, wenn der Nebel mal zu lange anhält. Auf den Weinbergen an Rhein und Mosel habe ich so was noch nie gesehen.

Ziel der Exkursion ist ein Weingut im Besitz einer aus Deutschland vor drei Generationen eingewanderten Winzerfamilie. Der Clan stammt aus dem Rheinland, und folgerichtig heißt das in traditionell rheinland-pfälzischer Fachwerkbauweise errichtete Hauptgebäude „Rhinehouse". Schnelle Führung für uns und zwei Dutzend einheimischer Touristen, man zeigt in einem Show-Room überwiegend große farbige Tafeln mit schematischen Darstellungen zur Weingewinnung, dann einen Keller voll mit Fässern, und letztlich landen wir in einer Art Aula zwecks Weinprobe und Verkaufsveranstaltung. Eine junge Lady moderiert das Ganze und erläutert die einzelnen Produkte, die wir verkosten sollen. Das Verkosten gestaltet sich aber sehr sparsam, bei den Tröpfchen, die uns angeboten werden, gehen wir nüchterner aus dem Laden raus, als wir reinkamen. Unerwartet wird's dann aber noch sehr unterhaltsam, als Taifun-Otto in die Vorstellung eingreift. Die junge Lady präsentiert das Spitzengewächs des Hauses, einen Chardonnay mit dem deutschen Namen „Traubengold". Sie spricht das aber, da von keinerlei Deutschkenntnissen behindert, im breitesten Slang wie „Droubengould". Und schon federt Otto aus dem Stuhl, unterbricht, „You say that wrong, you must say Trau - ben – gold!" Folgsam das Fräulein „Drou – ben -gould!". „No, no, listen, you must say Trau – ben -gold!" So geht's noch ein paar Mal hin und her, Otto mit seinem Traubengold, die Amischnecke mit Droubengould. Die Köpfe der einheimischen Besucher fliegen von ihm zu ihr und wieder zurück, ich rutsche mal im Stuhl ein wenig tiefer. Endlich akzeptiert Otto, dass die Kleine das akzentfreie Deutsch in diesem Leben wohl nicht mehr lernt und gibt sich mit einem immer gequälter klingenden „Droubengould" zufrieden. Wir kaufen anschließend einige handliche Kartons mit verschiedenen Weinen und verlassen das „Rhinehouse".

Die Rückfahrt zum Hafen unterbrechen wir noch einmal im Städtchen Napa, kurze Rast in einem Café. Sitzen um einen „round table" und unterhalten uns prächtig. Im Augenwinkel nehme ich am Nebentisch einen recht dicken Schwarzen wahr, der haut sich inbrünstig einen „Large Coffee XXL" und eine Unmenge Kuchen in den Wanst und folgt immer aufmerksamer unserem Gespräch. Gekleidet ist er, nun, ich sage mal, etwas übertrieben bunt. Ein taubenblauer Anzug, Rüschenhemd, die zu einem Rüschenhemd überhaupt nicht passende Krawatte leuchtet in allen Signalfarben. Und an den Fingern trägt der Ringe, mein lieber Schwan, mit den bunten Steinen kannste glatt `ne Robbe tot schmeißen. Reichlich protzig, das Ganze. Diese Klopper-Brillis sind es auch, die schließlich uns alle aufmerksam werden lassen. Und der Dicke bemerkt unser Interesse, reckt uns stolz die Flossen entgegen. „Look, do you see that? All diamonds and rubies!" Schön, freut uns, wir grinsen höflich. Aber jetzt kommt der Dicke erst richtig in Fahrt, und zu unser Verblüffung startet er die nächste Ansage in einem schrägen Gemisch von Deutsch und Englisch. „Isch habe listen to you all time, Sie sind german, deutsch, right?" Wir bejahen. „Well, isch war Deutschland many years, in the army, Ileidclbörg!" Und dann schmettert er doch tatsächlich los „Isch hab min Hartz in Heidelbörg väilooren...!" Mann, was für eine Nummer. Fröhlich plappert der Typ weiter: „Mein erstes Frow, she was Deutsch, from Mannheim, but she passed away!" So, she passed away. An dieser Stelle muss ich gestehen, mein zwar recht flüssig verwendetes Englisch hatte ab und zu so seine Lücken. Und dass der Ami mit „passed away" nicht meint, dass die Lady abgehauen ist, sondern dass „passed away" schlicht und einfach „verstorben" bedeutet, ja, das wusste ich damals nicht. Und frage den dicken Schwarzen rundheraus „where did she go?" Da kräht der fröhlich: „No, no, she died, she is tot gegangen!" Neben mir höre ich Otto glucksen. „Oh, äh, sorry."

# Verdammte Container – Seefahrt in den 1970er/1980er Jahren

Wir lauschen noch eine kurze Zeit dem zutraulichen „Heidelbörger" Ex-Soldaten und empfehlen uns, zum Abschied hören wir noch mal „isch hab mein Hartz, in Heidelbörg...trallalala!" Wir lachen noch, als bereits die Containerbrücken von Oakland in Sicht kommen. Punkt 17:00 Uhr Ankunft am Schiff, wir verabschieden uns von unseren gastfreundlichen Fremdenführern, Otto ordnet noch die Abgabe einiger deutscher Graubrote aus dem Schiffsproviant an, ein bei Deutschamerikanern immer gerne gesehenes Präsent. Und damit endet unser Sonntagsausflug.

An Bord laufen die Auslaufvorbereitungen auf vollen Touren. Das Schiff ist mit Containern beladen bis zur Halskrause, auch an Deck stehen die Kisten drei Lagen hoch. Ich verschwinde zunächst in der Funkbude, überprüfe noch mal schnell die Funktion meiner Anlage. Dann runter in die Messe und das Abendbrot reingehauen. Heute Abend gehe ich die letzte Funkwache, und in der Nacht werde ich noch einen Sammelanruf von Norddeichradio abhören, das fällt dann in die Rubrik „Überstunden" Tagsüber sind die Ostfriesen nämlich gar nicht zu hören. Oder kaum.

*Für den Laien hier eine kleine Hintergrunderläuterung zur an Bord verwendeten Funktechnik: Es gab ein international gültiges Vorschriftenwerk, welches die Ausstattung der Seeschiffe mit Funkgeräten und die Bemannung mit Funkpersonal regelte. Und diese vorgeschriebene Ausrüstung hing von der Schiffsgröße ab, die entsprechenden Gesetze entstanden in einer Zeit, als kleinere Schiffe (die Grenze lag bei 1.600 Bruttoregistertonnen) nur im Küstenverkehr oder in der küstennahen Fahrt zum Einsatz kamen. Auf solchen Kähnen war eine sogenannte Grenzwellenanlage für Sprechfunk vorgeschrieben, es musste sich kein hauptamtlicher Funker an Bord befinden. Die Bedienung nahm einer der Nautiker des Schiffes wahr, ein See-Sprechfunkzeugnis besaßen alle nautischen Offiziere.*
*Für Schiffe über 1.600 BRT bestand die Telegrafie-Ausrüstungspflicht. Vorgeschrieben war eine Mittelwellen-Anlage, die im Morsebetrieb von einem Berufsfunker bedient wurde. Damit war das Schiff dann in der Lage, Notfälle im Umkreis von einigen hundert Meilen, bei idealen Ausbreitungsbedingungen auch mal*

*deutlich weiter, zu melden. Und diese, aus grauer Vorzeit der See-funkerei stammenden Vorschriften wurden bis zum Ende des her-kömmlichen Funksystems im Großen und Ganzen beibehalten. Die gesetzlich vorgeschriebene Funkgeräteausrüstung basierte aus-schließlich auf dem Aspekt der Schiffsicherheit. Allgemeiner Nach-richtenaustausch zwischen Schiff und Land war dem Gesetzgeber egal.*

*Dabei ging die Entwicklung in der Seefahrt unaufhaltsam weiter, auch Schiffe unter 1.600 BRT waren zunehmend in weltweiter Fahrt unterwegs. Und die größeren Pötte mit ihrer schwachbrüstigen Mit-telwellenausrüstung wären mit zunehmender Entfernung weitgehend verstummt, für weltweiten Nachrichtenverkehr sind die Mittelwellen aufgrund ihrer Ausbreitungseigenschaften nicht geeignet. So er-kannte irgendwann auch der sparsamste Reeder, dass eine über die gesetzlichen Vorschriften hinausgehende Funkausstattung unver-zichtbar ist.*

*Also wurden zusätzlich noch leistungsfähige Kurzwellenanlagen in die Funkstationen eingerüstet, die auch Nachrichtenaustausch über große Distanzen ermöglichten. Die Kurzwelle ist dafür aufgrund ih-rer Eigenschaften besonders geeignet, außer einer sogenannten „Bodenwelle" erzeugt man beim Senden nämlich auch eine „Raum-welle". Die Bodenwelle folgt der Erdkrümmung und wird nach eini-ger Zeit absorbiert, aber die Raumwelle breitet sich wie Licht gerad-linig in den Raum aus. Für den Weitstrecken-Funkverkehr hat die Raumwelle im Kurzwellenbereich nun den unschlagbaren Vorteil, dass sie von der Ionosphäre (eine Schicht der Erdatmosphäre in mehreren hundert Kilometern Höhe, die besonders viele Ionen und freie Elektronen enthält) zurück zur Erde reflektiert wird. Und von der Erde wieder zur Ionosphäre, und das Ganze wieder und wieder. Bei optimalen Gegebenheiten erreicht man mit seiner Aussendung also auch Empfänger auf der anderen Seite der Erdkugel, und das machte den Kurzwellenfunk zum Hauptträger weltweiter Verbindun-gen.*

*Diese weltweite Ausbreitung war aber von vielen Gegebenheiten abhängig und schwankte stark. Die reflektierende Ionosphäre än-*

dert ihre Dichte abhängig von vielen Faktoren, wie zum Beispiel Sonneneinstrahlung, Tages- und Jahreszeit. Und das ist die Ursache dafür, dass ich bei meinen Schilderungen immer wieder erwähne, dass ich auf entlegenen Routen „nur nachts" oder nur „ganz selten" zu unserer heimatlichen Küstenfunkstelle Norddeichradio durchkam. In einigen Fahrtgebieten hatte man nur ein sehr schmales Zeitfenster für eine Verbindung nach Europa, abhängig von Sonnenunter- oder Aufgang. Und die Wahl der richtigen Frequenz war ebenfalls wichtig, die Kurzwelle reicht von 3 bis 30 MHz, Seefunkfrequenzen auf Kurzwelle gab es im Bereich von 4, 6, 8, 12, 16 und 22 MHz. Richtige Wahl von Frequenz und Tageszeit hatte viel mit Erfahrung zu tun, ein alter Routinier benötigte nur die kurze Spanne dieses erwähnten Zeitfensters für eine Verkehrsabwicklung, während ein Anfänger sich unter Umständen stundenlang auf ungeeigneten Frequenzbereichen abstrampelte.

Hilfreich dabei war, dass die Küstenfunkstellen auf ihren Hauptfrequenzen, wenn sie nicht sowieso gerade mit Funkverkehr beschäftigt waren, ihr Rufzeichen in einer Endlosschleife sendeten. Auf dem Frequenzband, wo diese Schleife am deutlichsten zu hören war, bestand auch die beste Chance für eine erfolgreiche Verbindungsaufnahme. Wobei allerdings die Seefunkstelle meist mit geringerer Sendeleistung und bauartbedingt auch einer nicht so effizienten Antennenanlage arbeitete wie eine Küstenfunkstelle

Pünktlich 18:00 Uhr zieht uns ein Schlepper von der Pier weg. Das Auslaufmanöver verfolge ich von der Brücke, dann „verhole" ich mich in meine Funkstation. Nun beginnt eine zweiwöchige Seereise quer über den weiten Pazifik, erst jetzt geht es wieder „richtig" raus auf See...

Tage später. Chiefmates Spruch, dass nur die ganz Dummen im Winter zur See fahren, wird von mir nicht mehr angezweifelt. Und mit 'ner gewissen Selbstironie gestehe ich mir ein, wohl zweifelsfrei zu den „ganz Dummen" zu gehören. Das Wetter ist nämlich beschissen hoch Drei. Seit einer Woche stürmischer Wind mit immer wieder auftretenden Orkanböen, stark rollende Dünung und dann wieder Kreuzseen, kurz, alle Verrücktheiten, die die See zu bieten hat. Eines muss man dem Wetter lassen, es ist konstant. Weit im

Westen bilden sich irgendwelche Sturmtiefs, erreichen teilweise Orkanstärke und ziehen dann mit langen Kaltfronten im Gefolge quer über den Nordpazifik, oft bis zur US-Ostküste. Zu meiner Begeisterung sind die Kurslinien der SEATRAIN PRINCETON und der Sturmausläufer nahezu identisch. Meine täglich aufgenommenen Wetterberichte überfliege ich nur noch flüchtig, dann bringe ich sie zur Brücke. Bevor ich hier noch depressiv werde.

Seit Tagen schon stampfen wir gegen diese Brecher an. Wieder und wieder hebt sich der Bug meterhoch aus dem Wasser, um dann krachend ins nächste Wellental zu fallen. Der ganze Kahn stöhnt und ächzt in seinen Verbänden, dass es einem manchmal kalt über den Rücken läuft. Dazu stark rollende Bewegungen zur Seite. An meinem Arbeitstisch, durchs Fenster, sehe ich nur grau in zwei Varianten. Hellgrau, wenn der Schlorren sich nach Steuerbord rollt. Und dunkelgrau, wenn er zur anderen Seite pendelt. Hellgrauer Himmel, dunkelgraues Wasser. Beäugt vom Funker mit grauem Gesicht.

Seit Tagen schon stampfen wir gegen diese Brecher an

Nein, nicht wegen der Seekrankheit, die habe ich schon lange überwunden. Aber wie zum Teufel kann ein Mensch bei diesem Ra-

33

batz pennen? Die Funkwachen verbringe ich festgekeilt zwischen meinen Geräten, der Drehstuhl wird mit einer Metallkette in einer Bodenverzapfung eingerastet und damit an der angestrebten Wanderschaft gehindert. Und ich muss mich ständig irgendwo wieder festhalten, wenn die Bocksprünge dieser Schaluppe zu heftig werden. Die Mahlzeiten gleichen ebenfalls sportlichen Übungen. Man tigert durch wild schwankende Gänge in die Messe, findet dort die obligatorischen nassen Tischtücher vor (auf nassen Laken verrutschen die Teller und Schüsseln nicht), und isst dann unter erschwerten Bedingungen, was die Kombüse so gezaubert hat. Teller ja nicht zu sehr befüllen, sonst tritt der Inhalt „übers Ufer". Ja, und dann soll man nachts pennen, um wieder zu Kräften zu kommen. Ganz tolles Manöver, ich rutsche auf meinem Beinahe-Doppelbett umher wie `ne Billardkugel. Bisher war noch keiner meiner Tricks erfolgreich, mit denen ich die Koje zu einer rutschsicheren Schlafmulde umfunktionieren will. Matratze verkeilen bringt nix, die Koje ist zu breit. Wenn das so weiter geht, komme ich als Zombie in unserem ersten Zielhafen Kaohsiung an.

Wieder einige Tage später. Heute ist Wochenanfang. Gestern war Sonntag, der 22.10., heute Dienstag der 24.10. Hä? Ganz richtig, wir wackeln nämlich gerade über die Datumsgrenze, und der Montag fällt dieses Mal aus. Allerdings nicht für mich, meine Funkwachen sind gemäß Bordzeit eingeteilt, die Eintragungen im Funktagebuch aber schreibe ich nach GMT *(damals „Greenwich Mean Time", heute heißt das UTC, „Universal Time Coordinated", und bezeichnet die Zeitzone am Nullmeridian bei London. Sämtliche Funkunterlagen und auch die protokollierten Sende- und Empfangsaktivitäten wurden in GMT geschrieben).*

Während sich also der ganze Dampfer nach der lokalen Bordzeit orientiert, setzte ich mich heute Morgen pünktlich um 08:00 Uhr am Dienstag, dem 24.10 an meinen Arbeitsplatz und schreibe ins Funktagebuch: „Montag, 23.10., 21:00 GMT – Schlörit auf Wache". Und dabei soll man nicht völig blöd werden in der Birne?...

*Die Datumsgrenze ist eine durchaus logische Angelegenheit, aber trotzdem sorgt sie immer wieder für Verwirrungen. Der Hintergrund ist einfach der: Fährt ein Schiff konstant, wie in unserem Fall, nach Westen, so muss es seine Bordzeit immer wieder der Lokalzeit des gerade befahrenen Gebietes anpassen. Weil das Schiff sonst am Ziel eine ganz andere Tageszeit hätte als eben besagtes Ziel. Außerdem wäre es irgendwann nachts hell und am Tage dunkel. Klar? Schließlich ist es, die Erde nach Westen umrundend, alle 15 Grad eine Stunde früher (die 15 Grad ergeben sich aus 360 Längengraden und den 24 Stunden eines Tages). Kommt besagtes Schiff aber nach einer Weltumrundung westwärts wieder am Ausgangsort an und hat brav alle 15 Grad die Uhr eine Stunde zurückgestellt, dann hätte man an Bord die richtige Tageszeit, ...aber das falsche Datum. Man wäre kalendertechnisch einen Tag daneben. Also hat man eine künstliche Datumsgrenze eingerichtet, diese Linie wurde aufgrund der dünnen Besiedelung nicht gerade verlaufend, sondern diversen Inseln und Landmassen ausweichend, in den Pazifik verlegt. Und somit haben wir, westgehend, beim Erreichen dieser Linie unsere Uhren wieder eine Stunde zurück, den Kalender aber einen Tag vorgestellt. Und der Montag fiel untern Tisch. Außer in meinem Funktagebuch. Fahren wir später wieder nach Osten, ergibt sich der gleiche Wechsel in umgekehrter Richtung. Wir stellen so grob alle 15 Grad unsere Uhren eine Stunde voraus, bei der Datumsgrenze aber dann um 24 Stunden zurück. Somit haben wir zweimal Montag hintereinander. Beziehungsweise den Tag, an dem wir die Linie überqueren. Wer bisher noch nicht völlig verwirrt war, der ist es jetzt...*

*Dabei sprechen wir hier nur von der künstlichen, von Menschenhand gemachten Datumsgrenze. Es gibt ja auch noch die „natürliche", und die bewegt sich rund um die Erde. Schon mal in der Silvesternacht in die Glotze geschaut? Irgendwo im Pazifik, eben an der künstlichen Datumslinie, brennt das erste Feuerwerk ab. Dann wandert das Feuerwerk im Stundentakt nach Westen, Australien, Südostasien, Mittlerer Osten. Wenn wir um Mitternacht anstoßen, liegt der feiernde Australier schon besoffen in der Koje. Ganz schön verwirrend, wenn man auf einer Kugel lebt, die um eine Leuchtkugel kreist...*

Irgendwie scheint das Wetter auch Respekt vor der Datumsgrenze zu haben, heute ist es zum ersten Mal etwas ruhiger. Immer noch grau, trübe und windig, aber nicht mehr diese ruppige See, diese beschissenen Sturmböen. Die SEATRAIN PRINCETON reitet nach wie vor eine üble Dünung ab, aber der Wind hat nachgelassen, und Schlaf stellt sich auch wieder ein. In den vergangenen Tagen habe ich häufiger den Alten beobachtet, wenn er bei dem Schietwetter auf der Brücke stand. Ich habe den deutlichen Eindruck, dass der diese Schaukelei und das tobende Wetter richtig genießt. Den Namen „Taifun-Otto" hat der ja nicht zufällig, dem geht scheinbar wirklich einer ab, wenn der Dampfer so richtig im Sturm steht. Im Übrigen komme ich gut mit ihm aus. Als Kapitän wirkt der Mann auf mich äußerst kompetent, Schiff und Crew handhabt er ziemlich lässig.

Schon zu Beginn der Reise erzählt mir der Chiefmate so nebenbei, dass unser Pott mit Stabilisatoren ausgestattet ist. Das sind Systeme, die mittels ausfahrbarer und beweglicher Flossen der Rollbewegung, also dem Schwanken um die Längsachse des Schiffes, entgegenwirken. Ungewöhnlich für einen Frachter, bisher wurde sowas bevorzugt auf Passagierschiffen eingebaut, um die Reise für die zum Kotzen neigenden Landratten erträglicher zu gestalten. Nun versieht man also schon einige Containerfrachter damit, wohl, um Ladungsschäden durch heftige Schiffsbewegungen zu vermeiden. Solche Stabilisatoren reduzieren jedoch die Geschwindigkeit, wenn man sie ausfährt. Für Taifun-Otto aber hat die Einhaltung des Fahrplanes oberste Priorität, Speed zu verlieren, damit die Reise für die Crew etwas komfortabler wird, das wäre ja noch schöner. Und Ladungschäden wegen Schlechtwetter, das muss ja erst mal nachgewiesen werden. Also bleiben die „Stabis" drinnen, der Dampfer rollt und wackelt wie Sau, während Taifun-Otto volle Kanne durchs schlechte Wetter ballert.

Bei nachlassendem Schlechtwetter finden jetzt auch häufiger kleine Partys in diversen Kammern statt. Abends nach Dienst- oder Wachende bilden sich Cliquen, die reihum mal in dieser, mal in jener Kammer einen ausschnacken und so ganz nebenbei 'ne Schachtel Bier dazu lenzen. Wobei die Schachtel hier auch Container genannt wird, wenn wir schon mal auf so ˙ner Kistengaleere unterwegs sind. Häufiger ˙sitze ich mit dem 2.Ing, dem 2.Offizier, dem Bootsmann und dem einen oder anderen Assi zusammen, auch der SBM leistet uns gerne mal Gesellschaft. Der SBM hat an Bord die Stelle des Storekeepers (*Lagerhalter und Boss der Maschinenmannschafts-grade*) inne, da er aber bereits einen der gerade eingeführten Lehr-gänge zum Schiffsbetriebsmeister absolviert hat, steht im Seefahrts-buch „SBM". Und außerdem betreut er Susi, das ewig pinkelnde vierbeinige Bordmaskottchen. Wo der SBM ist, ist auch Susi. Mir hat sie auch schon in die Kammer gepinkelt. Nicht so prickelnd, die hol-ländischen Schiffbauer haben die Bude mit ˙nem Teppichboden ver-sehen, pissende Bordhunde hatten die nicht auf dem Plan.

Gelegentlich taucht bei unseren Zusammenkünften auch der Blitz, unser Elektriker, auf. Meistens alleine, seine mitreisende amerikani-sche Gemahlin lässt sich kaum blicken, bei der Crew läuft sie bereits unter der Bezeichnung „das scheue Reh". Reh kommt hin, das ist ˙ne gertenschlanke Grazie, lange Mähne, dunkeläugig und eigentlich nicht unhübsch. Wirkt aber irgendwie abweisend und ist an Kontak-ten mit der Crew wohl nicht interessiert. Was solls, dann muss sie halt die Reise in selbstgewählter Isolation verbringen. Dem Blitz aber ist es auf Dauer zu langweilig, und dann zieht der gelegentlich alleine los, schauen, wo was läuft. Der ist irgendwie auch ˙ne be-merkenswerte Type. Für die USA verfügt er über eine „Permanent Residence", eine ständlge Aufenthaltserlaubnis, um dort zu leben und zu arbeiten. Deswegen hat er auch mit Laeisz ˙ne Vereinba-rung, ausschließlich auf den beiden im Pazifik eingesetzten Contai-nerschiffen beschäftigt zu werden, sein Wohnsitz ist in San Francis-co. Amerika findet er überhaupt großartig, und Deutschland wähnt er hinterm Mond. Unter anderem, weil ihm die bösen deutschen Landsleute zuhause den Führerschein abgenommen haben. Nach-dem er mehr intus hatte als der Fahrzeugtank. Kein Problem, in San Francisco hat er sich zu ˙ner Fahrprüfung angemeldet, das ging recht unbürokratisch über die Bühne, und schon hatte er ˙ne ameri-kanische „Drivers License". Findet er natürlich toll. Toll findet er auch die amerikanischen Waffengesetze. Unser Blitz ist das, was man gemeinhin einen Waffennarren nennt. In Deutschland ist das gewissen Einschränkungen unterworfen, in den USA garantiert die Verfassung jedem Vollidioten das Recht, mit einer Knarre herumzufuchteln. Und bei einer unserer Kammerpartys kreuzt unser Schiffselektriker auf und führt uns stolz seinen Colt vor, eine Riesenwumme, die er sich unlängst in Frisco gekauft hat. Wir reagieren reichlich ablehnend, er soll das Scheißding verschwinden lassen, bevor noch ein Unfall passiert. „Weiß der Alte, dass du so `nen Ballermann auf der Kammer fährst?" frage ich ihn. „Nö". Na prima, in jedem Hafen lege ich den Behörden unter anderem eine Liste „Arms and Ammunition" vor, die eventuell an Bord befindliche Schusswaffen auflistet. Bisher hatte ich noch keine Waffen an Bord erlebt, in der Liste vermerke ich immer NIL. „Pass ma`auf!" sage ich zum Blitz, „offiziell weiß ich nichts von dem Ding, wenn du aber mal bei `ner Zollkontrolle der Kammern auffliegst, musst du selbst zusehen, wie du aus der Nummer raus kommst. Besser wär`s, du meldest die Knarre an, und die kommt dann unter Verschluss!" Da laufe ich aber beim Blitz an die Wand, das verfassungsmäßige Recht eines jeden amerikanischen Idioten, eine Waffe zu tragen, nimmt er auch für sich in Anspruch. Mit der „Permanent Residence" sieht er sich bereits als entsprechend befugter Idiot.

Im Verlauf der Überfahrt ist meine Verbindung nach Deutschland nahezu völlig tot. Inzwischen habe ich mir aber eine „Connection" zu einigen anderen deutschen Schiffen aufgebaut, auf der von uns Funkern für Kontakte zu anderen Schiffen gennutzten „Quasselwelle". Da ist schon der eine oder andere Kollege auf einem günstiger stehenden Schiff bereit, beim Abhören der Listen von Norddeichradio darauf zu achten, ob mein Rufzeichen in der Liste ist. Kommt selten vor, in der Regel sind das Privattelegramme für Besatzungsmitglieder. Und der Kollege holt dann mein Telegramm für mich ab und vermittelt es an mich weiter. Umgekehrt verfahre ich genauso, wenn ich Verbindung habe. Und der betriebliche Funk von Charterer und Reederei läuft ausschließlich über San Francisco Radio, das macht es für mich leichter.

Sonst während der ganzen Überfahrt normaler Betrieb in der Funkstation. Neben dem spärlichen Telegrammverkehr nehme ich bis zu zweimal täglich Wetterberichte auf. Eine Schiffspresse gehört

# Verdammte Container – Seefahrt in den 1970er/1980er Jahren

auch zu meinen Aufgaben, allerdings ist die von Usingen gesendete Zeitung hier im Pazifik auch kaum hörbar, da behelfe ich mir mit Radiosendungen, deutsche Welle, und auch den Weltservice von BBC höre ich ständig mit und fabriziere dann `ne kleine Bordgazette. An Bord werden auch Wetterbeobachtungen gemacht und nach einem standardisierten Schlüssel von mir gesendet, die Schiffsbeobachtungen (sogenannte OBS-Telegramme) sind in dieser Zeit eine wichtige Grundlage zur Erstellung meteorologischer Prognosen. Wetter-Satelliten gibt es schon, aber der Wetterbeobachter vor Ort hat noch einen hohen Stellenwert.

Ja, und sogar für die Wissenschaft sind wir tätig. Eine kalifornische Universität führt ein langfristiges „Ocean Research Project" durch. Im Rahmen dieses Projektes wurden einige Schiffe um Mitarbeit gebeten, bevorzugt Schiffe, die den Pazifik mit einer gewissen Regelmäßigkeit auf immer gleichen Kursen überqueren. Und da ist die SEATRAIN PRINCETON mit dabei. Die wachhabenden Offiziere auf der Brücke nehmen nun in regelmäßigen Abständen Wasserproben in verschiedenen Tiefen, ein dafür geeignetes Gerät hat die Hochschule an Bord geliefert, ermittelt werden Temperatur und Salzgehalt. Die entsprechende Meldung wird dann einmal täglich von mir an San Francisco Radio gesendet, Adressat University of California. Monate später taucht ein Vertreter der Universität an Bord auf, und alle beteiligten Offiziere werden mit einer Urkunde geehrt, für ihren hingebungsvollen Einsatz im Dienste der Wissenschaft. Auch mir drücken sie so ein Ding in die Hand, da ich ja schließlich der die Nachricht übermittelnde „Antennenheizer" bin. Tastfunk im Dienste der Meeresforschung. Dafür ist mein Name auf der Urkunde auch grottenfalsch geschrieben. Schlörit, das ist einfach zu viel verlangt von einem amerikanischen Urkundenschreiber...

Noch drei Tage bis Kaohsiung, und schon wieder kriegen wir einen auf die Mütze. Das nächste Sturmtief hat sich auf den Weg nach Osten gemacht und knallt uns seine Ausläufer vor den Bug. Alles geschieht nicht im Orkanbereich, wir stampfen und schlingern durchgehend bei Windstärke 9 über den Teich, aber Mann, was geht einem das auf den Nerv. Bis auf zwei, drei Tage sah die ganze

Überfahrt so aus.

Ich bringe nachmittags eine Wettermeldung zur Brücke und nehme gleich mal den Fotoapparat mit. Sieht schon krass aus, wie das Schiff heftig krängend zur Seite geht, über die Containerstapel an Deck hat man eine gute optische Referenz zum Horizont, das ergibt ganz nette Aufnahmen der Rollbewegungen.

In solchem Wetter muss das Lied „Rolling home" entstanden sein

„Wissen wir eigentlich, was in den Schachteln so drin ist?" frage ich Wolfgang, den 2.Offizier, der mit mir eingestiegen war. „Nur bei einigen", meint Wolfgang. „Die Boxen mit `Dangerous Goods` sind natürlich mit Details gelistet, die müssen ja beim Stauen besonders behandelt werden. Aber bei vielen Containern heißt es nur `General Cargo`, und das kann alles Mögliche sein." – „Was für `Dangerous Goods`?" frage ich. „Na ja, Säuren, Chemikalien, Sprengmaterial, giftige Stoffe, auch radioaktives Material. Gemäß einem internationalen Abkommen ist dieser ganze Scheiß in 9 Klassen eingeteilt, und die werden dann nochmal unterschiedlich klassifiziert. Du erkennst die betreffenden Container an dem aufgebrachten Gefahren-Piktogramm, diese bunten, auf der Spitze stehenden Quadrate mit Beschriftung und Symbol, das den Inhalt beschreibt. Manchmal ganz übles Zeug, das wir da befördern!" Der ebenfalls auf der Brücke stehende OA (Offiziersanwärter) mischt sich ein. „Letzte Reise konnten wir mal sehen, was sonst noch so in den Schachteln ist. Da kriegten wir auch einen auf den Sack, Windstärke 10 und mehr, und dabei hat es vorn an Deck die erste Lage Container zerhauen. Was glaubt ihr, was da rausflog und weggeschwemmt wurde? Alte Autoreifen. Jede Menge Altreifen fetzten da übers Deck und ab in den Pazifik. Wer handelt denn mit sowas?" Tja, gute Frage. Irgendjemand macht ein Geschäft damit, in Kalifornien alte Reifen in Container zu stopfen und nach Taiwan zu schaukeln.

Noch ein Tag bis zum Hafen. Ich habe jetzt intensiveren Funkverkehr, und dabei versuche ich es auch mal mit einer taiwanesischen Küstenfunkstelle. Der Funkverkehr wird von dieser Station sehr professionell abgewickelt, in manchen Ländern der dritten Welt habe ich da schon andere Erfahrungen gemacht. Da wird nicht nur der „Traffic" teilweise sehr unbeholfen gehandhabt, die gesendeten Telegramme erreichten oft gar nicht den Adressaten. Ein anderes Mal stößt man auf höchst routinierte Funker, die einen absolut perfekten Service liefern. Man muss selbst ausbaldowern, mit wem man zuverlässig arbeiten kann.

Andererseits, Taiwan ist gerade dabei, sich vom Status eines Drittwelt-Landes zu verabschieden. Das Land hat eine florierende Gebrauchsgüterindustrie aufgezogen und liefert seine Produkte in alle Welt. Die Jungs, die schon länger an Bord sind, schildern mir begeistert die unglaublich vielfältigen Einkaufsmöglichkeiten. Und billig soll das sein, die Maaten geraten richtig ins Schwärmen.

Ich sammele in den Messen meine ausgelegten Listen wieder ein. Zollerklärungen, in denen jeder Seemann seine persönlichen Wertgegenstände sowie die maximal erlaubten Mengen an Alkohol und Zigaretten deklariert. Eine Geldbestell-Liste, in der die Piepels den gewünschten „Schuss" eingetragen hatten (eine Abschlagzahlung auf die Heuer, meist in Landeswährung des Anlaufhafens). Nun ermittele ich die Gesamtsumme, die findet sich wenig später in einem Telegramm an die Agentur wieder, das mir der Alte auf den Arbeitstisch legt. Geordert werden NTD, die sogenannten „New Taiwan Dollar", eben besagte Landeswährung.

In den auf der Brücke vorhandenen Unterlagen findet sich auch ein Nachschlagewerk zu den grundsätzlichen Gegebenheiten aller Küstenstaaten. Ich stöbere darin herum. Was kann ich über Taiwan finden? Gut, die Angaben beziehen sich überwiegend auf jene Fakten, die für die Abfertigung eines Schiffes von Bedeutung sind, das ist kein Touristenführer. Aber zusammen mit meinem bereits vorhandenen Wissen gewinne ich einen vorläufigen Überblick.

*Taiwan gehörte immer wieder mal zu den Brennpunkten des Weltgeschehens. Als nach dem 2. Weltkrieg die Kommunisten unter Mao die Herrschaft im „Reich der Mitte" übernahmen, gelang es dem General Chiang Kai-Shek, sich mit seinen Truppen auf die unmittelbar vor dem chinesischen Festland gelegene Insel Formosa abzusetzen. Dort gründete er die Republik China (als Gegenentwurf zu Maos Volksrepublik China)und war damit Staatschef des einzigen chinesischen Territoriums, das nicht unter Maos Herrschaft geraten war. Man stelle sich so ein Szenario auf europäische Verhältnisse übertragen vor: Ganz Deutschland wäre nach 1945 ein kommunistisches Land geworden, lediglich auf Helgoland hätte sich ein ehemaliger Wehrmachtsgeneral mit seinen Getreuen festgesetzt und seinen deutschen Konkurrenzstaat gegründet, mit Billigung und Schutz der Westalliierten. Undenkbar? Die Chinesen taten genau das. Mao spuckte natürlich Gift und Galle und beanspruchte Taiwan als chinesische Provinz. Die Amerikaner hielten aber ihre schützende Hand über General Chiang Dingsbums, auch wenn man diesen nur mit sehr viel gutem Willen als Demokraten bezeichnen konnte. Das war den Amis schon damals wursch, Hauptsache, der Verbündete war Antikommunist, und schon war er ein „guter Diktator"     Die Kuomintang-Partei (KMT) des Generals regiert den Inselstaat in einer Art „Ein-Parteien-Demokratur", das Land steht seit seiner Gründung unter Kriegsrecht (Stand 1978,während der geschilderten Reise) und ist hochgerüstet bis zum „Geht-nicht-mehr". Andererseits gelang hier recht zügig der Aufbau einer Industriegesellschaft, und Taiwan war schon Werkbank für die Welt, als in Festlandchina noch nicht daran zu denken war. Die Festlandchinesen waren entsprechend sauer und agierten immer wieder äußerst aggressiv gegen die ihrer Ansicht nach abtrünnige Provinz. Das gipfelte in den späten Fünfzigern in heftigen Artillerie-Duellen um die vorgelagerte kleine Insel Quemoy. Anfang der Siebziger wendete sich das Blatt zugunsten der Volksrepublik China, als diese Vollmitglied der UNO und Taiwan zeitgleich ausgeschlossen wurde. Die VR China setzte zielstrebig ihren Alleinvertretungsanspruch durch, und viele Staaten brachen die diplomatischen Beziehungen zu Taiwan ab. Und auch die Amerikaner wandten sich mehr und mehr dem festlandchinesischem Koloss zu, da waren ja schließlich auf lange Sicht ganze andere Geschäfte zu erwarten als mit dem kleinen Inselstaat dort vor der Küste. So ist das eben mit der Politik, Freunde hält man sich je nach Kassenlage und wirtschaftlichem Nutzen.*

*Zum geschilderten Zeitraum waren wir also auf der Reise in ein Land, das nahezu mit dem Rücken zur Wand seine Selbstständigkeit zu bewahren sucht, einerseits eine prosperierende Wirtschaft und andererseits eine gigantische Militärmaschine sein Eigen nannte und vor einer reichlich unsicheren Zukunft stand.*

Endlich, nach zwei stürmischen Wochen, laufen wir im Hafen von Kaohsiung ein. Dieser wichtigste Hafen Taiwans liegt an der Küste der Taiwanstraße im Südwesten der Insel, in der Ansteuerung wird das Wetter ruhiger. Die Stürme haben wir hinter uns gelassen, und seit gestern wird es zunehmend schwül. Wir schreiben Anfang November, aber innerhalb kurzer Zeit werden wir in ein Treibhaus katapultiert.

Einlaufen im Hafen von Kaohsiung

Unverzüglich bei Ankunft geht das Schiff an die Pier, auch hier mit Containerbrücke und modernster Technik bestückt. Es folgt eine

43

überaus langwierige und penible Einklarierung, alles sehr bürokratisch und langsam. Aber dann überrascht uns der Agent mit einer Neuigkeit, die uns vom Hocker haut. Wir bleiben eine ganze Woche hier liegen. Ich glaube, mich laust der Affe, das ist ja ein Lottotreffer. Auf Befragen nennt der Agent die Gründe für diese Entscheidung. Seatrain Lines setzt die beiden Schwesterschiffe S. LEXINGTON und S. PRINCETON gemeinsam auf dieser Route ein. Nun ist, bedingt durch immer wieder mal überzogene Liegezeiten an beiden Küsten des Fahrgebietes, der Fahrplan durcheinandergeraten. Die LEXINGTON ging erst vor einer Woche hier raus, was ich durchaus schon anhand meiner Kontakte in der Quasselwelle festgestellt hatte. Um den Fahrplan wieder zu „entzerren" plante man nun eine einwöchige Liegezeit für uns ein, zunächst sollen wir hier an der Pier Container löschen, dann für einige Tage in der Mitte des Hafenbeckens an Bojen verholen und anschließend wieder an die Pier und Container laden. Erst nach 7 Tagen werden wir dann die Reise nach Hongkong fortsetzen. Da maule mir noch einer über die Containerfahrt.

Die Neuigkeit verbreitet sich mit Sturmgeschwindigkeit bei der Crew, und schon stehen die ersten Maaten vor der Funkerkammer und melden einen höheren Geldbedarf. Für sieben Tage hätten sie nicht geplant. OK, zunächst mal kann ich erst auszahlen, was ich habe. Ich notiere mir während der Auszahlung die zusätzliche Anforderung jedes einzelnen „Kunden" und gebe die Summe umgehend an den Alten weiter, zwecks Auftrags an die Agentur. Nachschlag für alle ist nicht zu umgehen, die Sailors gedenken die sieben Tage weidlich zu nutzen.

Da wir genau zum Monatsende hier eingelaufen sind, habe ich zunächst mal ein wenig Stress mit der Verwaltung. Die Reederei Laeisz drückt ihren Funkern diverse Verwaltungsaufgaben aufs Auge, die nichts mit der Funkerei zu tun haben. Machen fast alle Reedereien, es herrscht allgemein die Ansicht, dass der Betrieb der Funkstation einen Funkoffizier nicht so richtig auslaste, dem könne man ruhig noch ein paar Nebenjobs unterjubeln. Das wird dann allerdings auch extra bezahlt, Laeisz gewährt eine Verwalterzulage auf

Stundenbasis, man möchte aber die Zahl dieser Verwaltungsstunden auf monatlich 20 begrenzt wissen. Das Ergebnis dieser Begrenzung: Alle Funkoffiziere erledigen einen Großteil dieser Verwaltungs- und Zahlmeistertätigkeit während der Funkwachen (was nicht erlaubt ist), schreiben aber in ihren Arbeitsstundennachweisen die Verwaltungsstunden als separat geleistete Überstunden, und merkwürdigerweise kommen immer zwanzig Stunden dabei raus. Funk-Überstunden sind nicht so ergiebig, da ist bereits eine Pauschale im Tarif eingearbeitet. Und so sitze ich, wie wohl die meisten Kollegen, am Monatsende am Schreibtisch und stricke mir einen Stundennachweis zusammen, der von hinten bis vorne Phantasiewerk ist. Um ja keine der 20 Stunden einzubüßen. Getreu dem alten Bordschnack „Da hat einer wieder mal die Überstunden mit der Gabel geschrieben!" 'Ne Gabel hat vier Zinken, ergibt vier Striche beim Schreiben statt nur einem bei 'nem Kugelschreiber. Kapiert? OK, in manchen Fahrtgebieten mit vielen Häfen in kurzer Folge waren zwanzig Stunden Verwaltung kein Problem, die kamen da flott zusammen. In anderen Fahrgebieten wieder nicht, da musste die Gabel her…

Jetzt ist die Monatsabrechnung für Oktober fällig, das Zeug soll von hier noch auf den Postweg nach Deutschland gehen. Heuerabrechnungen der Besatzung, dazu meine Funkabrechnung über angefallene Fernmeldegebühren an die DEBEG, jenes Unternehmen, das die Funkstation der SEATRAIN PRINCETON technisch und abrechnungsmäßig betreut. Ich verbringe den Nachmittag des Einlauftages über meinen zahllosen Listen und Formularen.

Nach dem Abendessen ist Landgang fällig. Fast die ganze Crew tobt von Bord, in kleinen Cliquen streben die Piepels in die Stadt. Die Gilbertesen in einem geschlossenen Pulk, mit erwartungsvollen Gesichtern und in den besten Plünnen marschieren unsere Südsee-Sailors Richtung Shore. Hoffentlich geht alles gut, die Jungs von den Gilbert und Ellice Inseln (*ehemalige britische Kolonie, heute die Inselrepubliken Kiribati und Tuvalu*), die bei uns den Großteil der Decksbesatzung sowie Servicepersonal und Maschinenhilfskräfte stellen, haben nämlich ein kleines Problem. Und zwar den Geist, der aus der Flasche kommt. Sonst sehr umgängliche und willige Gesellen, neigen die im Suff dazu, völlig auszuflippen. Auf früheren Reisen erlebte ich immer wieder einmal, dass wir einige unserer „Gilbies" gegen saftige Strafzahlungen aus dem Knast holen mussten, ihre Landgänge endeten häufiger in zunächst wilder Sauferei und dann in wüsten Keilereien, Großeinsatz lokaler Ordnungshüter inklusive. Später, nach Ausnüchterung und Auslösung, war die Reue groß und das verfügbare Heuerguthaben wieder etwas kleiner geworden, die entstandenen Kosten wurden ja den Delinquenten angelastet. Na ja, vielleicht kommen sie hier besser klar, wenn einer unter ihnen als vernünftiger „Leithammel" wirkte und der dann seine Landsleute im Griff hatte, konnte Landgang auch ohne nennenswerte Zwischenfälle ablaufen.

Ich trabe nun ebenfalls los, mit mir Wolfgang, das nautische Riesenbaby, und SBM Kurti. Zunächst ordern wir am Hafentor eine Taxe, der uniformierte Wachmann am Gate ist behilflich. Der Wachmann spricht ein wenig englisch, der Taxifahrer überhaupt nicht. Über den Wachmann vermitteln wie dem Kutscher, dass er uns in eine Geschäftsstraße karren soll, dort sehen wir dann weiter.

Wir quetschen uns in den kleinen Honda-PKW und auf geht's. Minuten später finden wir uns in einem Chaos wieder, also leck mich, sowas kannste lange suchen. Irgendwann fragt Wolfgang: „Sach 'ma, haben die hier Links- oder Rechtsverkehr?" Ja, das lässt sich wirklich nur erahnen, aber mit dem links angebrachten Lenkrad scheinen die Rechtsverkehr zu haben. Jeder fährt, wo gerade Platz ist. Kann auch mal ein Stück auf dem Bürgersteig sein. Wichtiger als Bremse, Blinker oder sonstiger Firlefanz ist die Hupe. Unser Taxipilot haut unununterbrochen auf dem Hupknopf herum, seine Landsleute tun`s ihm begeistert nach. Also hier zu fahren, da braucht`s eiserne Nerven. Oder man ist stockbesoffen, das würde es wahrscheinlich auch erleichtern.

Nach zehn oder fünfzehn Minuten und mit gesträubten Nackenhaaren verlassen wir an einer belebten Geschäftsstraße das Taxi. Was heißt hier belebte Geschäftsstraße, hier ist jede Gasse belebt.

Wir lassen uns durch die abendliche Straßenszene treiben. Jede

Menge kleiner Shops, dazwischen größere Department-Stores. Und in den Shops gibt es zu Spottpreisen westliche Markenklamotten, Schallplatten, Musikkassetten, Elektronikprodukte, alles was des Seemannes Konsumfreude überschäumen lässt. „Von wegen Markenware!" knurrt Kurti. „Alles nachgemachter Kram, die kopieren hier auf Deibel komm raus, Patente oder Markenschutz gehen denen am Arsch vorbei. Kriegst `de alles spottbillig hinterher geworfen, aber die Qualität ist oft entsprechend!" – „Na ja", meint Wolfgang, „bei Musikkassetten kann ja wohl nicht viel schiefgehen!" – „Kannste ja mal probieren!", grinst Kurti, „wenn die ein paar Mal abgespielt wurden, hören die sich schon ganz anders an. Vor 'nem Jahr war ich mal hier, da hat sich der Chief 'ne komplette Ausgabe von Mozart als Schallplatten gekauft. Für 'nen Spottpreis. Daheim hatte er nicht lange Freude damit, ein paar Mal abgespielt, und der Klang war im Eimer. Billigstes Material. Hat er mir später erzählt, als wir wieder zusammen fuhren!" „Na und?" meint da das Riesenbaby, „wer hört denn auch Mozart?"

Wir schlendern weiter. In einer Seitenstraße entdecken wir einen Laden, der mit maritimem Altmaterial handelt. Auf Taiwan existieren zahlreiche Abwrackwerften, und in diesem Laden wird alles Mögliche verhökert, was vielleicht noch einen Liebhaber nautischen Trödels interessieren könnte. Alte Schiffslaternen, Borduhren, Rettungsringe, Möbelteile von Schiffen, im wilden Haufen liegt der ganze Plunder durcheinander. Dass hier auf „Alt" gemachte Nachbildungen liegen, glauben wir nicht, das Zeug ist wirklich zu vergammelt. Und beim Stöbern entdecke ich da eine kleinere Schiffsglocke. Messing, mit reichlich Patina, am Glockenkörper die Inschrift „Amberes 1930" Für ein paar Taiwan-Dollars ist die zu haben, ich bin fasziniert. In meinem Elternhaus, wo ich noch im Urlaub ein Zimmer bewohne, habe ich mir vor Jahren eine kleine Kellerbar eingerichtet und die allmählich zu einem nautischen Museum umgestaltet. Dort hätte das Ding einen besseren Platz als hier im großen Haufen maritimen Gerümpels. Nach kurzer Feilscherei bin ich mit dem Händler einig, leiste eine kleine Anzahlung und verspreche Abholung am Folgetag. Ich will ja nicht den ganzen Abend mit der Glocke durch die Gegend ziehen, keine Ahnung, wo wir noch landen.

Sowas wie Geschäftsschluss kennen die hier auch nicht, es ist schon spät geworden, aber der Betrieb in den Straßen und Geschäften hält unvermindert an. Als Nächstes landen wir in einem großen „Bookstore". Dort werden auch jede Menge Werke in englischer Sprache angeboten, und zwar lachhaft billig. Wolfgang entdeckt eine Ausgabe des „Webster's Dictionary", des führenden Englisch-Wörterbuches weltweit. Sowas wie ein englischer Duden. Und zwar zu einem Bruchteil des in den USA üblichen Preises. Aber das Papier ist merkwürdig dünn, fast durchsichtig. Wohl beim Kopieren am Material gespart oder wie? Und in einem hinteren Regal finde ich zu meiner Verblüffung ein Bertelsmann-Wörterbuch, Englisch-Deutsch Deutsch-Englisch. Auch billig wie sonstwas, und beim Blättern finde ich das gleiche beschissene Papier vor. Dann muss ich aber mal herzhaft lachen. Vorne, gleich auf den ersten Seiten, haben sie das „Copyright Gütersloh 1972" der Einfachheit halber gleich mitkopiert. Spaßvögel.

Nu'wird's mal langsam Zeit für den vergnüglichen Abschnitt unsrer Exkursion. Kurti kennt sich hier ein bisschen aus, der fuhr schon oft „auf Taiwan". „Sou, jetzt schnappen wir uns wieder 'ne Taxe und auf geht's ins 'Love River Hotel'!" verkündet unser SBM. „Is das 'n Puff?" – „Nö, is'ein großes Hotel. Heißt einfach so. Aber unten haben die 'ne klasse Bar. Ganz nette Miezen hinterm Tresen, und ab und zu geht bei denen auch was!" – „Also doch'n Puff!" meint Wolfgang.

Kurze Taxifahrt, wieder im bereits bekannten Kamikaze-Stil. Und schon landen wir vor einem Hochhaus, ein klassisches Großstadthotel amerikanischen Stils. Kurti lotst uns an der Rezeption vorbei zwei Treppen runter, und wir entern die Hotelbar. Großer Raum, endloser Bartresen, viele Sitzgruppen mit etwas altertümlichen Cocktailsesseln. Und eine große Zahl Mädels hinter der Bar und an den Tischen. Junge Chinesinnen, alle im Einheitslook, ein knöchellanges Gewand, an einer Seite aber geschlitzt bis hoch zum Maschinenraum. Sehen irgendwie scharf aus, die kleinen China-Mädels im Suzie-Wong-Kostüm. Kurti grinst stolz, als ob er der Ei-

48

gentümer der Bar, ach was, des ganzen Hotels wäre. Und schon sitzen wir an der Bar.

Da in dem Laden ein gewisser Personalüberhang besteht, hat jeder von uns ganz schnell eine der kleinen Bardamen vor sich. Die schnacken alle Englisch, mit jenem drolligen chinesischen Akzent, der das ‚R' weitgehend vernichtet. „Good evening, Sö`, nice to see you in Love Livel Hotel, what do you want to dlink, Sö`?". Nun gut, als „Dlink" wäre jetzt mal ein kaltes Bier hochwillkommen. Und schon befinden wir uns in angeregtem Geplauder mit den Ladys. Der übliche Gesprächsbeginn, wo wir her seien, ob wir Gäste des Hotels wären. Wiederum bestätigt sich meine schon immer vertretene Auffassung, dass jeder Aufenthalt in fremden Bars und Kneipen auch eine Art Bildungsurlaub darstellt. Auf Chinesisch heiße Deutschland „Deguo", so belehrt mich Chen Lu, meine „Betreuerin". „Deguo" bedeute Land der Tugend. Na prima, wir Seeleute sind wirklich würdige Repräsentanten des Landes der Tugend, wir sind nämlich ausgesprochene Tugendbolde. Chen Lu plappert fröhlich weiter, während sie mich unablässig mit Bier, Peanuts und sonstigen kleinen Snacks versorgt. Ich versorge sie ebenso großzügig mit diversen Ladydrinks, in der Regel alkoholfreien Cocktails zu recht üppigen Preisen, mit denen die Bar-Ladys ihr Salär aufbessern. Die üppigen Preise sind mir heute egal, nach der zweiwöchigen Schaukelei über den Pazifik gönnen wir uns mal was. Unsere Konversation plätschert so dahin, mit viel Gelächter, als sich Chen Lu beim Versuch, meinen Vornamen auszusprechen, völlig übernimmt. Bernhard, das ist `ne Zumutung für chinesische Zungen. Als ich aber mitkriege, dass Kurti neben mir gerade zu „Kulti" mutiert, kennt meine Erheiterung auch keine Grenzen mehr.

Hinter uns wird's laut. Die meisten der Tischchen in der Bar sind unbesetzt, aber in einer Ecke hat sich eine ganze Meute japanischer Geschäftsleute versammelt. Die feiern da mit ihren einheimischen Geschäftspartnern, wie mir Chen Lu verklickert. Inzwischen sind die Japaner allerdings rotzbesoffen, die schütten sich die Whiskys schon über und kreischen dazu wie ein Rudel Tunten auf der Flucht. Allmählich stören sie nur noch, diese Samurai auf Geschäftsreise. Einige der Barmädels, die zu ihrer Betreuung abgestellt sind, machen betretene Gesichter und finden das auch nicht mehr so drollig. Irgendwann tauchen dann ein paar Typen von der Hotelleitung auf, vielleicht auch Security, und komplimentieren die Japaner auf ihre Zimmer.

Wir sitzen noch eine ganze Weile am Tresen, dann verabschieden wir uns. Weitergehende geschäftliche Aktivitäten scheinen die Damen nicht zu pflegen, aber ich verabrede mich für den nächsten Abend wieder mit Chen Lu hier an der Bar.

Am kommenden Vormittag habe ich meine Monatsabrechnungen fertiggestellt, der ganze Packen Papier liegt beim Alten auf dem Schreibtisch. 'Ne Stunde später steht Otto in der Tür der Funkbude, grinst wie ein Honigkuchenpferd und legt mir meinen eigenen Stundennachweis wieder auf den Tisch. „Gratuliere, Funker, sie haben diesen Monat einen Tag länger gearbeitet als wir alle. Reife Leistung!" Wie? Was? Otto tippt grinsend auf eine der Wochenspalten, genauer, er tippt auf den 23. Oktober. Dort habe ich zwei Verwaltungsstunden eingetragen, bei meiner nachträglichen Abfassung des Monatsstundenzettels. Jetzt dämmert es mir, den 23. Oktober hatten wir ja gar nicht, das ist dieser verdammte Montag, der der Datumsgrenze zum Opfer fiel. Äh, hmmm, peinlich, peinlich. Aber Taifun-Otto schmunzelt nur. „Schreiben 'se das noch mal und jubeln 'se die Verwaltungsstunden woanders unter, sonst kriegen die in Hamburg die Sinnkrise!" Spricht's und verschwindet.

Nach dem Mittagessen sause ich an Land. Taxi geschnappt und erneut zu dem maritimen Gerümpel-Händler. Mit der Glocke tauche ich zwei Stunden später wieder an Bord auf. Und in diesem „Bookstore" vom Vorabend war ich auch noch. Jetzt nenne ich ein kleines englisch-chinesisches Wörterbuch mein Eigen, den „Guide to Mandarin". Ich habe nicht vor, mich zum Sinologen fortzubilden, aber das eine oder andere Wort in Landessprache ist recht hilfreich, wenn man an fremden Ufern sein Unwesen treibt.

Wie geplant, werden die Löscharbeiten nach 30 Stunden eingestellt, mit Hilfe eines Schleppers verholt die SEATRAIN PRINCETON an Bojen in der Mitte des Hafenbeckens. Nun liegen wir gut zweihundert Meter von den Kais entfernt, erst nach weiteren vier Tage geht's wieder zurück an die Containerbrücke, um zu laden. Wir sehen das völlig gelassen, der Alte hat bereits bei der Agentur einen Bootsservice gebucht, abends, um Mitternacht und morgens vor Dienstbeginn pendelt eine Barkasse zum Schiff, um den Landgang für die Crew sicherzustellen.

Mit dem Abendboot toben wir wieder los. Zunächst streunen wir ein wenig in der Stadt umher, das bunte und geschäftige Treiben um uns herum ist faszinierend, man kommt aus dem Gucken und Staunen nicht heraus. Nach einiger Zeit aber brechen wir den Streifzug ab und landen wieder in der Bar des „Love River Hotels". Mäßiger Betrieb, nur ein paar der Japaner kleben auf den Hockern, und die sind schon wieder leicht lallig. Benehmen sich aber zurückhaltender als am Vorabend. Unsere Damenbekanntschaften warten bereits, und schon hänge ich am Tresen, vernasche ein kaltes Bier und Chen Lu vernasche ich mit den Augen. Wir plaudern angeregt, und so mitten im Smalltalk erzählt sie, dass sie das hier nur so nebenbei mache, „to make some mo'money", eigentlich sei sie Lehrerin. Ja klar, Lehrerin. Glaube ich nicht, mein Bild von einer Lehrerin ist sehr deutsch geprägt, das ist 'ne gestrenge Beamtin, und die steht nicht nachts hinter einer Bar und lässt sich von einem dahergelaufenen Seemann ins Dekolleté schielen. Chen Lu bemerkt wohl meine Skepsis, lächelnd meint sie: „You come to my school Wednesday, visit me, when I teach gymnastics!" Ich soll sie am Mittwoch in der Schule besuchen, im Sportunterricht? Aber hallo, das schaue ich mir mal an. Sie drückt mir dann noch ein chinesisch beschriftetes Kärtchen in die Hand, für den Taxifahrer, auf dass ich nicht auf der Anreise verloren gehe. Mit dem Mitternachtsboot fahre ich später wieder an Bord, morgen Abend sind wir erneut verabredet. Wolfgang fährt mit zurück, der ist mit seiner Bardame auch noch nicht viel weiter gekommen…

Am folgenden Vormittag fährt der Alte rüber an Land, er will zur Agentur, es gäbe da noch Gesprächsbedarf. Der Chief ist ebenfalls dabei. Als der Alte mich fragt, ob ich mich anschließen möchte, sage ich nicht nein. Jede Chance ist willkommen, um mal etwas Abwechslung in den Bordalltag zu bringen. Am Kai steht ein Agenturfahrzeug, eine größere Limousine. Wir schaukeln eine Zeitlang kreuz und quer durchs Gewühl, dann landen wir in einem Hochhaus im Business-District. In dem Großraumbüro der „Shipping Agency" werden wir empfangen wie Staatsgäste, die machen gewaltig einen auf Ehrerbietung. Ist wohl in China so üblich. Der für uns zuständige Agent stellt uns seinen Boss vor, höfliches „Blabla" von beiden Seiten. Taifun-Otto bespricht noch einige Abfertigungsdetails, und kaum ist der amtliche Teil bewältigt, lädt uns der Agent zum Mittagessen ein. Also wieder runter auf die Straße, und dort karrt uns die Limousine zu einem nahegelegen Hotel. In dem ziemlich luxuriösen Restaurant ist ein Tisch für uns reserviert, eine runde Tafel, und schon hocken zwei Agenturvertreter und wir drei an dieser Back, und ab geht die Show. Und das ist wirklich ´ne Show, der Agent will uns wohl beeindrucken oder eine besondere Ehre erweisen, jedenfalls startet umgehend ein chinesisches Festmahl vom Allerfeinsten. Hinter jedem Gast steht eine Kellnerin, auch in so einem endlos hochgeschlitzten Kleid, und hat nur die Aufgabe, nachzuschenken, wenn das Bierglas leer wird. Das heißt, die lassen es gar nicht so weit kommen, kaum habe ich ´nen Schluck von dem Zeug gepichelt, wird nachgefüllt. Auf dem Tisch unzählige Schüsselchen und Töpfe, zumeist undefinierbare Kleinteile tierischer und pflanzlicher Herkunft.

Und jetzt beginnt das Desaster mit den verdammten Stäbchen. Taifun-Otto, als alter Asienfahrer, handhabt die Fresslatten höchst professionell. Der Chief jedoch hat keinen Schimmer, wie man die Stöcke bedient, und ich stelle mich genauso dämlich an. Woher soll ich es auch wissen, in meiner Heimat im hessischen Odenwald sind Chinarestaurants in den Siebzigern so gut wie unbekannt, und wenn ich mal während der Seefahrtschulzeit in Hamburg „beim Chinesen" mampfte, lagen da Messer und Gabel auf der Back. Hier aber nicht, wir sind in China, und Messer und Gabel kann ich mir sonst wohin stecken, die werden in dem Laden einfach nicht angeboten. Chief und Funker fummeln also höchst ungeschickt mit den verdammten Dingern herum, mal eben bei Otto und den Chinesen abgucken, wie's geht, das haut auch nicht hin. Da uns ständig die Brocken entgleiten, herrscht bald eine veritable Sauerei auf dem ehemals weißen Tischtuch. Diese Sauerei versuchen wir dann zu tarnen, indem wir immer wieder mal die Schüsselchen umsetzen und damit die Unglücksstellen abzudecken versuchen. Chief und ich reißen uns schon fast die Schüsseln gegenseitig aus den Händen, so viel gibt es da zu tun. Hinter mir höre ich die Bier-Nachfüll-Dame kichern. Und die hat außer Bier nachschenken noch einen Job, ab und zu wischt sie mir mit einem Tuch über die schweißnasse Stirn, dieser Service wird uns allen zuteil. Wir haben einen ziemlichen Spaß bei der Sache, aber so richtig satt werde ich nicht. Der größte Teil der von mir angepeilten Happen landet auf dem Tischtuch. Ich verlasse das Restaurant später mit dem Vorsatz, die Handhabung der Essstäbchen baldmöglichst zu erlernen. Bevor ich mich nochmal so blöde anstelle...

Mittwochnachmittag. Ich melde mich nach dem Mittagessen beim Alten ab, da der Agent gerade an Bord weilt, kann ich für die Fahrt zum Kai sein Boot mitnutzen. Am Gate greife ich mir ein Taxi und fuchtele dem Fahrer mit Chen Lu`s Zettel vor der Nase herum. Ergebnis ist eine einstündige Fahrt durch mehrere Stadtbezirke, dann finde ich mich vor einem Gebäude wieder, das durchaus eine Schule darstellen könnte. Ist aber menschenleer, die Bude. Wie ich noch überlegend im Hof Umschau halte, stürzt so ein halbwüchsiger Knabe auf mich zu und bedeutet mir mit eifrigem Winken, ihm zu folgen. Den hat wohl Chen Lu hier als Wächter hin beordert mit dem Auftrag, diese „Langnase" zu ihr zu führen, die demnächst auftauchen wird. Und schon stehe ich in einer Turnhalle, und siehe da, meine „Suzie Wong" aus der Hotelbar ist tatsächlich im Hauptberuf Lehrerin. Oder im Nebenjob, was weiß ich. Da steht die kleine Chen Lu in einem hautengen Turntrikot (wie ich sabbernd konstatiere) und bellt mit militärischem Tonfall irgendwelche Kommandos, während zwei Dutzend etwa zehnjähriger Gören alle möglichen Turnübungen absolvieren. Chen Lu begrüßt mich kurz, stellt mich dann den Zwergen vor, und weiter geht die Leibesertüchtigung. Allerdings bringt mein Erscheinen den Unterrichtsablauf ziemlich durcheinander, diese kleinen Chinesenmädchen sehen vermutlich zum ersten Mal einen weißen Ausländer aus nächster Nähe. Mir gehört ihre ganze Aufmerksamkeit, selbst wenn sie irgendwelche Turngeräte überspringen sollen, wenden die nicht ihren Blick von mir und dasseln dann mit „Full Speed" gegen besagtes Gerät. Chen Lu wird immer fuchtiger mit ihrem Gebell, hier scheint Unterricht noch reichlich autoritär zu sein. Ich erwäge schon, mal lieber vor die Tür zu gehen, bevor sich noch so ein Chinesenmädel wegen mir die Nase bricht, da ist die Turnstunde gottlob zu Ende. Danach hält meine Bartresen-Pädagogin noch einen Vortrag, der sich wohl auf meine Person bezieht. Woher dieser lange Lulatsch mit dem Vollbart kommt, der so plötzlich hier hereinschneite. Aus dem Land der Tugend nämlich..

Zwei Stunden später, wir landen in einem Restaurant. Nicht so luxuriös wie zuvor in dem Hotel, in das uns der Agent verschleppt hatte, aber ganz in Ordnung. Eine gute Gelegenheit, mal den Umgang mit den Futterstäben zu trainieren, schließlich bin ich ja in Begleitung einer Lehrerin unterwegs, das sind doch beste Voraussetzungen. Chen Lu nimmt sich der Aufgabe hingebungsvoll an, und tatsächlich, so schwierig ist das gar nicht. Zum Ende der Mahlzeit agiere ich weitgehend unfallfrei.

Leider endet der Abend etwas früher als von mir angedacht. Meine Begleiterin arbeitet heute zwar nicht im Hotel, den freien Abend müsse sie aber mit ihren Eltern verbringen, bei denen sie noch wohne. Tja nun, da kannste nix machen. Dann bis morgen in der Hotelbar.

Der folgende Abend in besagter Hotelbar entwickelt sich überraschend etwas anders. So gegen Mitternacht verkündet Chen Lu fröhlich, dass sie in einer Stunde Dienstschluss habe. Prima, sage ich, da können wir ja noch was unternehmen. Dass das nächste Boot erst morgens um sechs von der Pier abgeht, bedenke ich im Moment gar nicht. Ja, meint Chen Lu, wir können noch was unternehmen, am besten, du nimmst hier im Hotel ein Zimmer, ich übernachte dann auch hier. Ja lüg ich denn, jetzt geht aber die Sonne auf.

Und so landen wir zehn Stockwerke höher in einem der Hotelzimmer. Die Mädels scheinen den Entschluss im Kollektiv gefasst zu haben, Riesenbaby Wolfgang zieht mit seiner Bardame ebenfalls in ein Zimmer, ein Deck tiefer. Unser trautes Zusammensein gestaltet sich dann aber etwas schwierig. Kaum sind wir in der Bude, klopft es an der Tür. So ein zwergwüchsiger Hoteldiener in Uniform steht schmierig grinsend draußen und fragt, ob wir noch etwas benötigen. Nein danke, alles bestens. Eine viertel Stunde später klopft der Dödel schon wieder. Ob wir wirklich nichts benötigen. Nein, verdammt nochmal, wir brauchen nichts. Beim dritten Klopfen werde ich etwas laut, in China nicht so gerne gesehen, wegen dem „Gesichtsverlust". Der Hoteldiener verschwindet, dafür klopft fünf Minuten später ein anderer, und der fragt, warum es eben so laut war.

55

# Verdammte Container – Seefahrt in den 1970er/1980er Jahren

Also langsam kriege ich hier 'nen Hautausschlag. Dann aber schießt Chen Lu wie eine Speikobra an die Tür und faltet den Hotelknecht zusammen, dass es eine Freude ist. Für den Rest der Nacht traut sich kein Hoteldiener mehr auch nur in die Nähe unseres Zimmers.

Am nächsten Morgen müssen wir beiden Maaten sehr zeitig verschwinden, das Boot am Kai wartet nicht. Also, nächstes Date heute Abend, an der Hotelbar. Während der Rückfahrt verkündet Wolfgang grinsend, dass er den Tumult vor unser Bude und überhaupt alles in unserer Bude sehr deutlich mitgehört habe. Irgendein Abluft- oder Kabelkanal scheint die beiden Stockwerke zu verbinden. Ich meinerseits habe nichts von unten gehört, komische Schallübertragung, nur in eine Richtung. Soll mir aber auch wurscht sein.

So geht's dann die restlichen Liegetage weiter, am Tage hänge ich an Bord ab, und die Nächte verbringe ich im Love River Hotel. Das Frühboot, das morgens um sechs zum Dampfer ablegt, ist inzwischen das am meisten frequentierte Boot, etliche Maaten haben irgendwo eine „Bekanntschaft" gemacht und benötigen keinen Boottransfers um Mitternacht. Eines Morgens sitzt auch der Schweizer Kochsmaat in der Barkasse, der war nicht mit 'ner „Bekannten" unterwegs, sondern streunte die ganze Nacht mit seiner Kamera durch die Stadt. Jetzt gibt der sich tief beeindruckt, was er alles so gesehen und fotografiert hat. Und der ganze Redeschwall in „Schwyzer Dütsch", man versteht nur die Hälfte. Großen Erfolg erzielt er mit der Aussage: „Gestern Abend war ich in einem Tempel. Das ist so eine Art Kirche, das habe ich nicht gewusst!"

Im Boot verhaltenes Stöhnen, im Hintergrund knurrt jemand: „Mann, ist der doof!" Aber eines muss man ihm lassen, dem Kochsmaaten aus den Schweizer Bergen: Er hat einen hohen Unterhaltungswert.

Samstags liegt unser Zossen wieder an der Pier, nun wird geladen, was das Zeug hält. Hier in Kaohsiung wird der größere Teil der Ladung umgeschlagen, der Rest dann in Hongkong und Keelung.

Wolfgang und ich treffen uns nochmals am Tage mit den Damen, die wollen uns ein wenig die Umgebung zeigen.

In einem Außenbezirk gelangen wir an einen See, gesäumt von Tempelanlagen. Also, so eine Art Kirche, ha ha. Einer der Tempel liegt auf einer Insel, und den erreicht man nur über eine im Zickzack angelegte Brücke. Chen Lu verklickert mir, dass bei dieser Brückenform böse Geister keine Chance hätten, das Bauwerk zu überqueren. Da böse Geister sich nur in gerader Richtung bewegen könnten. Na ja, denke ich. Hoffentlich wissen das die bösen Geister auch.

Im weiteren Verlauf des Nachmittags lotsen uns die Mädels auf eine Reitbahn. Ein großes Areal, man kann dort gegen geringes Entgelt Pferde mieten und dann gemächlich um ein weit gestrecktes Oval herumzotteln. Die „Damens" sind ganz heiß auf diese Attraktion, also machen wir gute Miene dazu, mieten vier der Klepper für ein paar Runden an und schaukeln dann auf diesen lammfrommen Mähren um die Arena.

Zurück in die Stadt fahren wir mit dem Linienbus. Und bescheren damit etlichen Einheimischen ein Erlebnis der dritten Art. Dank Wolfgang, dem von mir schon mehrfach so bezeichneten Riesenbaby. Die hier lebenden Chinesen gehören zur eher kleinwüchsigen

Sorte, selbst ich mit meinen 1,82 Metern Höhe über dem Meeres-
spiegel falle da schon auf. Und mit schwarzem Vollbart sowieso.
Wolfgang aber überragt mich noch um Haupteslänge, und außerdem
bringt der ein ganz anderes Kampfgewicht auf die Waage, ein verdammt auffälliger Brocken unter all den gelben Zwergen. Besagte
Zwerge reagieren ziemlich fassungslos, wenn der weiße Riese vor
ihnen steht. So auch jetzt im Bus, mangels Plätzen müssen wir stehen, und der fremde Gigant steht in der Meute wie ein Leuchtturm in
der Brandung. Und löst allenthalben ehrfürchtiges Staunen aus. Die
Sache ist noch steigerungsfähig, als wir an unserer angestrebten
Haltestelle den Bus verlassen wollen. Der Bus stoppt, ein Aussteit-
gen ist aber kaum möglich, weil sich die in der Masse sehr zum
Drängeln neigenden Einheimischen vor der Tür zusammenballen,
um den Bus zu stürmen. Die Tür öffnet sich, Wolfgang schiebt sich
der Flut entgegen, und in diesem Moment bereue ich bitter, keine
Kamera schussbereit zu haben. So muss sich das rote Meer geteilt
haben, als Moses mit den Kindern Israels zur Überquerung ansetzte.
Gefühlte 50 Chinesen verharren in ehrfürchtigem Schweigen, Mund
weit auf, Schlitzaugen fast rund, und räumen dann eine breite Gasse
frei, um Godzilla die Vorfahrt zu gewähren. Und wir traben locker in
seinem Kielwasser hinterher. Jou, das muss man mal gesehen haben.

Auslauftag. Von den kleinen Chinesinnen haben wir uns nachts
schon verabschiedet und natürlich gleich für die nächste Reise verabredet. Aber sieben Tage im Hafen, das wird's wohl kein zweites
Mal geben. Das Schiff soll sehr früh morgens ablegen, für die knapp
350 Seemeilen nach Hongkong benötigen wir bei 20 Knoten Geschwindigkeit 17 Stunden, ein Katzensprung. Einlaufen werden wir
nach Mitternacht, und der Aufenthalt soll nur wenige Stunden dauern. Da werde ich von dieser schillernden Metropole nicht allzu viel
sehen. Ein paar Lichter, brummende Containerbrücken, eine Pier
voller Kistenstapel.

Die Crew ist vollzählig an Bord. Auch unsere Gilbies haben die
Woche gut überstanden, der Schiffsleitung wurden keine Zwischenfälle bekannt, die eines Einschreitens bedurften. Einer der Südsee-
matrosen spielte wohl erfolgreich die Rolle des bereits erwähnten

Leithammels, der sorgte dafür, dass seine Landsleute auch nach reichlichem Alkoholgenuss konfliktfrei wieder an Bord landeten. Wenn ich da an meine Kühlschifffahrt zwei Jahre zuvor denke, immer wieder gab es „Trouble", wenn unsere braunen Jungs in den Kneipen der kleinen Hafenstädte in Honduras, Panama oder Costa Rica der Begegnung mit dem billigen Rum und den willigen Mädels nicht gewachsen waren. Aber hier ging alles gut.

Nach dem Ablegen bleibt Kaohsiung zügig hinter uns, fast auf Westkurs brackern wir durch die Chinasee. Durchwachsenes Wetter, Starkwind, immer wieder wehen Gischtwolken über die Back. Und weiterhin feuchtwarm. Neben etlichen kleinen Küstendampfern begegnen wir hin und wieder Dschunken unter Segel. Hier treffen zwei Welten aufeinander, die unterschiedlicher nicht sein können. Da ein moderner Containerfrachter, der, getrieben von Tausenden von Pferdestärken, unbeirrt seine Bahn zieht. Und dort ein Zeugnis uralter Schiffbautradition, heftig gegen die aufgewühlte See kämpfend. Stumm schauen wir mit den Gläsern auf das offene Deck der schlingernden Nussschalen, und stumm schauen von dort chinesische Seeleute auf das eiserne Monster, das ihren Weg kreuzt.

Kurz nach Mitternacht liegen wir vor Hongkong. Mit Hilfe eines Lotsen und Assistenz eines Schleppers gehen wir unverzüglich an die Pier. Vor mir genau das Hongkong, das um diese Uhrzeit zu erwarten ist. Im Hintergrund Lichter einer Stadt, an der geschäftigen Containerpier, die von zahllosen gelblichtigen Bogenlampen erhellt wird, liegen vor und hinter uns weitere Schiffe, und überall wird emsig gearbeitet. Dieser Hafen schläft nie.

Hongkong ist gegenwärtig (1978) immer noch britische Kronkolonie. Und „very british" verläuft auch die Einklarierung, die von den chinesischen Beamten verlangten Vordrucke und Formulare weichen in vielen Punkten von den sonst international akzeptierten IMO-Forms ab. In meinen Formularschränken habe ich aber genug von den Dingern gestapelt, alles wurde von mir so vorbereitet wie gewünscht. Die beiden Beamten erscheinen in blütenweißen Uniformen, knielange Shorts, ebenso lange Kniestrümpfe, wie gesagt, very british.

Wir sitzen noch palavernd im Salon, da beginnt bereits der Ladungsumschlag. Gedämpft klingen die Signaltöne der fahrenden Containerbrücken von draußen herein, und wieder dumpfe Schläge, wenn die Boxen auf ihren Stellplätzen abgesetzt werden. An Land gehen nur einige Leercontainer, aber eine stattliche Anzahl von 20-

Füßern als auch von 40-Füßern gelangt an Bord.

*Grundvoraussetzung für den Erfolg des Containers im See- und Landverkehr war seine Normung, die verwendeten Behälter haben weltweit die gleichen Abmessungen und auch Befestigungsvorrichtungen. Die gültigen Abmessungsstandards wurden von der ISO, der internationalen Organisation für Normung, erarbeitet und eingeführt. Es gibt sehr unterschiedliche Behälter, zum Beispiel für Kühlladung oder flüssige Ladung, aber die überwiegende Zahl der Boxen gehört zu den sogenannten „Dry Containern". Man kennt zwei Längen, den 20-Fuß-Container oder TEU (Abkürzung von „Twenty Foot Equivalent Unit") und den 40-Fuß-Container oder FEU (Forty Foot Equivalent Unit). Ein TEU in der Standardausführung misst 6,092 Meter in der Länge, 2,352 Meter in der Breite und 2,393 Meter in der Höhe. Der FEU ist genauso breit und hoch, aber 12,032 Meter lang. Spezialbehälter, wie die erwähnten Flüssigkeitscontainer bestehen häufig aus einem runden Tank, der in einem den gleichen Abmessungen entsprechenden Rahmen eingefügt ist.*

*Die Ladungskapazität der Schiffe wird in der Regel in TEU angegeben. So bezeichnete man die SEATRAIN PRINCETON als Containerschiff für 816 TEU, was aber lediglich die Zahl der maximalen Stellplätze für 20-Füßer wiedergab. In der Praxis fuhr das Schiff einen Mix von TEU und FEU, womit sich die Anzahl der Behälter an Bord reduzierte.*

Ich verlasse gerade den Salon, da kommt mir Kurti entgegen. „Komm mit, Sparky, jetzt ist Schangs für 'n neues Outfit. Kannst Dir hier prima 'nen Konfirmandenanzug bauen lassen!" Bitte was? „Jou", meint Kurti, „in der Mannschaftsmesse hockt ein chinesischer Schneider, der kommt hier immer an Bord. Und die Piepels bestellen dann bei ihm Klamotten aller Art, suchen aus Katalogen Farben und Muster raus, und bei der nächsten Liegezeit hier wird geliefert. Klappt einwandfrei, die arbeiten zuverlässig, und ein Anzug vom China-Taylor kostet weniger als zuhause von der Stange." Neugierig geworden latsche ich hinter Kurti her in die Mannschaftsmesse. Tatsächlich, dort hocken nicht nur einer, sondern vier tapfere Schneiderlein, asiatische Version, und einiges an Kundschaft ist auch schon versammelt. Einer der Assis ist gerade in Verhandlungen verstrickt, es geht um einen feinen Anzug, der will so 'nen richtig feierlichen Zwirn erwerben. Der kleine Textilbauer hüpft gerade emsig um den Assi herum und vermisst ihn nach allen Regeln der Kunst. Und auf'm Tisch liegt, ich reibe mir erst mal die Augen, ein Quelle-Katalog. Kurt grinst: „Die haben immer die aktuellen deutschen Bekleidungskataloge dabei, da kannst du dir die Bauart des Anzugs raussuchen. Und dann schleppen die natürlich eine Riesenschwarte mit den verschiedenen Stoffen mit, den suchst du da aus. In vier bis fünf Wochen, beim nächsten Aufenthalt hier, hast 'de dann die neuen Plünnen. Die wollen bloß 'ne kleine Anzahlung, damit nicht irgendein Spaßvogel 'ne dicke Bestellung aufgibt und dann in L.A. abmustert, mit Stinkefinger Richtung Hongkong!"

Das Geschäftsmodell scheint sehr erfolgreich zu sein, der Andrang in der Messe ist beachtlich. Und nach einigem Zögern finde ich in einem der ausliegenden Kataloge 'ne Lederjacke, die würde mir wirklich gefallen. Ob das geht, maßgeschneiderte Lederjacke? Ich tippe auf das Foto, der Schneider schaut nur kurz drauf. „No ploblem, Sö`. Can do!" OK, dann leg mal los. Der Chinese vermisst wieselflink den Funker, das Kerlchen springt mit dem Maßband um mich herum, dass mir beinahe schwindlig wird. Und schon habe ich eine Lederjacke bestellt. 120 US-Dollars, „welly welly cheap", wie der Schneider versichert.

Später trete ich mal aus dem Deckshaus an die Reling und schaue zu den Lichtern der Stadt hinüber. Es ist zwei Uhr morgens, in 6 Stunden sollen wir auslaufen. Es macht wenig Sinn, jetzt noch einen Landgang zu starten. Vielleicht beim nächsten Mal. Ich steige hoch zum Brückendeck und haue mich in die Koje.

Es ist gerade Frühstückszeit, als das Schiff ablegt. Nach dem letzten Schluck Kaffee wetze ich wieder hoch zur Brücke, um wenigstens ein wenig Hongkong zu sehen, wenn ich es schon nicht betreten habe. Na ja, 'ne reichlich dicht bebaute Metropole, zur einen Seite Kowloon, zur anderen Hongkong Island. Emsiger Bootsverkehr um uns herum. Das war's dann für mich, Otto taucht mit seinem Telegrammbuch auf und mein Platz ist jetzt in der Funkstation, es gibt Arbeit für den „Oberfunkrat".

Zum nächsten Hafen Keelung sind es 470 nautische Meilen, in 24 Stunden wollen wir an der Pier sein. Und damit laufen wir ein zweites Mal Taiwan an, Keelung ist letzter Hafen vor der Rückreise über den Pazifik. In den nächsten Stunden sitze ich an den Einklarierungspapieren, gehe meine festgelegten Funkwachen und habe den vor Häfen üblichen intensiveren Telegrammaustausch.

Bei ruhiger See laufen wir durch die Taiwanstraße, dicht unter der Küste. Keelung liegt im Norden der Inselrepublik, nicht allzu weit von der Hauptstadt Taipeh entfernt. Größere Exkursionen an Land wird es wohl aber nicht geben, bei dem erwarteten Ladungsaufkommen rechnet Taifun-Otto mit einer Liegezeit von 30 Stunden. Und trifft damit ins Schwarze, wie sich später herausstellen sollte.

Fischerboote im Hafen von Keelung

Am Folgetag liegen wir frühmorgens an der Pier. Einklarierung wie gehabt, und während die Behördenvertreter noch im Salon hocken und wichtig in meinen Listen blättern, nimmt draußen schon wieder eine Containerbrücke die Arbeit auf. No time to waste…

Bis zum Nachmittag schieße ich mich ein wenig mit Wartungsarbeiten auf. Ich lasse den auf dem Peildeck installierten Notbatterien ein wenig Pflege angedeihen. Säurestand prüfen und ergänzen, die Anschlussklemmen an den Polen einfetten, Kleinkram halt. Diese Batterien sind einfache Technik, aber bei einer Havarie und damit einhergehendem „Blackout", einem Stromausfall in der Bordversorgung, können diese Dinger überlebenswichtig werden, sie sind dann meine einzige Energiequelle zum Betrieb des Notsenders. Und dann knöpfe ich mir noch den Rettungsbootsender vor. Ein tragbares Funkgerät, um nach Verlassen des havarierten Schiffes auch im Rettungsboot noch Notsignale absetzen zu können. Natürlich, technisch bedingt, mit geringer Leistung und beschissener Antenne. Aber besser als 'ne Trillerpfeife ist das allemal.

Jetzt teste ich das Ding mal wieder gründlich durch und lade anschließend die Batterien auf. Alles wird schön gewissenhaft im Funktagebuch protokolliert, das sind so mit die Grundpflichten eines Funkoffiziers. Die allermeisten Schiffsfunker sind wahrscheinlich nie in die Verlegenheit gekommen, einen Seenotfall mit der Aufgabe des eigenen Schiffes zu erleben. Aber wenn's mal passiert, möchte ich nicht der Funker sein, der wegen unterbliebener Wartung und Pflege der Ausrüstung an einem funktionsunfähigen Gerät herumfummelt.

Unmittelbar nach dem Abendessen stürme ich die Gangway runter, Kurti im Schlepptau. Letzte Chance für 'ne Nacht im Hafen, was immer sie auch bringen mag. Morgen Mittag sind wir auf See, Kurs kalifornische Küste.

Wir finden uns in einem klapprigen Taxi wieder, Kurti drückt dem Fahrer so'n Kärtchen in die Hand, wie es von vielen Bars in den Hafenstädten gerne an die Kundschaft verteilt wird. So eine Art Visitenkarte, da steht in Englisch und der Landessprache der Name des Etablissements, die Anschrift, die Telefonnummer. Und dann, nur in Englisch und meistens mit Abbildungen einer neckischen Lady versehen, werden die Freuden angepriesen, die vor Ort auf Hein Seemann lauern. Da steht zum Beispiel „Lotos Club, best drinks in town, best girls in the world, affordable prices" und dergleichen Stuss. Kurti war schon öfters hier, der hat solche Kärtchen bündelweise in der Tasche. Da kann ich ihm getrost die Programmgestaltung des Abends überlassen.

Auch hier wildes Gewühl auf den Straßen, der Verkehr folgt weitgehend irgendwelchen chaotischen Regeln, die sich uns nicht er- schließen. Einmal werden wir gestoppt, eine Art Prozession blo- ckiert die Weiterfahrt. Alles motorisiert, in langsamer Fahrt rollen Mopeds, motorgetriebene Rikschas und einige Kraftwagen vorbei, mit weißen Blumen dekoriert, auch viele der beteiligten Menschen sind weiß gekleidet. „Hochzeit, nehme ich an", knurrt Kurti. Jou, das denke ich auch. Der ein wenig Englisch radebrechende Fahrer dreht sich um, deutet nach vorn und verkündet „Funelal!" Wie bitte? „Fu- nelal!" Da fällt bei mit der Groschen, der meint Funeral, also ´ne Be- erdigung, keine Hochzeit. Gut zu wissen. Nicht, dass man mal in so einen Umzug hineingerät und dann den Leuten noch freundlich grin- send gratuliert.

Wir verlassen das Taxi, vor uns die angestrebte Spelunke aus Kurtis Kartensammlung. Den Namen erinnere ich heute nicht mehr, irgendwas wie „Pink Lady" oder „Purple Penis", was weiß ich. Diese Nachtbars für seegehende Kundschaft geben sich meist alle irgend- einen englischen Phantasienamen, der ist austauschbar. Rotes Licht schon über dem Eingang, und drinnen auch die reinste Puffbe- leuchtung. Ein paar runde Tischchen, langer Tresen, in der Ecke eine kleine Bühne, allerdings verwaist. Eine Jukebox haben sie auch, die gibt gerade chinesische Schlager zum Besten. Wir verste- hen kein Wort von dem Liedvortrag, aber das schmalzige Schluch- zen der Sängerin lässt auf Herz, Schmerz, Fußpilz oder sonstigen Unbill schließen. Sechs Mädels hinter dem Tresen und ab sofort zwei Gäste davor, nämlich Kurti und ich. Komisch, meint Kurti, hier war aber letztes Mal deutlich mehr los. Mehr ist ja auch keine Kunst, vor unserem Erscheinen war hier gar nix los. Jetzt stürzen sich zwei der Grazien auf uns, Gesprächseröffnung wie schon tausend Mal gehabt: „Good evening, daaling, we´a you flom, what you want to dlink? May I have Ladydlink?" Also gut, wir klettern mal auf die Ho- cker, und einen Ladydrink lassen wir auch springen. Kostet etwas mehr als das von uns georderte Bier, wahrscheinlich ist es Tee, der da im Cocktailglas schwimmt. Aber für die Mädchen sind diese Ladydrinks wichtige Einnahmequelle, wir kennen das schon. Die „Damens" hier drinnen sind wohl schon länger im Geschäft. Müde Gesichter hinter reichlich Schminke, da täuscht auch die Puffbeleuchtung nicht drüber weg. Wir labern ein bisschen mit den Fräuleins und verziehen uns wieder. Weiter die Straße runter sind noch mehr Bars.

Beim Verlassen der Kneipe werden wir draußen zischelnd angemacht. Im Schatten des Gebäudes stehen zwei magere Bürschchen, eindeutig Schwuchteln. „Blast Euch selber einen!" knurrt Kurti amüsiert, als wir vorbeiwackeln. Nicht euer Tag, Jungs, falsche Zielgruppe.

Der nächste Schuppen ist etwas kleiner, aber gut besucht. Es sind genug Barmädels vor Ort, auch wir beide werden umgehend von einer „Hostess" mit Beschlag belegt. Same Procedure as last Bar, wieder ein Bier, wieder ein Ladydrink. Oberflächliche Unterhaltung. Zwischendurch mal ein kleiner Tumult, als ein britischer Seemann mit seiner Lady herum zofft und dabei recht laut und ausfällig wird. Der Limey wird aber augenblicklich still, als ein ziemlich kräftiger Hausknecht aus dem Hintergrund auftaucht, der guckt ausgesprochen biestig, wie Jackie Chan in seinen Kung-Fu-Filmen, wenn er alleine mit blanken Fäusten auf 'ne Armee losgeht. Der Englishman zahlt und trollt sich.

Wie wir noch so plaudernd am Tresen hocken, geht die Tür auf, und die Heilsarmee erscheint. Wie jetzt, haben die sowas hier auch? Das erinnert mich an meine Seefahrtschulzeit in Hamburg. Da tauchten die Soldaten Gottes immer wieder mal in diversen Kiezkneipen auf, sangen fromme Lieder und rieten dringend vom Alkoholmissbrauch ab. Das Publikum dafür war ja goldrichtig. Und dann sammelten sie für ihr gutes Werk und das gegenwärtig noch mit dem Alkohol ringende Auditorium ließ sich nicht lumpen, man gab reichlich. Suff fördert unter anderem auch die Großzügigkeit. Manchmal.

Und jetzt tauchen hier einige Männlein und Weiblein in sehr heilsarmeeähnlichen Uniformen auf, der Anführer der Truppe trägt eine Fahne mit chinesischen Schriftzeichen, und kaum verstummt die auch hier ständig dudelnde Schnulzenmusik, wird 'ne markige Rede geschwungen. Bestimmt hat der ebenfalls was gegen Alkohol, so erbost, wie der sich artikuliert. Anschließend geht eine der Heilsarmistinnen mit der Sammelbüchse auf Tour, alle Gäste spenden gönnerhaft, besonders die Ausländer, die nicht die Bohne verstanden haben. Als der Trupp die Kneipe wieder verlässt, frage ich meine mich bedienende Madame hinterm Tresen: „Salvation Army?" Sie guckt mich ratlos an, den englischen Begriff für die Heilsarmee kennt sie nicht. Sie erahnt aber den Hintergrund meiner Frage. Dann erzählt die mir doch glatt, dass das eine Art von patriotischer Vereinigung gewesen sei, die haben für die taiwanesische Armee gesammelt. Und wir Wichte dachten, wir hätten da mal geholfen, ein paar Seelen vorm Alkohol zu retten. Ich gebe mein neuerworbenes Wissen an Kurti weiter, wir kugeln fast vom Hocker vor Lachen. Dann wenden wir uns wieder dem Alkohol zu.

Lange nach Mitternacht lassen wir uns ein Taxi rufen und bewegen uns Richtung Dampfer. Wir haben beide gut einen im Tee, und mehr hatten wir eh nicht auf'm Plan. Die Ladydrinks waren keine Investition in eventuelle nächtliche Folgeabenteuer gewesen, praktisch haben wir uns damit ein wenig lustige Unterhaltung eingekauft. Was solls, Landgänge enden nicht zwangsläufig in fremden Kojen. In einigen Fahrtgebieten eher selten, in manchen Fahrtgebieten auch nie. Hätten wir es hier unbedingt gewollt, wäre was gegangen. Also wollten wir wohl nicht.

*In meinen beiden ersten Büchern hatte ich mehrmals auch über die Bettgeschichten des seefahrenden Volkes berichtet, diese in einigen Weltgegenden immer wieder vorkommenden Begegnungen zwischen „Hure und Matrose", so herrlich klischeemäßig und damals auch so herrlich wahr. Später musste ich mich über die doch sehr selektive Wahrnehmung mancher Leser wundern, die Nuttenstorys lasen die mit höchster Aufmerksamkeit und konnten sich auch im Detail daran erinnern. Die doch auch sehr ausgiebig geschilderten Episoden langer Seetörns und monotoner Überfahrten, begleitet von immer wieder auftretenden technischen Störungen und menschlichen Problematiken, wurden offenbar flüchtig überlesen. Fazit eines Lesers aus meinem Freundeskreis: „Zur See gefahren seid ihr nur so nebenbei, meistens wurde irgendwo gesoffen und gevögelt!" Sorry, liebe Landratten. Meistens wurde gearbeitet, und häufig schlug man sich mit störenden Pannen technischer oder menschlicher Na-*

*tur herum. Gesoffen wurde von den Janmaaten gelegentlich, von einigen leider auch zu viel. Versoffene Landratten habe ich aber auch kennengelernt, ganze Kohorten sind in der heimatlichen Gesellschaft unterwegs. Und was die „Damens" betrifft: Auch bei Seeleuten war die Libido sehr unterschiedlich handlungssteuernd. Es gab unter den meist jüngeren Männern schon ausgeprägte Bedürfnisse, und die einschlägige Szene in den Häfen tropischer oder exotischer Länder war sehr erfolgreich darin, diese Bedürfnisse auf eine nicht unsympathische Art zu befriedigen. In manchen Weltgegenden rannten in Hafennähe die Nutten scharenweise durchs Gelände und kreuzten schneller an Bord auf, als Schiffsleitung und Hafenbehörden lieb war. Und dann gab es die sogenannten „Eunuchentrips", wo Hein Daddel schon angestrengt nach gebührenpflichtigen Damen suchen musste, wenn ihn die Fleischeslust überkam. Mal hing der Seemann in einer Hafenpiesel ab und landete dann bei einem der dort tätigen Fräuleins auf dem Laken. Mal landete er auch gut bezecht wieder an Bord, außer der Nase war nichts gelaufen. Es gab auch Janmaaten, die sich nicht oder nur höchst selten mit den „Dockschwalben" einließen. Und es gab noch jenen Typ Seemann, der dem ganzen Partyleben in den Häfen fernblieb, der sich lieber alleine auf die Socken machte, um in der immer knapper bemessenen Zeit Land und Leute kennenzulernen. Diesen zugegeben selteneren Typ Fahrensmann, meist gebildete Individualisten, sah man nie in einem Hafenpuff. Geprägt wurden die Geschichten über diesen Aspekt des Seemannslebens aber oft von jenen geilen Böcken unter der Besatzung, die schon nach drei Tagen frauenlosen Seetörns nervös wurden. Und dann im nächstbesten Hafen schon quasi mit offener Hose die Gangway hinunter galoppierten, um als Erste eine der hafennahen Nuttenkneipen zu stürmen. Solche Typen gab es auf jedem Kahn, die waren aber nicht unbedingt „typisch", wenn man den durchschnittlichen Seemann beschreiben will.*

Die SEATRAIN PRINCETON befindet sich auf Rückreise nach Kalifornien. Mit uns fährt die Erinnerung an insgesamt 10 Tage Hafenliegezeit in drei verschiedenen Häfen, ein in der Containerfahrt eher seltenes Geschehen. So um den 24. November werden wir wieder an der Pier liegen, in Wilmington, Los Angeles, dort wo meine

Reise auf diesem Zossen begann. Kommt mir jetzt schon wie 'ne halbe Ewigkeit vor. Nach ein oder zwei Wochen an Bord ist der zurückliegende Urlaub schon fast vergessen, man ist wieder völlig abgetaucht in dieser eigenen kleinen Welt, umgeben von 27 anderen Sailors und viel Technik, unterwegs auf endloser Wasserfläche, den Elementen viel näher als in jedem anderen Job, den ich mir denken kann. Mein Leben ist fest eingefügt in vorgegebene Taktungen, Frühstück, auf Wache, von Wache, Mittagessen, nachmittags auf Wache, von Wache, Abendessen, auf Spätwache, von Wache, schließlich noch ein Feierabendbier unter Bordkollegen. Dort immer gleiche Themen, man erzählt sich ein wenig über den eigenen privaten Hintergrund, man labert über Hafenerlebnisse, Storys von anderen Schiffen, Storys über Maaten, mit denen man früher mal fuhr. Man schnackt über die Arbeit, der Ingenieur lässt sich über seine Probleme mit dem Hilfsdiesel aus, der 2.Steuermann flucht über den Alten, der ihm auf seiner Brückenwache ständig im Nacken sitzt. Der Blitz wettert über den Chief, der ihn mit Arbeit zuschüttet. Am nächsten Tag arbeiten alle wieder einträchtig zusammen. Ich rede selten über meine Arbeit, was will ich Leuten aus anderen Tätigkeitsfeldern von der Funkerei erzählen? Die juckt das nicht, solange die von mir ihre Telegramme bekommen, ihre Zeitung, ihren Wetterbericht oder auch den ausreichenden „Schuss" im Hafen, solange nehmen die die Funkbude als funktionierendes Dienstleistungszentrum wahr.

Und der Funker selbst ist in den Augen mancher Seeleute ohnehin meist ein etwas merkwürdiger Vogel. Während die Maschinenleute dort unten im Keller in Hitze und Ölmief den Hobel am Laufen halten, die Nautiker rund um die Uhr auf der Brücke den Kahn fahren, die Decksgang in Wind und Wetter draußen den Dampfer wartet und in Schuss hält, sitzt der Funker da oben warm und trocken hinter der Brücke in seinem mit Geräten vollgestopften Kämmerlein, hört stundenlang dem merkwürdigen Gezirpe aus seinen Empfängern zu, und gelegentlich hackt der ein wenig auf seiner Schreibmaschine herum. Also, der schiebt ja wirklich eine Kugel, der Typ da oben. Manchmal kriege ich sowas auch zu hören. Meistens frotzelnd, im Spaß. Manchmal im Ernst, wenn wieder mal der eine oder andere Ingenieur oder Steuermann nur sich selbst für den Nabel des seefahrenden Universums hält. Es menschelt eben überall, auch an Bord eines Schiffes in großer Fahrt. Solche gelegentlichen Kommentare kollidieren allerdings recht schnell mit meinem angeborenen Schandmaul. „Kann ich doch nichts dafür, wenn du nach einer kläglichen Karriere als Grundschulversager heute deine Brötchen als Schiffsingenieur verdienen musst. Hättest 'de in jungen Jahren ein wenig mehr aufgepasst, könntest 'de heute als Funker fahren. Prost, versuchs mal mit der Volkshochschule, ha ha!"

Diese zweite Pazifiküberquerung ist wettermäßig eine Neuauflage der ersten. Sturmtiefs im weiten Umkreis, die Ausläufer und die mitziehenden Fronten bescheren uns wieder eine endlose Schaukelei. Bei Tiefdruckgebilden auf der Nordhalbkugel weht der Wind grundsätzlich entgegen dem Uhrzeigersinn, und die Hauptzugrichtung ist von West nach Ost, mal ganz grob gesagt. Die damit verbundenen langgestreckten Kaltfronten bescheren uns nun ständig Dünung von achtern (*also von hinten, ihr Landratten, die ihr dieses lest*). Die S. PRINCETON stampft nun nicht mehr so heftig wie bei der Ausreise, aber dafür rollt sie umso mehr. Was Taifun-Otto völlig kalt lässt, von wegen vielleicht mal die Stabilisatoren in Betrieb nehmen. Nicht mit ihm. Damit verbringe ich einen großen Teil der vierzehntägigen Reise wieder in einer Art Wachkoma, nachts kaum Schlaf, tagsüber Funkwache unter teilweise akrobatischen Rahmenbedingungen. Schon nach drei Tagen leichte Kopfschmerzen als Dauerzustand, irgendwann hält man`s für normal. Und irgendwann pennt man wegen Übermüdung auch auf einem beharrlich schwankenden Nachtlager ein.

Die dienstfreien Abende verbringen wir häufig in kleiner geselliger Runde. Die dabei genossenen Feierabendbierchen sind dem Schlaf auch recht förderlich, und irgendwas zu schnacken gibt`s immer. Blitz taucht wieder auf. Seine mitreisende Ehefrau hat ihre Scheu weiterhin kaum überwunden, bei einigen wenigen Kammerpartys ließ sie sich mal von ihm mitschleppen, saß aber meistens nur stumm dabei und verfolgte mit blasierter Miene unsere Unterhaltungen. Obwohl wir ihr zuliebe ins Englische wechselten, aber das interessierte sie auch wenig.

So, und nun sitzt ein verdatterter Blitz bei uns, alleine, und versteht die Welt nicht mehr. Heute Abend hatte er einen Riesenzoff mit seiner Alten. Der Hintergrund: Frau Blitz ist, wie schon erläutert, US-Bürgerin und außerdem, was wir bisher nicht wussten, Jüdin. Und jetzt hat die ein Buch über den Holocaust gelesen. Als Blitz von seiner Arbeit zurück in der Kammer auftauchte, ging sie direkt auf ihn los. Machte ihn und alle anderen Deutschen an Bord für die Gräueltaten dieser unseligen Zeit verantwortlich und überhäufte ihn mit Vorwürfen. Auf seine verdutzte Frage, ob ihr diese Geschehnisse nicht schon vorher bekannt gewesen seien, bekam er keine schlüssige Antwort, aber eine noch lautere Schrei-Arie zu hören. Holocaust hin oder her, nach bereits einigen Bierchen sind wir außerstande, mit den Eheproblemen des Elektrikers ernsthaft umzugehen. „Seh` zu, dass du die Alte los wirst!" meint kurz und bündig der Bootsmann. Kurti schießt den Vogel ab mit der Verkündung: „Das kriegst du nur wieder hin, wenn du augenblicklich zum Judentum übertrittst. Wir trinken jetzt noch einen, und dann gehen wir in die Kombüse!" – „Wieso in die Kombüse?" – „Is`doch logo, der Koch hat die schärfsten Messer an Bord. Und dich müssen wir jetzt beschneiden...!" – „Arschloch", meint Blitz und öffnet eine weitere Buddel Bier.

Wieder über die Datumsgrenze. Dieses Mal in östliche Richtung, und es trifft einen Mittwoch, den haben wir nun zweimal. Aus reinem Bock lüge ich an beiden „Mittwochen" je eine Verwaltungsstunde in den Arbeitszeitnachweis. Richtig hart trifft es aber einen der Assis. Der hat an diesem Tag Geburtstag, und seine Kumpels machen ihm unmissverständlich klar, dass die fällige Bierrunde an beiden Tagen fällig ist. Dafür sind sie gerne bereit, ihm auch zweimal zu gratulieren.

Die letzten Tage vor der kalifornischen Küste wird das Wetter etwas ruhiger. Und in den Nachtstunden habe ich wieder bessere Funkverbindung nach Europa. Regelmäßig stehe ich auch in Sprechfunkkontakt mit unserem Schwesterschiff SEATRAIN LEXINGTON, die sind jetzt schon wieder kurz vor Kaohsiung. Als ich mit meinem Kollegen auf der S. LEXINGTON die Crewlisten vergleiche, stelle ich fest, dass jetzt dort drüben einige Kollegen fahren, die ich noch von meiner Zeit auf den Kühlschiffen kenne. OK dann, richte mal 'nen schönen Gruß aus.

Ankunft in Wilmington am 22. November, hier bin ich vor über einem Monat eingestiegen, die erste Reise auf dem Schachteldampfer ist zu Ende. Der Trip war ganz OK. Gut, das Wetter war durchweg beschissen. Aber die verlängerte Liegezeit in Kaohsiung riss das wieder raus. Und die Stimmung an Bord ist auch ganz ordentlich, ich kann mich nicht beschweren. Was mir halt jetzt schon auf den Geist geht, ist die mit Sicherheit auch den Rest des Winters anhaltende Großwetterlage aufm Pazifik. Und dieses abartige Geschüttel und Vibrieren auf diesem Kasten. Wenn ich den Einsatz hinter mir habe und im März oder April wieder zuhause eintreffe, werde ich wohl noch einige Tage weiterzittern, bis ich wieder im Lot bin.

*Jahre später, ich fuhr schon bei einer anderen Reederei, traf ich mal in einem Hafen auf einen Laeiszfahrer. Und der erzählte mir, dass die extremen Vibrationen der Schiffe nicht nur lästig für die Crew, sondern letztlich auch zu belastend für die Schiffstechnik waren, selbst Ladungsschäden haben einige Gutachter auf dieses Gerüttel zurückgeführt. Letztlich habe sich die Reederei Laeisz dazu entschlossen, Maßnahmen zu ergreifen. Beide Schiffe, so der Kollege in dem Gespräch, seien in die Werft gegangen, und dort habe man die Schiffsschrauben ausgetauscht. Vierflügelige gegen Fünfflügelige oder umgekehrt, ich kann es heute nicht mehr mit Sicherheit sagen. Danach seien die Vibrationen deutlich zurückgegangen auf ein normales Maß. Vibrationen sind normal auf Schiffen, man nimmt sie nach einiger Zeit gar nicht mehr wahr. Aber diese Rüttelei auf den beiden Seatrain-Frachtern war schon abartig. Stellte man eine Flasche auf den Tisch, zitterte die sich selbstständig zum Tischrand und machte dort 'nen Abgang, wenn man nicht zupackte.*

Die Reihenfolge der fünf angelaufenen Häfen sollte sich während der 5 Monate und 10 Tage, die ich auf diesem Schiff Dienst tat, nicht ändern. Wilmington – Oakland – Kaohsiung –Hongkong – Keelung. Eine Liegezeitverlängerung wie auf der ersten Reise gabs nicht mehr, die Hafenaufenthalte pendelten sich bei 36 Stunden ein, mit Ausnahme Hongkongs, dort waren es immer 5 bis 7 Stunden. Grundsätzlich nachts, ich habe von Hongkong nichts gesehen. Außer einem Kurzbesuch in einem am Hafentor gelegenen Seemannsheim, um dort mal günstig nach Hause zu telefonieren. In meinen Aufzeichnungen finden sich aber immer wieder mal Notizen, die ich für bemerkenswert halte.

Zweite Reise. 14. Dezember 1978. Wir laufen in Kaohsiung aus und jagen (kann man bei 21 Knoten schon so nennen) Richtung Hongkong. Dort warten wieder wenige Stunden an der Pier auf mich, und meine bestellte Lederjacke natürlich. Ich sitze auf Funkwache und suche mittels Quasselwelle (*16587.1 MHz, eine von mehreren Frequenzen, die wir Funker für Sprechfunkverbindungen von Schiff zu Schiff nutzten*) Kontakt zu Kollegen auf anderen Schiffen. Eine Presse habe ich seit gestern nicht aufgenommen, die offizielle Schiffszeitung war eh nicht zu kriegen, also will ich später noch einige Radionachrichten abhören und daraus etwas Brauchbares zurechtzimmern, das ich in den Messen auslegen kann. Jetzt habe ich Kontakt zu einem Hapag-Lloyd-Frachter, der auch im Pazifik unterwegs ist. „Haben Sie die Sache mit der „MÜNCHEN" gehört?" fragt mich der Funker. „Nein, was für 'ne Sache?" – „Die wird seit gestern vermisst, da läuft gerade eine Riesensuchaktion an. Irgendwo im Atlantik, die sind wohl in einen fetten Orkan geballert, und jetzt weiß kein Schwein, wo die abgeblieben sind. Gestern Nacht hat man noch verstümmelte Notrufe gehört, dann nix mehr. So ein Mist, ich kenne etliche Leute, die da an Bord sind!" Der Kollege klingt angespannt, auch ich bin erschrocken. Vor über einem Jahr habe ich mal in Rotterdam die „BILDERDYK" gesehen, das unter holländischer Flagge fahrende Schwesterschiff der MÜNCHEN. Ganz dicker Dampfer, deutlich größer als unser Kahn. Und schiffbaulich sind die beiden Pötte 'ne Besonderheit, es handelt sich um sogenannte LASH-Carrier. Ihre Ladung besteht aus schwimmfähigen Leichtern, die in den Häfen über einen großen, auf dem Schiff montierten Portalkran aus dem Wasser gehievt und an Bord verbracht werden. Der Portalkran konnte sich über die gesamte Schiffslänge bewegen und die Leichter an ihren Stellplätzen auch übereinander stapeln. Praktisch ein Schiff, das antriebslose „Fracht-kähne" transportiert. Grundidee war, dass solche Leichter auf Bin-nengewässern, tief im Landesinneren, beladen und dann in Schub-verbänden stromabwärts zum Verladehafen verbracht werden. Dort werden sie verschifft, und am Zielhafen läuft die Geschichte dann umgekehrt ab. Dies bedingt natürlich eine besondere Bauart des Schiffes, der komplette Rumpf war Frachtraum für die Leichter, die Aufbauten befanden sich ganz vorn unmittelbar hinter der Back. Und dieser Brocken, immerhin 261 Meter lang und mit 37.135 BRT vermessen, soll nun in einem Orkan verschollen sein?

Das Desaster mit der MÜNCHEN wird sofort beherrschendes Thema bei den Gesprächen in der Messe. Mehrmals täglich klinke ich mich in die Quasselwelle ein, dort schwirren alle möglichen In-formationen durch den Äther, vieles davon Spekulation. Fakt war aber, dass die MÜNCHEN im Seegebiet bei den Azoren unterge-gangen war, und mit ihr alle 28 Besatzungsmitglieder, die sich an Bord befanden. Trotz einer sehr umfangreichen Suchaktion blieb das Schiff verschollen, nach einigen Tagen wurde deutlich, dass keine Aussicht auf Rettung mehr bestand.

*Der Untergang der MÜNCHEN gilt bis heute als eine der größten Schiffskatastrophen in der Nachkriegsgeschichte der deutschen Handelsschifffahrt. Auch in der später stattgefundenen Seeamts-verhandlung konnten die näheren Umstände dieses Untergangs nicht genau geklärt werden, der die Untersuchungen abschließende Seeamtsspruch beruhte im Wesentlichen auf Indizien, die gewisse Vermutungen nahelegten. Als sehr wahrscheinlich gilt, dass das Schiff von einer sogenannten Monsterwelle getroffen wurde, die beim Aufprall die weit vorn exponierte Brücke schwer beschädigte, dabei auch Funkantennen sowie Antrieb und Stromversorgung au-ßer Gefecht setzte und letztlich das Unglück herbeiführte. Vermut-lich war damit die Funkstation des Schiffes in ihrer Funktion stark eingeschränkt bzw. kaum noch betriebsfähig. Obwohl es nach einem einzelnen Notruf auch spätere Fragmente von Funksignalen gab, die von dem Havaristen stammen sollen.*

*Als weiteren Auslöser des Unglückes vermuten einige Experten ein Losreißen des tonnenschweren Portalkrans, der damit zum Un-*

*tergang beigetragen habe. Viele Fakten blieben mysteriös. So hatte es in der Unglücksnacht einen schwachen SOS-Ruf des Schiffes gegeben, wie vorgeschrieben mit Positionsangabe. Später stellte sich heraus, dass der Funkoffizier der MÜNCHEN wenige Stunden zuvor einen Funkkontakt zu einem weit entfernt stehenden Schiff hatte, in dem er einen schweren Sturm meldete sowie Beschädigungen an der Brücke schilderte, allerdings ohne die Erwähnung eines akuten Notfalls. Und die in diesem privaten Funkkontakt genannte Position wich erheblich von der drei Stunden später übermittelten Notruf-Position ab. Das lässt vermuten, dass anschließend im falschen Seegebiet gesucht wurde. Auch später wurden schwache und teilweise verstümmelte Notsignale aufgenommen, die der MÜNCHEN zugeordnet wurden. Vieles lässt darauf schließen, dass das Schiff nach dem Notruf noch geraume Zeit schwer beschädigt schwamm, bevor es unterging. Bei der tagelangen Suchaktion, an der über hundert Schiffe und zahlreiche Flugzeuge teilnahmen, wurden lediglich drei Leichter sowie ein leeres und beschädigtes Rettungsboot und einige Kleinteile gefunden.*

*Eine Konsequenz dieses Desasters war aber, dass das seit Jahrzehnten unveränderte Notrufsystem, nämlich die Aussendung von SOS-Signalen auf der Mittelwellen-Notfrequenz 500 kHz, zunehmend kritisch gesehen wurde. Man darf mit Fug und Recht annehmen, dass dieses und einige andere Unglücke auf See die Entwicklung hin zu einem effizienteren Kommunikationssystem maßgeblich beschleunigten.*

*Heute sind Schiffe in der Lage, über eine Satellitenverbindung verzugslos ein Rettungszentrum zu kontaktieren und dabei alle den Notfall betreffenden Daten wie Position, Art des Notfalls etc. per Knopfdruck zu übermitteln. Sofern die moderne Technik nicht zickt….*

Während noch mit Hochdruck nach der MÜNCHEN gesucht wird, laufen wir nach Hongkong und dann nach Keelung. Zunächst liegen wir einige Stunden auf Wartereede, unser Liegeplatz ist noch nicht frei. Gute Gelegenheit für eine umfassende Sicherheitsübung, Taifun-Otto ordnet ein Bootsmanöver an, beide Boote werden zu Wasser gelassen und umrunden mehrfach das Schiff. Da muss ich natürlich dabei sein, endlich bekomme ich eine Gelegenheit für gute Fotos des eigenen Schiffes.

Mit dem Rettungsboot um den Dampfer....

Die SEATRAIN PRINCETON in voller Pracht

Später, nach dem Festmachen, suche ich unsere Agentur auf und rufe zu Hause an, einmal im Monat melde ich mich routinemäßig bei meiner Mutter und gelegentlich bei Freunden. Da die Kurzwellenverbindung hier im entlegenen Pazifik nicht die Beste ist und außerdem bei solchen Telefonaten auch hohe Kosten anfallen, nutzen die meisten Seeleute gerne die Gelegenheit, preisgünstig von Land anzurufen. In größeren Häfen gibt es ja die Seemannsheime in Hafennähe, oder man bekommt mal eine Möglichkeit in der Agentur geboten, zu einem Bruchteil der im Seefunk anfallenden Kosten.

Ich hätte es besser gelassen, Mütterlein im fernen Odenwald ist in heller Aufregung. Das MÜNCHEN-Desaster dominiert Nachrichtensendungen und Presse, und nun wähnt mich meine alte Dame auch auf dem direkten Weg Richtung Meeresgrund. Mit ihren 74 Jahren hört sie auch nicht mehr so gut, und nun sitze ich im Agenturbüro am Telefon und versuche lauthals schreiend, meine Unversehrtheit zu bekunden und überhaupt sei ich ja ganz weit weg von diesem üblen Geschehen. Irgendwie tut sie mir aber auch leid, dort, im tiefsten Südhessen, hat man nun mal reichlich nebulöse Vorstellungen über Seefahrt und sieht sinkende Schiffe als recht häufige Begleiterscheinung dieses Berufes. Ich erinnere mich an den Januar 1971, damals ging im Ärmelkanal der deutsche Frachter BRANDENBURG unter. Der Hapag-Dampfer war nachts auf Wrackteile eines Tags zuvor nach einer Kollision abgesoffenen Tankers aufgelaufen und sank binnen kürzester Zeit, von den 31 Besatzungsmitgliedern wurden nur 11 gerettet. Und gerade eine Woche zuvor hatte ich, damals noch Zeitsoldat bei der Bundeswehr, meiner Mutter verkündet, nach meiner bevorstehenden Entlassung aus dem Militärdienst eine Karriere als Seefunker zu starten. Man kann sich vorstellen, wie die Gute dann am Rad drehte. Der Untergang der BRANDENBURG wurde mir damals wochenlang mit großer Heftigkeit vorgehalten: „Und so was willst du jetzt machen…!"

Ursprünglich habe ich mit Kurti einen abendlichen Landgang geplant, wir liegen nur eine Nacht in Keelung. Der Agent rät aber dringend ab, vor zwei Tagen haben die USA im Rahmen ihrer Annäherung an die Volksrepublik China die diplomatischen Beziehungen zu Taiwan abgebrochen. Es kam bereits zu heftigen antiamerikanischen Demonstrationen in der Stadt, als mit einem Ami durchaus verwechselbarer Europäer sollte man tunlichst zuhause bleiben. Die Taiwanesen sind stocksauer auf alles, was nur von weitem nach Amerikaner aussieht. Also bleiben wir mal schön mit dem Hintern an Bord.

Die Weihnachtstage und den Jahreswechsel verbringen wir auf See. Ich würge mir ziemlich einen ab, um einige Weihnachtsgrußtelegramme bei Norddeichradio abzurufen. Zweimal gelingen mir aber nächtliche Verbindungen, und die letzten Weihnachtsgrüße erhalte ich durch Vermittlung eines Kollegen auf einem deutschen Frachter, der gerade den Panamakanal passiert und mich in der Quasselwelle hervorragend hört. Im Übrigen ein Weihnachtsfest wie gehabt, es sind altbekannte Rituale, die dort draußen ablaufen, wenn die Schiffe in See stehen. Der Koch gibt sich besonders Mühe, um ein Festtagsmenü zu zaubern, am Heiligen Abend großes gemeinsames Essen, dann kurze Ansprache des Alten. Danach kleine Party, keine Besonderheiten. Für die Wache gehenden Offiziere und Mannschaften läuft der Schiffsbetrieb weiter, die im Tagesdienst stehenden Janmaaten haben mal frei. Und können sowieso kaum etwas damit anfangen, was bringt denn schon „frei" auf hoher See?

Rückkehr von dieser Reise, wieder liegen wir an der Pier in Wilmington. Merkwürdige Geräusche ein Deck tiefer, ich sitze in der Funkbude bei offener Tür und vernehme ein anhaltendes Brummen.

Ich gehe runter, und jetzt klappt mir doch die Futterluke auf. Wolfgang, das nautische Riesenbaby, steht mit seligem Lächeln im Quergang, hat 'ne Funkfernsteuerung vor seiner Wampe hängen und jagt ein verdammt großes Modellauto, elektromotorgetrieben, den Gang hoch und runter. „Was wird 'n das, haben sie dich in die selige Kinderzeit zurückgebombt?" frage ich ihn. „Wieso? Ist doch ein Klasseding, das funktioniert prima!" Kopfschüttelnd wende ich mich ab und will wieder hoch aufs Brückendeck. Manchmal ist er schon ein rechter Kindskopf, unser „Second Mate". Und wie ich gerade hochsteigen will, knallt`s mal kurz und heftig, dann wildes Poltern. Wolfgang hat sein Modellauto wohl leicht übersteuert, und jetzt ist das „Klasseding" den Niedergang runter ins tiefer gelegene Deck gedonnert. Das funktioniert bis auf weiteres nicht mehr prima, und an einem Stück ist es auch nicht mehr. Der „Rennfahrer" steht etwas belämmert mit seiner Fernsteuerung im Gang herum, und in der Messe haben sie mittags wieder mal heftig was zu lästern.

Ich nutze diese Liegezeit für 'nen Landausflug. Im benachbarten Long Beach liegt die „QUEEN MARY". Einst einer der stolzen Passagierdampfer der britischen Cunard-Line. 1936 in Dienst gestellt fuhr sie auf der klassischen Nordatlantikroute und errang im gleichen Jahr das blaue Band, jene berühmte Auszeichnung, die das jeweils schnellste Passagierschiff auf dieser Route erhielt. Im Kriege diente das Schiff als Truppentransporter und karrte in den 6 Kriegsjahren über 800.000 alliierte Soldaten an die jeweiligen Kriegsschauplätze. Gründlich überholt, nahm sie nach Kriegsende den Transatlantikdienst wieder auf, bis sie in den Sechzigern unrentabel wurde. Ihre letzte Reise führte hierher nach Long Beach, und nun dient sie stillgelegt als Hotel und Museum. Ein beredtes Zeugnis früherer britischer Seegeltung. Ich verbringe einen interessanten Nachmittag auf dem Kahn.

Abends taucht Kenneth Norquist wieder an Bord auf. Bringt zwei neue Crewmitglieder, die beiden abgelösten Kollegen nimmt er dann mit in ein Hotel, Flüge waren nur für den Folgetag buchbar. Wir wollen zu dritt an Land, also quetschen wir uns auch noch in den Van des umtriebigen Pfarrers, und der bringt uns zum Pike. Ein Amüsierviertel in Long Beach mit sehr langer Tradition. Die Maaten von der SEATRAIN PRINCETON zieht es meistens in 'ne Kneipe mit dem Namen „Hollywood on the Pike". Ich war noch nicht da, nun ist es an der Zeit, den Schuppen mal zu inspizieren. Also, erste Wahl ist der Laden nicht gerade. Am Tresen lungern ein paar alleinstehende Damen herum, einige sehr unansehnlich, einige reichlich betrunken. Die meisten decken beide Kriterien ab. Einer der Feger sieht nicht unattraktiv aus, wenn auch ziemlich verlebt. Das sei Juanita, eine echte Indianerin. Und die halbe Maschinengang der PRINCETON sei schon da drüber gestiegen, verkündet Kurti. Schließlich sei das der Job der Maschinisten, Schlitze stoßen und so... Na gut, für alles gibt's letztlich 'ne schlüssige Begründung, ich stimme also Kurti zu.

Später wechseln wir noch die Kneipe, aber irgendwie gerät der

Landgang zu einer öden Sache, kurz nach Mitternacht landen wir wieder an Bord, frühmorgens werden wir auslaufen, Ziel Oakland.

Wir verlassen drei Tage später die San Francisco Bay, vor uns liegen wieder zwei Wochen winterlicher Pazifik. Soeben haben wir die berühmte Golden Gate Brücke passiert, zusammen mit mehreren Janmaaten stehe ich in der Nock und knipse, was das Zeug hält.

Wenn die Brücke mal so zu sehen und nicht in einer Nebelbank verschwunden ist, muss man das nutzen. Das Bauwerk liegt schon 'ne Meile achteraus, da schiebt sich ein grauer Koloss auf die Durchfahrt zu.

Nach Aussage des Lotsen ist das die USS ENTERPRISE, einer der gigantischen Flugzeugträger der US-Navy. Das Schiff sei zu einem Besuch in der San Francisco-Bay gewesen und verlege jetzt wieder in seinen Heimat-Stützpunkt nach San Diego. Das ist natürlich ein seltenes Motiv für die Fotografen, um mich herum klicken unaufhörlich die Kameraverschlüsse. Mittenmang dabei unser Schweizer Kochsmaat, der fotografiert eh' alles, was ihm vor die Linse kommt. Und dann sein fachmännischer Kommentar: „Ich glaube nicht, dass das große Kriegsschiff unter der Brücke durchpasst!" Knurrend der zweite Ing: „Meinst du Knalltüte, die dampfen einfach mal auf gut Glück auf die Brücke los, mal probieren, ob`s hinhaut? Und außerdem, die sind ja vor`n paar Tagen auch da rein gefahren!" – „Oh", meint der Kochsmaat in seinem kehligen Slang, „das habe ich nicht bedacht!" Wieder leises Stöhnen ringsumher, die halten den kleinen Bergbauernsohn mittlerweile für den größten Trottel der ganzen Flotte. Der unternimmt aber auch wirklich alles, um diesem Ruf gerecht zu werden.

Ein grauer Koloss passiert die „Golden Gate Bridge" und überholt uns später an Backbordseite

Wenige Tage später, wir schaukeln wieder durch die aufgewühlte See, in einer Woche wollen wir vor Kaohsiung sein.

Das erwischt es den Koch, irgendeine Magen-Darm-Grippe, der für die medizinische Versorgung zuständige 3.Offizier meldet als Zustandsbeschreibung „K.u.K". Soll heißen „Kackt und kotzt", und zwar permanent. Also, arbeitsunfähig, und jetzt liegt er zunächst mal in seiner Koje fest. Stunde der Wahrheit für den Kochsmaaten, ab sofort muss er alleine den Laden übernehmen. Der marode Koch äußert schwerste Bedenken, der hält seinen Assistenten für völlig bekloppt und ist überzeugt, dass dieser die Kocherei nicht auf die Reihe kriegt. Aber in seiner Verfassung kann sich der Koch unmöglich in die Kombüse schleppen. Das Ganze passiert an einem Freitag, für Mittags ist Fisch vorgesehen, mit Kartoffeln, Buttersauce, Salat. Vorneweg Tomatensuppe. Dem Kochsmaaten, der bisher nur unter strikter Anleitung werkelte, läuft der Angstschweiß aus sämtlichen Knopflöchern.

Völlig zu Recht, wie sich unmittelbar danach herausstellt. Es ist kurz vor halb Zwölf, und dem Bäcker ist der komplette Fisch in den großen Pfannen verbrannt. Unser Kochkünstler rast in heller Panik in die Kammer seines Chefs, der leichenblass in der Koje liegt. „Mann, du Riesenrindvieh, ich werd hier noch wahnsinnig. Hol ein paar Würste aus dem Kühlraum und seh zu, dass du `was zu fressen auf die Back bringst!" Intention des Kochs war wohl, schnell ein paar Bratwürste zu den Kartoffeln und dem Salat zu fabrizieren und damit die Panne zu überbrücken. Der Schweizer Küchenheld hetzt in den Proviantraum, `ne Viertelstunde später hocken schon die ersten Wachgänger in der Messe und warten auf`s Essen. Das kurz danach einsetzende Gebrüll ist im ganzen Dampfer zu hören. Ein etwas verblüfft wirkender Gilbie-Steward serviert Bockwürste mit Kartoffeln, und die Bockwürste schwimmen in der Buttersauce. Als ich kurz nach zwölf Uhr in der O-Messe aufkreuze, ist Kurti soeben damit beschäftigt, einen vor der Kombüsentür herumtobenden Schmierer (*Motorenwärter*) zu bändigen. Der hat seinen vollen Teller gerade im hohen Bogen in die Kombüse gefeuert. Schließlich rettet der Bootsmann die Situation, der stellt sich kurzerhand an den Herd, und zusammen mit dem wie Espenlaub zitternden Kochsmaaten haut er schnell drei Paletten Eier in die Pfannen. Rührei mit Kartoffeln und Salat tuts ja auch mal zur Not. Ohne Buttersauce natürlich.

Dieses Mal, auf der dritten Reise, kriegen wir wieder zwei Tage in Kaohsiung. Meine Versuche, die Einheimischen mit ein paar angelesenen chinesischen Phrasen aus meinem „Guide to Mandarin" zu beglücken, habe ich inzwischen aufgegeben. Bei Chen Lu habe ich damit zwar beachtliche Heiterkeitserfolge erzielt, aber sie riet mir von weiteren Experimenten mit der chinesischen Sprache ab. Es gibt unzählige Wörter mit Mehrfachbedeutung, maßgeblich ist die Betonung. Bevor ich also zu jemandem sage „Schöner Tag heute", und der versteht „Na, du Arschloch?", lasse ich es doch lieber bleiben.

An Tempeln mangelt es wirklich nicht in Kaohsiung

Tagsüber schieße ich mich an Bord auf, und abends ziehe ich ins Love River Hotel, wo Chen Lu schon wartet. Sind lange Abende, auch wenn in der Bar an manchen Tagen kaum Betrieb herrscht, müssen die Mädels bis nach Mitternacht hinterm Tresen ausharren. Einen Abend gestalten wir, in dem wir bis kurz nach Mitternacht an der Theke hocken und eine Partie Schach nach der anderen spielen.

Bis sie endlich Dienstschluss hat und wir die Zeit dann miteinander verbringen können.

Hongkong. Die kürzeste Liegezeit bisher, nur fünf Stunden. Ich werfe schon gar keinen Blick mehr nach draußen, Hongkong zu besichtigen kann man sich auf diesem Trip wohl endgültig abschminken.

Gerade habe ich mich nach der nächtlichen Einklarierung in meine Kammer verholt, da klingelt das Telefon. Taifun-Otto ist in der Leitung, ich möge doch mal runterkommen. In seiner Kammer stoße ich neben Otto auf Stefan, den 3.Offizier. Und einen chinesischen Schneider, der gerade emsig seine Stoffmusterbücher auf dem Tisch ausbreitet. Also, die Sache wäre die, Otto hat von seiner werten Frau Gemahlin wohl die Order erhalten, sich mal einen vernünftigen Anzug machen zu lassen. Und jetzt geht er das Problem an, mangels eigenem Interesse an modischen Dingen will er aber noch 'ne Zweit- und 'ne Drittstimme einholen, bevor er sich jetzt für ein bestimmtes Modell entscheidet. Oh Mann, da ist er bei mir gerade richtig, ich bin alles andere als ein Modefachmann. Auch meine maßgeschneiderten Lederjacke in Blazerform war wohl ein Griff ins Klo, als ich das Ding zum ersten Mal anzog, sehr eng geschnitten, spitzer Kragen, grinste Kurti und meinte, ich sähe aus wie die misslungene Kopie eines St.Pauli-Zuhälters. Und jetzt soll ich den Alten beraten, na dann Prost Mahlzeit. Und Stefan schätzt seine eigene Kompetenz ähnlich ein, der guckt mich beklommen an. Einigermaßen ratlos hocken wir alle drei um die Kataloge herum, bis sich Otto für einen Sommeranzug entscheidet, ganz normaler Schnitt. Jetzt geht's um die Auswahl des Stoffes, ich rate zu grau. Weil, so denke ich, mit grau machste nix falsch, immer noch besser als rot. Oder so. Otto aber begeistert sich für einen Stoff, also der ist sowas von knallgelb, der leuchtet im Dunkeln. Stefans Mundwinkel zucken verräterisch, auch ich unterdrücke mühsam ein Grinsen. Aber egal, wir nicken diese Signalweste ab, mal schauen, was dabei herauskommt.

In der Messe sind mittlerweile nicht nur Schneider, sondern auch sonstige Dealer aktiv. Quarzuhren, Kameras, Radios und Kassettenrekorder, die neuesten japanischen Modelle, und alles sehr preiswert. Wenn der Seemann nicht zum Business ans Land kann, kommt das Business eben zum Seemann. Und Chinesen sind für ihre Geschäftstüchtigkeit bekannt. Auch mein Stammschneider hat wieder geliefert. Beim letzten Trip hierher hatte ich einige maßge-schneiderte Hemden und eine Cordhose geordert. Sitzt alles wie angegossen. Dass ich bei solchen Hemden kein Milligramm mehr zunehmen darf, dämmert mir erst sehr viel später.

In Keelung, dem nächsten Anlaufhafen, hat sich die Lage wieder beruhigt, die Taiwanesen sind nach den Querelen mit ihrem früheren großen Bruder USA wieder zur Tagesordnung übergegangen.

Erneut verbringen wir einen bunten Abend in etlichen kleinen Bars und Kaschemmen, „last chance" vor der nächsten Pazifiküberque-rung.

Diese Überquerung wird genauso eine Schlechtwettertour wie die Reisen davor. Mittlerweile nehmen wir das schicksalergeben hin, kannst 'de sowieso nicht ändern. Ich reiße täglich meine drei Wa-chen runter, und abends sitze ich mit zwei, drei Kollegen noch auf ein Bierchen zusammen. Immer schön vor sich hin schaukelnd, wir sind unablässig in Bewegung, dazu das ständige Geschüttel und Gerumpel. Ein schwimmendes Rüttelsieb, wie der Bootsmann mal anmerkt. Vielleicht wird die ständige Pinkelei von Susi, unserem Bordhund, auch von den Vibrationen ausgelöst? Ist jedenfalls die neueste Theorie von Kurti, der sich ja um das Tier kümmert.

Als wir wieder eines schönen Abends zusammenhocken und klö-nen, fragt mich Kurti „Haste eigentlich schon mal die Story von Her-mann gehört, dem Köter auf der SEATRAIN LEXINGTON?" Nee, hatte ich nicht. Kurti grinst breit, und dann legt er los: „Die haben da auch so eine Töle, Hermann heißt der. Bis vor 'n paar Monaten wa-ren ja beide Pötte noch in der Japanfahrt eingesetzt, und so kamen die auch regelmäßig nach Kobe. Tja, und da fetzt doch Hermann mal die Gangway runter, so 'n büschen Landgang, vielleicht wollte er mal eintörnen (*im Seemannsjargon nette Umschreibung für Ge-schlechtsverkehr*). Als die LEXINGTON ablegte, war Hermann noch nicht zurück, war wohl noch am Pimpern. Da stand der nu`. Ach-teraus gesegelt. Und dann ist das arme Vieh Tag für Tag an der

Pier herumgestreunt und hat seinen Dampfer gesucht. Die japanischen Schauerleute kannten den Hund ja und wollten ihn einfangen, um ihn bei der nächsten Ankunft wieder an Bord zu bringen. Aber der war schneller als Schmidts' Katze, die kriegten den nicht. Die haben dann aber immer wieder Futter für ihn abgelegt, jedenfalls kam er gut über die Runden. Und immer wenn ein Schiff am Kai lag, tobte Hermann hin, schnüffelte mal so 'n büschen an 'ne Gangway, und weg war er wieder. Irgendwann kam auch die PRINCETON längs, gleicher Schiffstyp, alles same same. Aber die riecht wahrscheinlich anders, jedenfalls für 'n Hund. Hermann wetzte kurz an die Gangway, schnüffel schnüffel und weg. Und als nach einem Monat die LEXINGTON wieder festmachte, raste zwischen den Containern Hermann hervor, tobte die Gangway hoch und meldete sich wieder zum Dienst. Die Story schlug richtig Wellen, da stand sogar ein Artikel in der größten Tageszeitung von Kobe, über den deutschen Bordhund, der auf seinen Dampfer wartete!" Na, das ist ja wirklich 'ne originelle Geschichte. Den krönenden Abschluss liefert Kurti gleich noch hinterher. „Hermann ist übrigens 'ne Hündin. Die Maaten haben die Töle damals getauft und erst danach zwischen die Hinterbeine gepeilt!"

Wieder in Wilmington. Inzwischen ist es Februar geworden, eine Rundreise werde ich noch an Bord bleiben, dann will ich mal schauen, ob ich von der Kiste runterkomme. Nach dem nächsten Trip dauert mein Einsatz schon fünfeinhalb Monate, das ewige Scheißwetter und die Schüttelei stehen mir bis Oberkante Unterlippe. Aber wie gesagt, einer geht noch...

Wolfgang hat ein neues Projekt am Laufen. Nach dem Crash damals hat er es aufgegeben, überdimensionierte Fernlenkautos durch die Schiffsgänge zu jagen. Letzte Reise war der hier mal an Land, kam dann zurück und schwärmte unablässig von einer Show von Volkswagen-Enthusiasten, die hätten da die tollsten frisierten und weiß der Henker wie umgebauten Käfer vorgeführt. Die ganze Reise über hatte er in amerikanischen Katalogen und Magazinen geschmökert, die sich mit solchen „customized" Käfermodellen befassen. Zuhause fährt er ja so 'ne Karre, natürlich Standardausführung, TÜV-konform. Und TÜV-konform sind die Ami-Käfer eher nicht. Hier in Wilmington, gerade eingelaufen, jagt Wolfgang an Land und macht seinen angepeilten Deal perfekt. Kauft der doch tatsächlich einen hochfrisierten Käfermotor mit Wahnsinnsleistung, und der ist auch noch weitgehend verchromt. Was ja später keine Sau sieht, da unter der Motorhaube. Oder willst `de mit offener Haube fahren, frage ich ihn. Nein, will er nicht, aber den Motor muss er unbedingt haben. „Und wie machst das mit dem Heimtransport, nimmst `de den im Flugzeug aufn Schoß?" frage ich grinsend. Nö, hat er auch nicht vor, das Ding geht per Seefracht nach Deutschland, er hat einfach die Agentur kontaktiert, die hier die Hapag-Lloyd-Schiffe betreut. Hapag-Lloyd unterhält einen regelmäßigen Liniendienst Europa - US-Westküste. „Bis ich hier abmustere, ist der Motor auch zuhause", verkündet Wolfgang. Er will noch `ne Reise länger an Bord bleiben als ich, das könnte hinkommen. Also, ich habe ja schon allerhand merkwürdige Reisemitbringsel erlebt, die die Janmaaten so nach Hause schleppen. `Nen VW-Motor aber noch nie...

Unmittelbar beim Einlaufen in Oakland gibt's richtig Ärger. Einer unserer Gilbie-Matrosen dreht durch. Was den Mann so ausflippen ließ, erschließt sich uns nicht, aber auf einmal tobt der an Deck herum, brüllt wilde Verwünschungen in alle Himmelsrichtungen und geht dann auch auf seine eigenen Landsleute los, als die ihn beruhigen wollen. Zu allem Überfluss schwingt er dabei noch ein Messer, eine Scheißsituation. Während sich zunächst mal alle Maaten, die bereits für das Festmachen ihre Arbeitsstationen an Deck bezogen haben, in Sicherheit bringen, versucht der Chiefmate, die Wogen zu glätten und redet dem Gilbie gut zu. Aber der dreht weiter wie verrückt das ganz große Rad, auf der Brücke greift Taifun-Otto zum UKW-Sprechfunkgerät und fordert einen Polizeieinsatz an unserem Liegeplatz an. Zu allem Überfluss glaubt dann noch Blitz, dass nun die Stunde für seine mitgeführte Knarre gekommen sei, jetzt rennt dieser Dödel mit dem Revolver durch die Gänge. Wir fordern Blitz ultimativ auf, in seine Kammer zu verschwinden, er kann ja dort seine meist unsichtbare Ehefrau mit Hilfe seiner Artillerie beschützen.
Endlich trollt sich Blitz, und an Deck halten sie den rasenden Süd-

seeinsulaner einigermaßen in Schach, der Bootsmann und zwei Matrosen haben ihn eingekreist und hindern ihn knüppelschwingend daran, noch mehr Unheil anzurichten. Dadurch gestaltet sich das Anlegemanöver etwas kompliziert, statt auf ihren Stationen vorn und achtern müssen nun ständig einige Piepels den Möchtegern-Amokläufer im Auge behalten. Aber schließlich sind wir fest, und während ein paar Gilbies den immer noch randalierenden Kollegen an der Seeseite ablenken, bringen auf der Landseite die anderen Decksleute die Gangway auf den Kai. Unmittelbar danach stürmen Polizisten an Deck und nehmen den Tobsüchtigen fest. Der wird aber sowieso gerade ruhiger und lässt sich phlegmatisch abführen.

Polizeieinsatz an der Pier

Taifun-Otto versucht später zu ermitteln, wo denn die Ursachen für dieses Verhalten lagen. Die anderen Gilbies werden befragt, liefern aber nur unklare Andeutungen. Alkohol war wohl nicht im Spiel, es stellt sich aber mehr oder weniger heraus, dass der Mann sich irgendwie ungerecht behandelt fühlte und außerdem Familienprobleme in seiner Heimat eine Rolle spielten.

Der Alte entscheidet sich dann, den Matrosen repatriieren zu lassen, eine weitere Mitfahrt des Mannes erscheint ihm zu risikoträchtig. Abends in der Messe kommt Otto nochmals auf den Vorfall zu sprechen und erinnert an ein vergleichbares Geschehen auf dem Schwesterschiff vor längerer Zeit. Die SEATRAIN LEXINGTON befand sich damals auf Rückreise von Japan nach Kalifornien, als ebenfalls einer der Gilbies außer Rand und Band geriet und mit dem Messer auf einen Landsmann losging. Die Sache geriet völlig außer Kontrolle, der Tobende stach seinen Kollegen nieder und verletzte ihn lebensgefährlich. Es gelang der Crew, den Amokläufer festzusetzten, aber für eine sachgerechte medizinische Versorgung des schwerverletzten Opfers waren an Bord nicht mal ansatzweise ausreichende Fachkenntnisse und auch Mittel vorhanden. Die über Funk alarmierte US-Coast Guard (*amerikanische Küstenwache*) startete eine äußerst aufwendige Evakuierungsaktion. Da das Schiff noch Tagesreisen vor der kalifornischen Küste stand, wurde der Mann mit 'nem Hubschrauber von Bord geholt, und der musste aufgrund der Distanz zur Küste mehrmals in der Luft betankt werden. Das Opfer überlebte die Sache, und der Täter wurde von den US-Behörden später an die Gerichtsbarkeit seiner Heimat überstellt. Nach Aussage anderer Gilbertesen keine erfreuliche Lösung für den Amokläufer, die Familie des Opfers wetzte wohl schon ihrerseits die Messer und gedachte die Angelegenheit nach alter Tradition selbst zu regeln.

Der Vorfall löst auch bei uns einige Debatten aus. Während wir Europäer nach ca. 6 Monaten in der Regel abgelöst werden, reißen die Gilbies gemäß ihrer Standardverträge ein ganzes Jahr ab. Fern ihrer Familien, umgeben von einer komplett anderen Lebenskultur und in vielerlei Hinsicht auch gegenüber den deutschen Seeleuten benachteiligt. Ihre Heuern sind deutlich niedriger als die vergleichbarer deutscher Mannschaftsgrade (die allerdings bei Laeisz auch selten an Bord eingesetzt wurden, Matrosen, Stewards und Motorenhelfer waren durchweg Gilbertesen). Und da man bei ihnen aus nachvollziehbaren Gründen die Abgabe von Alkohol aus der Bordkantine sehr restriktiv handhabt, fühlen sie sich auch dadurch diskriminiert. Aus diesen und weiteren vergleichbaren Gründen erleben wir immer wieder mal Ausraster bei den sonst recht umgänglichen Polynesiern.

# Verdammte Container – Seefahrt in den 1970er/1980er Jahren

Die kurze Liegezeit in Oakland wäre sonst nicht erwähnenswert, abgesehen davon, dass auch Stanislaw einen postalkoholischen Totalausfall auf die Bretter legt. Unser polnischer dritter Ingenieur, ein meist stiller und zurückhaltender Geselle. 36 Stunden Liegezeit sind in Oakland vorgesehen, auslaufen werden wir an einem Samstagabend. Stanislaw verschwindet an diesem Samstag nach dem Mittagessen von Bord, im feinen Zwirn, der hat ja wohl was vor. Abends, das Schiff ist beladen, der Lotse bestellt, die Auslaufvorbereitungen laufen auf Hochtouren. Aber unser 3.Ing ist noch abgängig, der Chief tigert reichlich nervös an der Gangway herum. Wir stehen auch in der Nähe, der Alte und auch ich, meine Arbeit fängt sowieso erst später an, wenn der Dampfer fährt. Wir sind bereits „klar vorn und achtern", die Gilbies wollen gerade die Gangway einholen. Da rauscht ein Taxi auf die Pier. Der Fahrer stoppt und versucht, etwas sehr Sperriges vom Rücksitz auszuladen, so sieht es von unserem erhöhten Beobachterstandpunkt jedenfalls aus. Endlich landet das Sperrgut aufm Pier, und siehe da, es handelt sich um Stanislaw. Stechgranatenvoll, der kann kaum noch laufen, schließlich greift ihn einer der Matrosen und wuchtet ihn die Stufen der Gangway hoch. Stanislaw gestikuliert dabei wild mit den Armen, mal singt er irgend 'nen polnischen Schlager, dann lacht er wieder völlig irre, und wenn ihn der Gilbie mal loslässt, fällt er sofort um. Endlich landet unser Pole an Deck, und direkt vor Taifun-Otto bricht er erneut zusammen. Ist aber bester Laune dabei, irgendwie identifiziert er den Alten, krabbelt auf allen Vieren an Otto ran und umklammert dessen Knie. „Kapitan, wenn wirr sein in Urrlaub, sie missen mich besuchen in Bollen. Ich zeige ihnen dorrt, wie Bollen feiert!" Otto windet sich mühsam aus der Umklammerung. „Nee, danke schön, ich sehe gerade, wie Polen feiert!" Der Chief und ein Assi greifen sich den hysterisch lachenden Stanislaw und schleppen ihn auf seine Kammer. Der beklagt am nächsten Tag einen kompletten Filmriss und arbeitet im Übrigen weiter, als sei nie was gewesen.

Meine vierte Reise nach Fernost. So langsam befasse ich mich mit dem Gedanken, nicht nur nach dieser Reise abzumustern, sondern auch die Reederei zu wechseln. Gut, die Abmusterung kann ich telegrafisch beantragen, letztlich entscheidet Laeisz, ob ich noch eine weitere Reise an Bord bleibe. Normal in dieser Zeit sind sechs Monate Borddienstzeit, da fehlen mir bei Rückkehr in Wilmington noch zwei oder drei Wochen. Aber so eng sehen die das in Hamburg nicht, ich kann durchaus mit Ablösung rechnen. Und der Reedereiwechsel ist nicht der Reederei Laeisz geschuldet, der Laden ist in Ordnung, und ich kann mich eigentlich nicht beklagen. Aber nach nunmehr drei Jahren in dieser Company kenne ich alle gegenwärtig dort bereederten Schiffstypen, und ab jetzt können sich die Dinge nur wiederholen. Wieder auf Kühlschiffen in Charter von United Brands, oder erneut diese Pazifik-Rennstrecke, vielleicht auf dem Schwesterschiff LEXINGTON. OK, da waren neue Schiffe im Bau, zwei Zementbulker waren unlängst schon in Dienst gestellt worden (*mit „Bulkern" oder „Bulkies" bezeichnet man in der Seefahrt die Kategorie der Massengutschiffe oder Bulkcarrier, die vorwiegend Schüttgut wie Getreide, Kohle, Erz etc. befördern*). Ich wäre einfach gerne mal woanders gefahren, andere Fahrtgebiete, andere Schiffe.

Andererseits ist das im Jahre 1979 nicht unbedingt eine brillante Idee. Schon 1978 war der US-Dollar zusammengebrochen, die amerikanische Währung erlitt einen gravierenden Wertverlust. Herb für Deutschlands Reeder, die erwirtschafteten ihre Frachterlöse in Dollars, die Betriebs- und besonders die Besatzungskosten fielen in DM an. Damit wurde durch den Kollaps des US-Dollar eine veritable Schifffahrtskrise ausgelöst, und damit auch eine Welle von Ausflaggungen. Etliche Reedereien verbrachten ihre Schiffe unter Billigflaggen, und zum ersten Mal seit Jahren kam es auch zu nennenswerter Arbeitslosigkeit in der Branche. Und ausgerechnet jetzt plane ich mich zu verändern. Obwohl, die Zahl arbeitssuchender Funker hielt sich noch in Grenzen, Angebot und Nachfrage sind halbwegs ausgeglichen. Ich rechne mir also mit ungebrochenem Optimismus gute Chancen aus, wieder eine seriöse Firma zu finden. Es heißt aber aufpassen, unseriöse Reedereien gibt es auch. Echte Saftläden darunter, die den arbeitssuchenden Sailor zunächst mal mit allerlei hohlen Versprechungen auf ihre Pötte lockten, und der fand sich dann auf irgendeinem Rattendampfer wieder. Überstunden wurden nicht gezahlt, der Kahn fuhr unterbesetzt, Ablösungszusagen werden nicht eingehalten, an Verpflegung und Material gespart und mehr solcher Ferkeleien. Ich erinnere mich an einige Schifffahrtsunternehmen, die einen Ruf wie Donnerhall hatten. „Wenn de` bei denen nach `m Abmustern deine Restheuer abholen willst, musste `ne Knarre mitnehmen. Sonst siehst `de keine Kohle nich`" So oder so ähnlich lauteten die gängigen Sprüche unter den Janmaaten.

Das sind so die Überlegungen, die mich auf dieser vierten Reise begleiten. Inzwischen bin ich von jeder Menge neuer Kollegen umgeben, in Wilmington waren zahlreiche Piepels abgelöst worden. Auch Kurti ist nicht mehr an Bord, der hat sein halbes Jahr abgerissen und sowieso die Schnauze voll von der Klapperkiste, wie er es ausdrückte. Und damit ich mir auf dieser Reise nicht meinen Ablösungswunsch noch mal überlege, gibt sich der Pazifik während der Überfahrt wieder richtig ruppig, Schietwetter vom ersten bis zum letzten Tag.

Einmal habe ich in der Quasselwelle Kontakt mit dem MS „PRIMAVERA". Eines der beiden neuesten Schiffe der Reederei Laeisz, ein Spezial-Bulker für Zementtransport. Der Zossen ist gerade aus einem japanischen Hafen ausgelaufen und auf dem Weg nach Saudi-Arabien. Auch nicht gerade ein Traumtrip, denke ich mir. Als ich abends beim Essen über das kurze Funkgespräch erzähle und vor allem die dabei ausgetauschten Namen der Besatzungsmitglieder vorlese, fängt der zweite Ing bei der Erwähnung des dort eingesetzten Storekeepers zu grinsen an. „Wenn's nach dem ginge, hieße der Zossen heute nicht PRIMAVERA!" meint er. Wieso das denn? „Nun, als die Schiffe damals in Japan gebaut wurden, dachte man an der Trostbrücke (*Hamburger Adresse des Stammhauses der Reederei Laeisz*) natürlich auch über die Schiffsnamen nach. Nach alter Tradition bei dieser Company wieder mit „P" beginnende Namen. Und da kamen die auf die Idee, doch mal einen Ideenwettbewerb unter den Mitarbeitern durchzuführen. Mit dem „Storie" fuhr ich damals auf der „PICA", und eines Tages kreuzte der in der Messe auf und meldete seine Teilnahme an dem Wettbewerb. Und seine Namensideen hat er gleich verkündet. PIMMEL und PUSSY. Mann, was haben wir gegrölt. Der hat das tatsächlich abgeschickt. `Ne Antwort hat er aber nie bekommen!"

Mit Wolfgang unterwegs in Kaohsiung

In Kaohsiung streune ich nachmittags ein wenig durch die Ge-
schäftsstraßen, vielleicht findet sich noch was in diesem höchst
preiswerten Einkaufsparadies, das man mit nach Hause schleppen
könnte. Zurück an Bord, bin ich Besitzer einer neuen Sayko-Uhr.

93

## Verdammte Container – Seefahrt in den 1970er/1980er Jahren

Eigentlich mehr ein Frustkauf, dringend nötig ist das nicht. Abends dann hätte ich guten Grund für einen weiteren Frustkauf, ich kreuze im Love River Hotel auf und vermisse Chen Lu. Die arbeite nicht mehr hier, erzählt mir eine der anderen in der Bar arbeitenden kleinen Chinesinnen. Shit. Aber was willst 'de machen, ich nehme ein paar Drinks zu mir und bin früh zurück an Bord, am späten Vormittag des nächsten Tages laufen wir wieder aus.

In Hongkong empfange ich die letzte Klamottenlieferung, die bei meinem Stammschneider noch von letzter Reise im Auftragsbuch steht. „Golden Dragon" steht stolz auf seiner Visitenkarte, und bei den vier Reisen hierher hat mich der Goldene Drache nun fast komplett neu eingekleidet. Die Plünnen, die ich im letzten Oktober hier an Bord schleppte, schmeiße ich zum größten Teil weg, Alt und Neu zusammen passen nicht mehr in den Koffer, wenn's nach Hause geht.

An die Anzugbestellung von Taifun-Otto habe ich schon gar nicht mehr gedacht, aber kurz nach Mitternacht scheppert mein Telefon. Otto hat seinen neuen Zwirn empfangen und seine beiden „Ratgeber" sollen die Sache nun begutachten. Zeitgleich marschieren Stefan und ich in die Kapitänskammer, und da steht unser „Reiseleiter" in der vollen Pracht seines neuen Anzugs. Daneben steht der stolze Erbauer dieses leuchtenden Gewandes und schaut uns Beifall heischend an. Also, lange kann man da nicht hinschauen, sonst droht Augenkrebs. Mit dem quittengelben Anzug schaut Otto ein wenig aus wie ein überdimensionierter Kanarienvogel. Stefan sieht's ähnlich, der fixiert irgendeinen unsichtbaren Punkt an der Wand und wird zusehends rot unterm Haaransatz.

„Äh, ja, hmm, sieht ganz prächtig aus!" „Jou, seh'ich auch so!" meint Stefan. Otto scheint's zu gefallen. Seiner Frau hoffentlich später auch, sonst kriegen Stefan und ich noch 'nen bösen Brief, wenn wir wieder zuhause sind. Ein Grund mehr, mal schleunigst die Reederei zu wechseln, denke ich so bei mir und unterdrücke erneut ein Grinsen. Also eines steht fest, gute Style-Berater waren wir beide nicht…

In Keelung gehe ich nochmal ganz hervorragend essen, das hat mir dieser Einsatz in der Pazifikfahrt jedenfalls gebracht, außer neuen Klamotten: Ich kann jetzt brillant die putzigen Essstäbchen handhaben. Auch was wert.

Etwa nach der Hälfte der sich anschließenden Pazifiküberquerung empfange ich ein Telegramm der Reederei. Beginnend mit dem Code UMZIA, der Ankündigung eines Crewaustausches. Nur zwei Namen folgen, meine Wenigkeit und der Blitz. So, das wars dann wohl, in wenigen Tagen werde ich in einem Flugzeug sitzen und Richtung Heimat düsen. Auf einmal ist das nach wie vor aktuelle Scheißwetter da draußen nicht mehr wichtig, lass den Dampfer doch wackeln, wie er will, das ist alles schon fast Geschichte, und in absehbarer Zeit bin ich ganz woanders unterwegs. Hoffe ich jedenfalls.

Das „nautische Riesenbaby" auf der Brücke

Die letzten Tage an Bord der SEATRAIN PRINCETON fliegen nur so vorüber. Ich gehe meine Funkwachen, bereite die Einklarierung für Wilmington vor, sitze noch einige Abende mit Kollegen beim Bier zusammen und bin im Kopf schon gar nicht mehr richtig dabei. Es ist März geworden, ich werde – mit etwas Glück – im beginnenden Frühling zuhause eintreffen.

# Verdammte Container – Seefahrt in den 1970er/1980er Jahren

Am 20.03.1979 endet in Wilmington meine Fahrtzeit auf der PRINCETON. So wie vor fünfeinhalb Monaten sitzen für kurze Zeit zwei Funker in der Station, ein Urlauber weist seinen Ablöser in die Amtsgeschäfte ein. Es folgt eine kleine Abschiedsrunde durch den Dampfer, schließlich melde ich mich bei Taifun-Otto ab. Der war in Ordnung, einer jener Kapitäne, die mir in positiver Erinnerung bleiben. Verabschiede mich von Wolfgang, der noch `ne Reise mitfährt. Bye, Bye Leute, bis dann mal. Und schon sitze ich im Bus von Kenneth, Richtung „L.A. International Airport". Was bleibt? Eine Menge Erinnerungen. Einige vollgeknipste Diafilme. Zwei Seiten im Seefahrtbuch, die die Zeit auf der SEATRAIN PRINCETON dokumentieren. Und eine maßgeschneiderte Zuhälter-Lederjacke, die ich keine zweimal mehr angezogen habe...

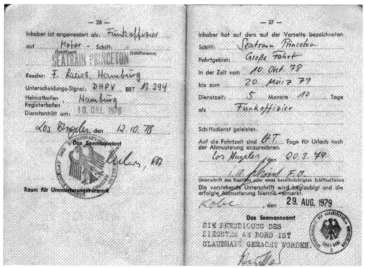

Seefahrtbuch mit An- und Abmusterungsvermerk

# Kursänderung

Damit endete meine dreijährige Fahrtzeit bei der Reederei F. Laeisz, einem der traditionsreichsten Schifffahrtsunternehmen Hamburgs. Vor dem Wechsel zu einer anderen Firma verbrachte ich noch einen längeren Urlaub in der Heimat, und dort besuchte mich eines Tages Wolfgang Groß, der wuchtige 2.Mate aus den Tagen der Pazifikfahrt. Was machen Seeleute, die sich im Urlaub besuchen? Richtig, trinken und klönen. Und da in Begleitung Wolfgangs noch ein Steuermann aufkreuzte, den ich von der PROPONTIS kannte, gab es 'ne ganze Menge zu klönen (und auch zu trinken). Tja, die Sache mit dem VW-Motor. Die Maschine hat er wie geplant damals nach Deutschland verschifft und zuhause dann in seinen Käfer eingebaut. Ohne TÜV, das geht den TÜV nämlich einen Scheißdreck an. Meinte jedenfalls Wolfgang. Die Freude über das Exotentriebwerk währte aber nur kurz, das Getriebe hielt dem frisierten Motor nicht stand und flog auseinander. Soll aber ein Riesengaudi gewesen sein, mit viel „Rumms" und Rauch. Meinte auch Wolfgang.

Mit der Reederei Chr. F. Ahrenkiel fand sich ein neuer Arbeitgeber, ein damals gut renommiertes Unternehmen mit einer breiten Palette von Schiffen unterschiedlichster Art. Nur einige der Pötte befanden sich in Ahrenkiel-Besitz, das Unternehmen bereederte eine größere Zahl von Schiffen für fremde Eigner, häufig für Fondgesellschaften, die Anlegergelder in Seeschiffe investierten. Die Reederei stand damals in der Leitung vor dem Generationswechsel, noch mischte der betagte Gründer Christian F. Ahrenkiel mit, ein hanseatischer Reeder der alten Schule. Und damit war 1979 auch noch die Welt für die Seeleute, die auf seinen Schiffen fuhren, durchaus in Ordnung. CFA oder „Krischan", wie das Unternehmen auch von den Janmaaten genannt wurde, zahlte gut und pünktlich, die Schiffe waren – mit einigen Ausnahmen – ganz passabel. Wobei mein erstes Ahrenkiel-Schiff, die „SAXONIA", dummerweise zu den Ausnahmen zählte, über diesen Katastrophen-Hobel habe ich mich in meinem Buch **„Auf dicken Pötten um die Welt"** gebührend ausgelassen.

# Verdammte Container – Seefahrt in den 1970er/1980er Jahren

Mein zweites Ahrenkiel-Schiff bestieg ich am 22. April 1980. Ein moderner Containerfrachter, noch brandneu, das Schiff war gerade erst im Dezember von einer japanischen Bauwerft an die schottische Reederei Tiree Shipping Ltd. in Glasgow übergeben worden. Die Schotten verkauften den Dampfer schon auf der Überführungsfahrt an eine deutsche Schiffsbeteiligungsgesellschaft, und die übertrug die Bereederung an Chr. F. Ahrenkiel. Am 24. Januar 1980 übergab der britische Captain McDonald (Kein Spaß, der hieß wirklich so) das Kommando an den Ahrenkiel-Kapitän Heiko Lochmann. Es war purer Zufall, dass auch dieses Schiff an die amerikanische Seatrain-Lines verchartert war und ich damit wieder für den gleichen „Operator" fuhr wie damals im Pazifik. Seatrain setzte den Frachter in der Nordatlantikfahrt zwischen Westeuropa und der US-Ostküste ein, er lief unter dem Namen „SEATRAIN BENNINGTON"

Die Abmessungen der SEATRAIN BENNINGTON entsprachen dem damals üblichen Standard für Containerfrachter in solchen Fahrtgebieten, obgleich schon deutlich größere Zossen im Bau oder auch schon im Einsatz waren. Aber auch die unterschieden sich noch weit von den heute üblichen Dimensionen. Die BENNINGTON war mit 15.826 BRT vermessen, 177 Meter lang und 27 Meter breit. Die Ladekapazität betrug maximal 1.042 TEU, ein sehr theoretischer Wert, die Zahl der Container hing auch maßgeblich von den Gewichten ab, mit denen die Boxen befrachtet waren. Angetrieben wurde der Pott von einer Mitsubishi-Sulzer-Maschine mit 17.400 PS, damit lief das Schiff gute 20 Knoten (37 km/h). Und im Übrigen handelte es sich wieder um ein Vollcontainerschiff ohne bordeigenes Ladegeschirr.

Am 21.April packte ich also zuhause wieder mal meine Koffer, schüttelte zum Abschied die eine oder andere Hand und machte mich auf die Socken. Mein Ziel lautete einmal mehr Rotterdam. Rückblickend bin ich ziemlich sicher, viel häufiger in Rotterdam an- oder abgemustert zu haben als in Hamburg, dem Heimathafen fast aller Schiffe, auf denen ich fuhr.

# Rennstrecke Nordatlantik

Es ist das sechste Schiff in meiner Funker-Laufbahn, vor dem ich gerade aus dem Taxi steige. Die zwei Stückgutschiffe, auf denen ich 1972 den „Messbüddel" (*Seemannsausdruck für den Messesteward oder Aufwäscher, wenn er in der Mannschaftsmesse bedient*) mimte, zähle ich da gar nicht mit. Und wenn man diesen Funkerjob schon einige Jährchen macht, steigt man auch völlig unaufgeregt aus dem Taxi und anschließend die Gangway hoch. Neuer Job, neues Glück. Oder vielleicht auch Pech, aber das schnallt man sowieso erst, wenn es zu spät ist, dann schaukelt man schon auf hoher See herum.

Erster Eindruck: geräumiges Deckshaus, alles neuwertig. In den Aufbauten kein Mensch unterwegs. Ich latsche zunächst mal einfach nach oben, wir Funker gehören zwar nicht zur allerhöchsten Ebene, wohnen aber dort. Funkbuden sind hinter der Brücke, oder ein Deck tiefer. Kurze Umschau, dann habe ich meine neue Stallung gefunden, wie vermutet ein Deck unter der Brücke, an Backbordseite. Also, der Funkraum ist riesig, der größte Radioladen, den ich bisher betreten habe.

F.O. Schlörit in der Funkstation der SEATRAIN BENNINGTON

# Verdammte Container – Seefahrt in den 1970er/1980er Jahren

Auch der Wohnraum kann sich sehen lassen, wenigstens auf den ersten Blick. Auf den zweiten Blick fällt mir auf, dass man hier vorwiegend Blechmöbel verbaut hat. Optisch in gefälligem beige, aber Blech bleibt Blech. Und die Funkstation selbst ist völliges Neuland, kein Gerät drinnen, dass ich auch nur ansatzweise schon mal irgendwo gesehen habe. Ich interviewe meinen Vorgänger, aber der serviert mir eine reichlich knappe und desinteressierte Einweisung. Und weg isser. Was war das denn? `Ne kürzere Übergabe hatte ich nur einmal, auf der SAXONIA vor einem Jahr. Dort war gar kein Kollege an Bord anwesend, der lag mit der Diagnose Delirium tremens im Krankenhaus.

Etwas verblüfft schaue ich mich noch ein wenig in dem Laden um, da muss ich mich gleich intensiver mit befassen, lange liegt der Zossen hier nicht. In wenigen Stunden gehen die ersten Telegramme raus. Aber egal, das kriegen wir schon.

Erst mal wieder ein Deck tiefer auf die andere Seite, dort ist die Kapitänskammer. Ein Funkoffizier hat sich zum Dienstantritt beim Alten zu melden, gehört sich so. Dort platze ich aber mitten in eine Kommandoübergabe. Kapitän Lochmann geht von Bord, Kapitän Kreuschner übernimmt. Ich kenne beide nicht und außerdem störe ich jetzt hier nur, also, ich gebe schnell Pfötchen, stelle mich vor und verschwinde wieder.

Kaum sitze ich in der Station und mache die ersten Experimente mit der mir völlig fremden Funkanlage, steht da so ein kleiner älterer Mensch in der Tür, weißes Kesselpäckchen (*Arbeitskombi*). „Tach, sind sie der neue Funker?" Nach was sieht's denn aus, frage ich mich im Stillen, meint dieser Dödel, der neue Koch spielt hier am Sender rum? Ich bejahe die Frage. „Peters, Chief. Ham`se schon `ne neue Crewliste?" Alles in schnarrendem Tonfall, irgendwie fast militärisch. Nein, ich habe noch keine neue Liste, die schreibe ich später, dann kriegen sie eine. „Sehr gut!" Der Kleine geht raus, dreht sich aber unter der Tür nochmals um: „Sag`n se mal, hamm `se eigentlich gedient?" Hat der `nen Knall oder was? „Falls sie den Barras meinen, yes, da habe ich mal gedient!" „Hervorragend!" Das kleine Kesselpäckchen macht `nen Abgang und lässt mich kopfschüttelnd zurück.

Nach einigem Hin und Her habe ich die wichtigsten Bedienungsabläufe der Funkgeräte geschnallt. Für die Feinheiten gibt's die Handbücher. Ziemlich sicher ist, dass ich gegenwärtig wohl auf einem der wenigen, falls nicht sogar dem einzigen deutschen Schiff mit einer solchen Funkanlage arbeite. Der Kahn wurde ja auf britische Rechnung gebaut und ist mit einer Marconi-Anlage ausgestattet.

*Marconi war in England das, was die DEBEG oder HAGENUK für deutsche Schiffe waren. Eine Betriebsgesellschaft, die das gesamte Funk-Business an Bord eines Seeschiffes betreute, Geräte und den dazugehörigen Service bereitstellte und die Gebühren abrechnete. Und wie die DEBEG hatte die Marconi-Company in den frühen Jahren der Seefunkerei auch eigene Funker, die auf den Schiffen zum Einsatz kamen und somit nicht Mitarbeiter der Reedereien waren. Das Unternehmen war in Großbritannien führend in der Seefunkbranche und rüstete einen Großteil der britischen Handelsflotte mit seinen Geräten aus. Deshalb fand ich mich hier mit einem für deutsche Funker weitgehend unbekannten Equipment wieder.*

*Namensgeber und auch Gründer der genannten britischen Firma war der Radio-Pionier Guglielmo Marconi (1874-1937). Ein italienischer Physiker und Unternehmer, der Maßgebliches in der Erforschung und Entwicklung der drahtlosen Kommunikation geleistet hat. In England arbeitete er am erfolgreichsten, gründete die Marconi-Company und besaß bis zum ersten Weltkrieg fast ein Monopol auf das internationale Funkwesen. Übrigens wird in der italienischen Sprache ein Funker heute noch „Marconista" genannt.*

Um 21:00 Uhr soll das Schiff Rotterdam wieder verlassen, gerade mal 13 Stunden beträgt die Liegezeit. Zunächst gibt es gut was zu tun, mein Vorgänger hat ja den Dampfer fast fluchtartig verlassen, und ich versuche nun, mir erst mal 'nen Überblick zu verschaffen. Zunächst habe ich mich gewundert, dass die Ablösungen in Rotterdam durchgeführt wurden, der Kahn läuft doch regelmäßig Bremerhaven an. Fehlanzeige, Bremerhaven fällt auf dieser Rundreise aus. Von hier geht's direkt zum schottischen Hafen Greenock, danach über 'n Atlantik.

## Verdammte Container – Seefahrt in den 1970er/1980er Jahren

Der scheidende Kapitän Lochmann taucht auf, er wünscht die Herausgabe seines Seefahrtbuches. Und die Papiere seiner mitgereisten Familie, seine Frau und die beiden Töchter befinden sich an Bord und verlassen nun mit ihm das Schiff. Wir wechseln ein paar Worte, dabei erfahre ich, dass Kapitän Kreuschner nur für eine Reise das Schiff führen wird, danach übernimmt Kapitän Lochmann wieder. Wir werden uns also in einigen Wochen wiedersehen.

*Über viele Jahrzehnte waren die Seefahrtbücher die wichtigsten Arbeitsdokumente und darüber hinaus auch ein gültiges Reisedokument (Passersatz). Neben den persönlichen Daten des Inhabers wurde jede Borddienstzeit mit den Schiffsdaten in dem Buch vermerkt, dafür waren für An- und Abmusterung je eine Seite vorgesehen. Beim Anlaufen fremder Häfen wurden häufig Visa in das Dokument gestempelt. Das Buch diente auch als Beleg für anspruchsberechtigte Sozialversicherungszeiten, die An- und Abmusterungen mussten im Buch von einem Seemannsamt oder in Vertretung von einer Botschaft oder einem Konsulat beglaubigt werden.*

*Bei der Anmusterung hinterlegte der Seemann sein Buch bei dem für die Verwaltung zuständigen Schiffsoffizier, und das war bei den meisten Reedereien der Funker. Dieser nahm dann zum Dienstzeitende die nötigen Eintragungen vor und händigte das Dokument am Abmusterungstag wieder aus.*

*Seit 2013 werden aufgrund internationaler Abmachungen keine Seefahrtsbücher mehr geführt, sie wurden durch eine Dienstzeitbescheinigung ersetzt.*

In der Messe sitze ich beim Essen mit den neuen Kollegen an der Back, jetzt lernt man sich mal kennen. So nach und nach tauchen alle Maaten auf, mit denen ich die nächsten Monate das Vergnügen habe. 2.Offizier Günter Dirks, der ist mit seiner Lebensgefährtin Cornelia eingestiegen, Schiffe in der Nordatlantikfahrt mit regelmäßigen Aufenthalten in einem deutschen Hafen sind bestens geeignet für die Mitnahme von Partnerinnen. Manfred Huber sitzt mir gegenüber, Schiffselektriker, Österreicher, macht ´nen ganz ruhigen Eindruck. Ein gutes Einvernehmen mit dem „Blitz" ist mir immer wichtig, wir sind die beiden Leute an Bord, die sich mit „stromführenden" Gerätschaften herumschlagen dürfen. Kann schon mal geschehen, dass man sich gegenseitig aushelfen muss, wenn's technisch irgendwo hakt.

Und dann lerne ich Altmann kennen. Nee, so heißt er nicht, aber ich nenn'den jetzt mal so. Altmann ist der 2.Ingenieur hier auf dem Kahn, sieht 'n bisschen überfressen aus, also der schiebt 'ne ziemliche Wampe vor sich her. Und gleich nach der gegenseitigen Vorstellung erzählt der ein paar Zoten, jede altgediente Nutte mit zwanzig Jahren Herbertstraße auf dem Buckel wäre verlegen geworden. Zum Essen wird Ochsenschwanz serviert, für Altmann ein Superstichwort.

Serviert wird die Mahlzeit vom 1.Steward Narjes. Wie ich mal hörte, ist das einer der „Starstewards" bei Krischan, der soll 'nen Super Job machen und vor allem sehr kollegial auch mit niederen Dienstgraden umspringen. Nicht so wie einige dieser Spezies, die zwar hüfttief im Enddarm des jeweiligen Kapitäns stecken, ihre gefällige Haltung aber mit sinkendem Rang des Gegenübers deutlich reduzieren.

Später taucht noch einer der zwei dritten Ings an der Back auf. Sperling, ein schon etwas älterer Daddy, macht 'nen ganz gemütlichen Eindruck. Einen OA (*nautischer Offiziersanwärter*) haben sie auch an Bord, Klaus Bergmann, ein schlaksiger Bielefelder. Und drei Ing-Assis sitzen am Nebentisch, Otte, Thalmann und Hendrischke.

An einer separaten Back speisen die drei „Eisheiligen". Der gerade eingestiegene Alte. Chiefmate Poppendiek, allgemein nur „Popeye" genannt. Und der kleine Chief, der wieder so komisch militärisch herum schnarrt. Ein Hauptmann von Köpenick in der Salzwasser-Version.

Wir essen und labern. So ganz nebenbei erfahre ich, warum mein Funkerkollege so kurz angebunden war und den Dampfer so eilig verließ. Der war nicht regulär abgelöst worden, Kapitän Lochmann hatte ihn gesackt *(bordüblicher Ausdruck für eine außerordentliche Kündigung, wie viele Begriffe im Bordjargon aus dem Englischen stammend. to sack = jemanden feuern, entlassen).*

Es gab da wohl unterschiedliche Auffassungen über seine Arbeitsmoral, und Alkohol soll auch im Spiel gewesen sein. Komisch, auf meinem ersten Krischan-Dampfer musste ich schon einen Kollegen ablösen, weil der soff wie ein Loch. Auf dem gleichen Dampfer wurde ich dann wieder von einer durstigen Seele abgelöst, die man später nach Hause schicken musste. Jetzt diese Nummer hier auf der BENNINGTON, haben die bei dieser Company nur Schluckspechte als Funker angeheuert? Muss ich vielleicht jetzt auch mehr saufen? So war es aber dann doch nicht, in den Folgejahren habe ich sowas dann nicht mehr erlebt.

Und nach dem Essen schaue ich mal kurz in die Kombüse, mit dem Koch muss ich mich über kurz oder lang auch zusammenraufen. Bei Krischan ist der Funker für die Proviantverwaltung zuständig, nicht gerade meine Lieblingsbeschäftigung. Da muss man schon mit dem „Suppenschmied" 'ne gemeinsame Linie finden. Auf diesem Schiff kocht Siggi Weigel, ein Glückstreffer für jeden Dampfer, wie ich später feststellen kann. Kochen kann der Kerl, das ist eine wahre Pracht. Siggi ist so schwul, dass er den Ausfall einer Kochplatte locker mit der Handfläche kompensieren könnte, aber das Essen ist einsame Spitze, und mit wem der Siggi vögelt, ist uns piep egal. Unseretwegen mit 'ner Möwe, wenn die Verpflegung so bleibt.

Die anderen Crewmitglieder werde ich die nächsten Tage noch kennenlernen, zunächst verhole ich mich mal wieder nach oben, die Brücke benötigt einen Wetterbericht. In zwei Stunden legen wir ab.

Später kreuzt der Blitz bei mir auf, der möchte noch eine Ziehscheinänderung loswerden. Ziehscheine sind von jeher die Daueraufträge, die der Seemann seiner Reederei erteilt, um einen festen Bestandteil der Heuer auf ein Heimatkonto zu überweisen. Nur über die restlichen Heuerbestandteile kann der Maat dann während der Reise verfügen. Was einige Seeleute immer wieder einmal dazu bewegt, im üblichen Schnodder-Ton die zu Hause wartenden Ehefrauen als „Ziehscheingeier" zu bezeichnen. Auch nicht gerade nett.

## Verdammte Container – Seefahrt in den 1970er/1980er Jahren

Elektriker Huber aber versorgt keine Ehefrau, der schickt die Kohle, wie die meisten von uns, aufs eigene Konto.

Wir sitzen noch 'ne Weile zusammen und unterhalten uns. Blitz Manfred scheint 'ne interessante Type zu sein. Er stammt aus dem Lungau, einer ländlichen Bergregion im südlichen Salzburger Land. Damit wurden ihm so Freizeitbeschäftigungen wie Skifahren oder Bergsteigen quasi in die Wiege gelegt. War ihm aber wohl zu wenig Abenteuer, als gelernter Elektriker sah er eine Chance darin, bei der deutschen Seeschifffahrt den Erlebnishorizont zu erweitern und stieg irgendwann als E-Assi ein. Als Elektriker-Assistent. Fuhr längere Zeit auf Schiffen, die an die „Hamburg-Süd" verchartert waren, Südpazifik, US-Westküste. Wurde bald verantwortlicher Schiffselektriker, geisterte weiter auf diversen Pötten über die Meere und entwickelt dabei ein ausgesprochenes Faible für alles Exotische. Irgendwann stieg er mal für ein Jahr aus und drückte sich in Japan herum. Das Land reizte ihn, und besonders die Damen des Landes reizten ihn. Manni fuhr total auf Japanerinnen ab, wegen dieser Zuneigung zu den Geishas war es auch zu diesem Langzeitaufenthalt dort gekommen. Die Sache war so ein bisschen halblegal, eigentlich hatte er gar kein Arbeitsvisum für Japan. Irgendwie managte er es aber, dass ihn die Universität von Sapporo anheuerte. Als Skilehrer. Manni war gar kein Skilehrer, aber die Japaner gingen davon aus, dass jeder Österreicher per Geburt Alpinist und Skipädagoge ist und höchstwahrscheinlich auch alle Werke Mozarts fiedeln kann. So wurde unser Blitz Skiausbilder für Studenten und schwerpunktmäßig für Studentinnen in Sapporo und lernte bei der Gelegenheit recht passabel japanisch, zumindest für den Alltagsgebrauch. Allerdings die weibliche Variante, und das trug ihm gelegentlich bei japanischen Männern hochgezogene Augenbrauen ein. In Japan, so erklärt Manni, nutzen Frauen für viele Dinge andere Begriffe als Männer. Da er seine Sprachkenntnisse zumeist von seinen jeweiligen Freundinnen erwarb, sprach er bald japanisch in der sogenannten „Frauensprache". Was bei den Japanern wiederum den Verdacht auslöste, er sei schwul. Manni überzeugte sie vom Gegenteil, indem er recht fleißig ihre Töchter und Schwestern vögelte, und so verbrachte er ein sehr vergnügliches Jahr im Land der aufgehenden

# Verdammte Container – Seefahrt in den 1970er/1980er Jahren

Sonne. Dann fuhr er wieder zur See.

Auf der BENNINGTON war er seit der Übernahme des Schiffes durch Ahrenkiel. Bei dieser Übergabefahrt befand sich noch ein japanischer Garantie-Ingenieur an Bord, das war vertraglich mit der Bauwerft so vereinbart. Kurokawa San fiel aus allen Wolken, als er von Manni japanisch angequatscht wurde, das hatte er nun am allerwenigsten erwartet. Und damit war der Blitz dann auch für alle technischen Problemfälle zuständig, die in Zusammenarbeit mit dem Japaner zu lösen waren.

An Land wiederum wurde Herr Kurokawa vom dicken Altmann betreut, und das bescherte dem kleinen Japaner einige Erkenntnisse, die ihn wohl noch geraume Zeit beschäftigen. Altmann und ein paar andere Maschinisten schleppten den Garantie-Ing in eine Bremerhavener Tanzkneipe. Dort warf der fernöstliche Gast ein Auge auf eine der anwesenden Damen und bat Altmann auf Englisch, ihm doch auf 'nem Zettel eine höfliche Aufforderung zum Tanz zu formulieren, da er ja des Deutschen nicht mächtig ist. War 'ne blöde Idee, Altmann ist die größte Pottsau an Bord und folgerichtig schrieb der auf den Zettel einen Text, ungefähr mit dem Inhalt „Guten Abend, ich komme gerade aus Japan und würde gerne mal mit ihnen pimpern". Das Fräulein reagierte ziemlich aggressiv und die Gang brachte einen reichlich verstörten Mr. Kurokawa wieder zurück an Bord.

Der hat wohl inzwischen seine eigenen Vorstellungen über den Humor deutscher Seeleute.

Es ist kurz vor 21:00 Uhr, als die letzten Container an Bord gesetzt werden. Das unmittelbar danach beginnende Auslaufmanöver verfolge ich von der Brücke aus. Nieselregen, windiges Aprilwetter draußen. Auf der Brücke die ruhige und sachliche Atmosphäre, die in der Regel bei Manöverfahrt herrscht. Jedenfalls, solange der Alte kein cholerischer Hektiker ist. Kapitän Kreuschner ist das nicht, der steht ganz gelassen da draußen in der Steuerbordnock neben dem Lotsen und überwacht die Abläufe. Am Ruder OA Bergmann, am Maschinentelegrafen steht Popeye. Der Alte spricht mittels Handfunkgerät mal mit dem zweiten Offizier am Heck, mal mit dem Dritten auf der Back. Auf der Pier lösen die „Festmacher" die Leinen, die schweren Taue klatschen ins Wasser und werden über die Winden-trommeln eingeholt. Lässt sich nur von der Nock aus beobachten, nach vorne sieht man überall Container. Bis zu vier Lagen hoch, zehn nebeneinander. Der Lotse gibt ab und zu knappe Komman-dos, auf Deutsch mit einem drolligen Akzent. Rudi Carrell bringt uns gewissermaßen in die Nordsee. Popeye und der OA wiederholen die Anweisungen des Holländers, Ruder- und Maschinenkomman-dos werden von ihnen verzugslos umgesetzt. An der Backbordseite legt sich ein Schlepper ins Zeug, langsam nimmt die SEATRAIN BENNINGTON Fahrt auf. Ich bin wieder unterwegs...

Wir haben gerade die offene See erreicht, da legt mir der Alte sei-ne Auslauftelegramme auf den Tisch. Funkmäßig ein Heimspiel, ich habe die Wahl zwischen Norddeichradio und Scheveningen-Radio. Da ich aber eine sehr gute Mittelwellenverbindung mit Norddeich bekomme, wird der Funkverkehr auch über die Heimatstation abge-wickelt. Das ETA für Greenock muss dringend raus (*ETA= Esti-mated Time of Arrival, vorausberechnete Ankunftszeit*). Ein soge-nanntes TR, eine Verkehrsmeldung sende ich unmittelbar hinterher, eine kurze betriebliche Mitteilung, um Norddeich über den weiteren Reiseweg des Schiffes zu informieren. Der Text lautet kurz und bündig: MV/SEATRAIN BENNINGTON QTO RDAM BND GREENOCK ETA 24/0600 +
QTO steht für „auslaufend von...", BND bedeutet „bound" (be-stimmt für..) dann Datum und Uhrzeit der voraussichtlichen Ankunft. Ja, wir Funker verstehen es, Nachrichten aller Art auf die kürzest mögliche Länge zu schrumpfen.

Wie immer nach einem Hafenaufenthalt liegt intensiverer Funkbe-trieb an, Auslaufmeldungen mit ETA gehen an die Reederei, an Se-atrain Lines in den Staaten sowie an die Agentur in Greenock. Nur 12 Stunden werden in dem schottischen Port veranschlagt, kein ein-ziges Crewmitglied bestellt britische Pfund, die Jungs planen keinen Landgang. Oder die haben noch Kohle gebunkert von früheren Rei-sen. Ich selbst gedenke auch an Bord zu bleiben, ich habe keinen Bock auf Landgang in Hektik.
Während der Fahrt durch den Ärmelkanal bin ich gut beschäftigt.

# Verdammte Container – Seefahrt in den 1970er/1980er Jahren

Ein weiterer Wetterbericht zur Brücke, Sammelanrufe von Norddeich abhören, die Vorschusslisten und die Zolllisten in den Messen auslegen. Einklarierungspapiere für Greenock vorbereiten. An Steuerbord gleitet in der Ferne die britische Küste vorbei, aber ich werfe keinen Blick nach draußen.

Den Ärmelkanal passieren wir bei eingeschränkter Sicht, Regen und Wind. Wie immer heftiger Verkehr in der Durchfahrt zwischen „merry old england" und dem Kontinent. Und nicht alle Schiffsführer halten die vorgeschriebenen Verkehrstrennungswege ein, da kommt einem immer wieder mal ein „Geisterfahrer" entgegen. Stunden höchster Konzentration auf der Brücke, der Alte sitzt wie festgeklebt auf seinem erhöhten Kommandantenstuhl, Kaffeemug in der Hand und Falten auf der Stirn. Nach dem Passieren des engsten Kanalabschnitts führt unser Kurs parallel zur britischen Südküste Richtung Lands End. Konzentriert achte ich nach jeder der alle halben Stunden vorgeschriebenen Funkstille-Perioden auf nautische Warnmeldungen, die von den zahlreichen hier aktiven Küstenfunkstellen gesendet werden. Es liegt aber nichts Besonderes an, lediglich ein Ausfall eines Leuchtfeuers an der französischen Küste wird gemeldet, für uns bedeutungslos.

Wieder allgemeines Palaver in der Mittagspause. So nebenbei erhalte ich vom Blitz noch weitere Informationen, was mich auf der BENNINGTON erwartet. Schnacken über dies und das, vor allem über den Trip, den dieser Kahn fährt. Eine Rundreise dauert so round about einen Monat. Angelaufen werden Bremerhaven, Rotterdam, Le Havre, Greenock, dann geht's über 'n Atlantik, und drüben bedient das Schiff New York, Baltimore, Wilmington und Charleston. Wilmington/North Carolina, nicht identisch mit Wilmington bei L.A, wo ich mit der PRINCETON regelmäßig aufschlug. Wobei es immer wieder mal Änderungen im Fahrplan gibt. Na gut, ich werde ja sehen, wie das so abläuft.

Thema ist auch wieder mal der Dicke, wie Altmann an Bord genannt wird. „Also, als Ing ist der nicht schlecht, der weiß `ne Menge über Schiffsmaschinen und hat das im Griff. Aber dass der `ne alte Sau ist, hast du ja schon mitgekriegt. Schweinigelt den ganzen Tag rum, der kann gar nicht genug vom Thema Eins kriegen. Und pass bloß auf, wenn du mit dem an Land gehst. Der ist bekannt dafür, dass er in jedem Schuppen oder Restaurant was mitgehen lässt, wenn man wieder abhaut. Nur so aus Bock. In Le Havre waren wir mal essen, da klaute der am Ende alles, was auf den Tischen stand. Aschenbecher, Salzstreuer, den ganzen Quatsch. Die haben das natürlich gerafft und rannten keifend hinter uns her. Mann, war das peinlich!" Ich notiere im Geiste: Kein Restaurantbesuch mit dem Dicken.

„Und wie ist eigentlich der Chief drauf, irgendwie kommt der mir auch ein bisschen bematscht vor. Hat der `nen Barras-Tick?" „Peters? Na ja, so ganz dicht ist der nicht. Der fuhr als junger Kerl noch im Krieg auf U-Booten, da muss der mal `ne Wasserbombe direkt vor die Birne gekriegt haben. Ist so `ne Macke von dem, der fragt jeden, ob er gedient hat. Und wenn er mal einen im Tee hat, muss er unbedingt seine Turnübungen vorführen, Handstand auf der Stuhlkante und so `n Blödsinn!" Ich notiere im Geiste: Unbedingt demnächst mit dem Chief einen trinken, bis er einen im Tee hat.

Auf unserem Weg umrunden wir die englische Südwestspitze, eben jenes Lands End, wo britische Landratten auch heute noch das Ende der zivilisierten Welt vermuten. Nun fahren wir nach Norden, in die irische See. Weiterhin durchwachsenes Wetter, nicht stürmisch, aber kabbelig. Später passiert die BENNINGTON die Isle of Man, danach die schmale Passage zwischen Schottland und Nordirland. Schon nach diesen wenigen Tagen an Bord bin ich wieder mit meinem Job verwachsen, die vor kurzem noch so fremde Anlage funktioniert hervorragend, ich habe hier ein verdammt gutes Equipment, wie ich entspannt feststelle.

Zur vorberechneten Zeit erreichen wir den Firth of Clyde, jenen großen Meeresarm, der uns nun zu der Mündung des Flusses Clyde und damit zum Zielhafen führt. Letzte Stunden vor der Containerpier von Greenock. Schon seit fast 16 Stunden fahren wir auf langsamster Fahrtstufe, der Liegeplatz an der Pier ist mal wieder belegt. Da gibt es nur zwei Möglichkeiten: zügig hinfahren und auf Reede ankern, oder langsam dorthin kriechen. Kapitän Kreuschner entscheidet sich für Kriechen.

## Verdammte Container – Seefahrt in den 1970er/1980er Jahren

Am frühen Morgen nähern wir uns der Stadt. Ich halte mich wieder mal im Brückenbereich auf, als Popeye mich auf ein langgestrecktes schwimmendes Monstrum an der Backbordseite aufmerksam macht: „Dort, das Ungeheuer von Loch Ness, hat sich wohl verschwommen!" Wir richten die Gläser auf das schwarz gestrichene Ungetüm und sehen ein beeindruckend großes Atom-U-Boot aus dem Firth auslaufen. „Die Briten haben ihre Polaris-U-Boote hier stationiert, weiter oben in Faslane!" bemerkt der Alte von seinem „Hochsitz". Mit gemischten Gefühlen schauen wir zu der Kriegsmaschine hinüber. Dieses Seeungeheuer hat ein Dutzend oder mehr Polaris-Raketen mit Atomsprengköpfen an Bord, damit könnten die mehr Schaden anrichten und Menschen umbringen als die komplette britische Bomberflotte im zweiten Weltkrieg. Nee, geh mir los, hoffentlich werden diese Dinger nie gestartet.

Ein Lotsenboot nähert sich der SEATRAIN BENNINGTON, die Pier ist schon in Sichtweite. Ich gehe runter in die Funkbude, um meine Abfertigungspapiere zu holen. Sitze gerade am Arbeitstisch und schiebe das ganze Bündel Listen in meine Dokumentenmappe, da passiert es. Ein donnernder Schlag erschüttert den ganzen Dampfer, plötzlich steht die Maschine still, und schon höre ich tief unten aus der Richtung Maschinenraum Alarmglocken schrillen. Entfernt dringen Rufe aus den tiefergelegenen Gängen nach oben. Was zum Teufel ist denn jetzt los? Ich wetze wieder hoch zur Brücke. Popeye klebt am Walkie-Talkie (*Handsprechfunkgerät*) und spricht mit Egge vorn auf der Back, die wollen wohl den Anker werfen. Kapitän Kreuschner hängt am Telefon. Am Ruder steht Matrose Radke, genannt „Reinhold, das Nashorn". Da alle anderen beschäftigt sind, frage ich das Nashorn: „Was'n los?" – „Keine Ahnung!" meint Radke, „in der Maschine is` was explodiert oder so!" Der Alte telefoniert immer noch mit dem MKR (*Maschinenkontrollraum*), die meiste Zeit hört er nur zu. Und gerade kommt OA Bergmann auf die Brücke, den schottischen Lotsen im Schlepptau. Bergmann führt den Lotsen zum Kapitän, der gerade das Telefon auflegt. Der Lotse zum Alten: „Captain, what's wrong? There was just an explosion in the ship?" Bergmann raunt mir ins Ohr: „Mann, ich holte den an der Lotsenleiter ab und latschte mit dem gerade ins

Treppenhaus, als es knallte. Ich dachte, der kriegt `nen Herzschlag, der is`mir fast frei in die Arme gesprungen. Was ist denn eigentlich passiert?" Ja, gute Frage, ich habe keinen Schimmer. Aber dann gibt der Kapitän das Ergebnis seiner Nachfrage zum Besten: „So, wie es aussieht, ist der Turbolader in die Luft geflogen. Zunächst wird geankert, ich brauche `ne genaue Schadensmeldung, dann schauen wir weiter!" Der Lotse wird entsprechend instruiert, kurze Kommandos, das Ankermanöver verläuft zügig und routiniert. So, und nun liegen wir erst mal hier und machen dicke Backen.

Zunächst ankern wir in Sichtweite der Containerpier, es heißt Warten. Der Lotse hat mittlerweile mittels UKW-Funk sowohl das Management des Containerterminals als auch die Behörden verständigt, wir gelten zunächst als manövrierunfähig. Nach geraumer Zeit taucht der Chief auf, der ist überhaupt nicht mehr so militärisch forsch wie sonst, schnappt sich den Kapitän und redet außer Hörweite der restlichen Brückentruppe auf den Alten ein. Der verdreht nur die Augen. Schließlich haben die beiden sich genügend ausgetauscht, und Kapitän Kreuschner erläutert dem Lotsen und damit auch uns seinen aktuellen Kenntnisstand. Beide Abgas-Turbolader der Hauptmaschine waren tatsächlich explodiert. Großes Glück für die Maschinisten, dass gerade keiner in diesem Bereich anwesend war, Trümmerteile flogen kreuz und quer durch den Maschinenraum. Das Schiff ist noch fahrfähig, aber nur eingeschränkt. Wir können also an die Pier verholen. Dort werden wir schließlich schon erwartet, wir haben für den Ladungsumschlag nur ein begrenztes Zeitfenster zur Verfügung, bis der Liegeplatz von anderen Schiffen benötigt wird.

Die Weiterreise können wir uns unter den gegebenen Umständen aber abschminken. Das Schiff ist nach dem Laden und Löschen der hier geplanten Container „Off Hire". (*Es steht dem Charterer nicht mehr zur Verfügung, also wird dieser auch keine Charterrate für die Zeit zahlen, während der er das Schiff nicht nutzen kann*). Hier bahnt sich massiver Ärger an, denn jetzt geht es um das Herzblut der Handelsschifffahrt, nämlich um Geld. Sogar um viel Geld. Die von Seatrain Lines gezahlte Tagesrate für den Dampfer beträgt 18.000 US$, und die kann sich Ahrenkiel zunächst mal abschminken, bis die genauen Umstände geklärt sind. OK, für solche Fälle gibt es auch Versicherungen, aber deren Seiten mit dem „Kleingedruckten" sind deutlich umfangreicher als zum Beispiel bei einer Versicherung für 'n Moped.

Ich gehöre hier zu den „Funktionern", die nicht unmittelbar vom Geschehen betroffen sind. Wenn man mal von den hektischen Funktelefonaten absieht, die ich in den nächsten Stunden vermittele. Der Alte telefoniert mit der Inspektion. Dann telefoniert der Chief mit der Inspektion. Danach erhalten wir Telefonate von der Inspektion. Während das Schiff langsam und mit Schlepperhilfe an die Pier röchelt, kommt in Hamburg einiges in Bewegung. Frei nach dem Motto: Was haben die an Bord da für eine Scheiße gebaut?

*Die sogenannte Inspektion ist der Bereich einer Reederei, dem die technische und nautische Leitung eines Seebetriebes übertragen wird. Die Inspektoren sind altgediente Schiffsingenieure und Nautiker, ausgestattet mit einer weitgehenden Weisungsbefugnis gegenüber den Schiffsleitungen. Zum Aufgabenbereich der Inspektoren zählen z.B. Bestell- und Materialwesen, Reparaturen, Personal, Kostenplanung, Betreuung von Neubauprojekten und Sicherheit.*

Während noch die Drähte heißlaufen, verkündet der Dicke jedem, der es hören will, wer seiner Ansicht nach Scheiße gebaut hat. Der Chief nämlich. Und er selbst, der Dicke also, hat es kommen sehen und mehrfach darauf hingewiesen. Sagt er. Und jawohl, nachdem der Chief seine Einwände vom Tisch gewischt hatte, bestand er auf ein Protokoll, in dem seine Bedenken festgehalten wurden. Ja welche Bedenken denn, verdammt noch mal? Wir Nicht-Maschinisten verstehen zunächst mal gar nicht, um was es eigentlich geht. Bis der Dicke die Sache genauer erklärt. Die Sache mit der nicht erfolgten Umstellung von Schweröl- auf Dieselbetrieb.

*Schiffsmaschinen wie die in der SEATRAIN BENNINGTON werden mit Schweröl (HFO) betrieben. Das ist grob gesagt der letzte Dreck, der in einer Raffinerie anfällt. Eine zähflüssige Pampe, die vor der Verwendung vorgeheizt werden muss. Das Zeug hat aber den Vorteil, gegenüber Diesel- oder Gasöl, deutlich billiger zu sein, ein bei den gewaltigen Verbrauchsmengen eines Schiffsmotors nicht zu unterschätzender Faktor. Geht das Schiff aber in die „Revierfahrt", also im Hafen oder dicht unter der Küste und in stark befahrenen Gewässern, wird der Antrieb auf Dieselöl umgestellt. Aus Sicherheitsgründen, denn in Revierfahrt kommt es zu häufig wechselnden Laststufen im Maschinenbetrieb. Dann ist Diesel für das „Handling" besser geeignet, so der Dicke.*

*Unsere Sulzer-Maschine kann aber laut Hersteller auch bei solchen Betriebszuständen mit Schweröl gefahren werden, gewissermaßen von Pier zu Pier. Dieser Typ 2Takt-Anlage war sogar der erste Großmotor weltweit, der für den Pier zu Pier-Betrieb mit HFO ausgelegt war. Aber nicht für über sechzehn Stunden Schleichfahrt mit 45 Umdrehungen ohne wechselnde Drehzahlen. Chief Peters war der Meinung, das ginge. Der dicke Altmann glaubte das nicht und sollte Recht behalten.*

*Aufgrund der andauernden Langsamfahrt kam es wegen nicht kompletter Verbrennung zu Ablagerungen im Abgaskanal. Diese Ablagerungen gasten vor sich hin, es entwickelte sich ein explosionsfähiges Gemisch. Die Folge war dann eine starke Verpuffung und beide Abgas-Turbolader zerlegten sich. Und dann erklärte der Dicke noch lang und breit, dass ohne Aufladung zwar ein vorübergehender, aber kein dauerhafter Maschinenbetrieb möglich sei.*

Während wir an der Pier liegen und dort emsiger Lade- und Löschbetrieb herrscht, fahren der Kapitän und der Chief zur Agentur. Dort werden wohl die Telefonkonferenzen mit Hamburg fortgesetzt. Wie es für uns weitergeht, ist noch völlig offen.

Am folgenden Morgen sind wir schlauer. Nach Abschluss der Ladetätigkeiten verholt die BENNINGTON wieder auf Reede, gleicher Ankerplatz wie am Vortag. Morgen schon werden Techniker einer Fachfirma erwartet, und im Laufe der nächsten Tage sollen dann jede Menge Teile angeliefert werden, um den Schaden zu beheben. Diese Ersatzteile liegen aber nicht einfach so in irgendwelchen Regalen herum, es bedarf einiger Zeit. Könnte 'ne Woche dauern, bis

113

wir wieder klar sind. Finstere Mienen in der Messe und ein ausgesprochen langes Gesicht beim Chief. Dem wird man die Sache wohl anlasten, und der Dicke mit seinem Protokoll ist fein raus. Na ja, die müssen sehen, wie sie mit sich und dem Problem klar kommen. Ich bin da außen vor, schließlich ist nicht meine Funkanlage in die Luft geflogen.

Wir sitzen beim Mittagessen und palavern über die Situation. „Prima ‚Schangs', mal mehr von Schottland zu sehen als `ne vergammelte Containerpier", meint Manni. „Glasgow ist nicht weit, vielleicht fahre ich mit Cornelia da mal hin", meint Dirks. „Tolle Landschaften hier, man könnte sich am Wochenende vielleicht mal `nen Leihwagen nehmen", meine ich. Scheiß auf Landschaften, meint der Dicke. „Ich kauf' mir `nen Schottenrock. Da is`man deutlich schneller am Dödel, wenn man ihn mal braucht!" Der kennt wirklich nur ein Thema…

Auf diese neue Situation habe ich nun auch zu reagieren. In dem ich Bestelllisten für die hiesige Landeswährung in die Messen lege, mit der Bitte um baldige Eintragung. Und wie sich die Jungs da eintragen, die haben sofort erfasst, dass nun jeder mal `ne ausgedehntere Landgangsmöglichkeit bekommt. Schon zum Abendessen zahle ich britische Pfund aus. Wobei ich zu meiner eigenen Verblüffung Geldscheine auszahle, die nicht mit den mir bekannten britischen Banknoten übereinstimmen. Die Schotten geben eigene Pfundscheine aus, mit Motiven ihrer Heimat. Ganz schön „besonders", diese Schotten. Sind wohl die Bayern Großbritanniens.

Es gibt eine regelmäßige Bootsverbindung zum Kai. Manni und ich toben abends rüber, mal die Lage peilen. Wir latschen vom Hafentor einfach los, ohne Ziel und Plan. Erreichen dann über eine breite verkehrsreiche Straße den eigentlichen Stadtkern. Allzu groß ist das Kaff nicht, so um die 40.000 Einwohner. Aber schöne alte Bauten, alles so, wie man sich `ne schottische Stadt vorstellt. Umgeben von grünen Bergketten. Hat schon ihren Reiz, die schottische Westküste.
Wir schlendern durch die Gassen, solange es hell ist. Und su-

chen uns schließlich einen Pub, als die Dämmerung hereinbricht. Zunächst gibt es kleine Kommunikationsprobleme, die Piepels hier schnacken schon in einem sehr schrägen Dialekt, da kannst 'de dir dein angelerntes Oxford-Schulenglisch direkt in die Haare schmieren. Aber sonst geht hier gut die Post ab, der Laden füllt sich zusehends, und jawohl, da laufen wirklich einige Typen im Kilt umher, dem vom Dicken als so praktisch bewerteten Schottenrock. Gute Laune herrscht in jeder Ecke, einige Gäste stimmen fortwährend wilde Gesänge an, die wir allerdings inhaltlich nicht verstehen. Und wenn wir schon mal an Schottlands Küste sind, darf auch ein zünftiger Whisky nicht fehlen. Zumal das Bier hier nun wirklich keine Beifallsstürme bei uns auslöst, das schmeckt wie eingeschlafene Füße.

Der zünftige Whisky allerdings zeigt durchschlagende Wirkung. So richtige Spirituosenfreaks sind wir beide nicht. Und mit dem schottischen Leib- und Magengebräu sind wir ganz schnell über der Ziellinie, wir haben gepflegt einen sitzen. Nach einigem Hin und Her finden wir an der Pier dann doch noch den Bootsanleger, fallen mehr in die Barkasse, als dass wir einsteigen, und bereits um Mitternacht gehen bei mir die Lichter aus. Im Kopf und an der Kammerdecke.

In den nächsten Tagen tauchen nacheinander ein Maschineninspektor aus Hamburg und zwei Monteure aus der Schweiz auf. Die Reparaturarbeiten gehen schleppend voran, es fehlen noch Teile. Der Dicke läuft nach wie vor durch den Dampfer und lässt sich dafür feiern, dass er alles vorhergesagt hat. Der kleine Chief hingegen wird nur noch mit verkniffener Miene gesichtet. Und da sich unser unfreiwillig verlängerter Aufenthalt in Greenock über ein Wochenende hinzieht, machen Manni und ich 'nen Ausflug mit einem Leihwagen. Der Agent ist uns bei der Sache behilflich, ganz schnell werden wir am Samstag mit einer kleinen Firma einig und tuckern dann am Vormittag mit 'nem Vauxhall vom Hof. Ein britischer Opel, denn genauso sieht das Ding aus und dieser erste Eindruck bestätigt sich auch, die bauen unter dem Dach von General Motors die gleichen Kutschen wie die große deutsche Automobilfabrik im heimatlichen Hessen.

Die ersten Meilen sind etwas gewöhnungsbedürftig, ich sitze am

Steuer und muss wie ein Schießhund aufpassen, dass ich nicht den hier geltenden Linksverkehr aus den Augen verliere. Einmal, noch im Stadtgebiet von Greenock, fahre ich vorschriftsmäßig auf der linken Seite in eine leicht abknickende Kreuzung hinein, und als wir drüben wieder die Kreuzung verlassen, sind wir rechts. Sehr zur Begeisterung der einheimischen Autofahrer, und die können bei solchen Situationen genauso hinterm Steuer herumtoben wie der für seine Rüpeleien bekannte deutsche Wagenlenker.

Aber irgendwie erreichen wir heil an Körper und Karosserie die ländliche Umgebung Greenocks und schaukeln nun durch die hügelige Landschaft. Kleine Dörfer, und mitten in der an eine Heide erinnernden Gegend liegt ein See, der Loch Thom. Weiter geht's Hügel hoch, Hügel runter, kleine Sträßchen, Einsamkeit. Etliche Stunden gurken wir in dieser Gegend herum, irgendwelche besonderen touristischen Attraktionen sind nicht zu entdecken. Aber eine sehr reizvolle Umgebung.

Am frühen Abend sind wir zurück in Greenock, die Karre ist immer noch heil. Trotz Linksverkehr.

In den sieben Tagen, in denen die BENNINGTON vor Greenock liegt, kommen wir noch mehrmals an Land. Am letzten Abend stranden wir in einer Spelunke unmittelbar am Hafen, ein wahrlich runtergewohnter Schuppen. In der Kneipe herrscht aber reichlich Betrieb, und schon beim Betreten sehe ich, dass heute ein Großteil der Maschinengang hier abfeiert. Die sind gerade mit den Reparaturen fertig geworden, morgen früh soll das Schiff auslaufen. Mitten in der Meute residiert der Dicke, und der schraubt gerade an einer Dockschwalbe herum, die halb besoffen an seinem Tisch hängt. Von der Kategorie Damen sind noch mehr anwesend, und das waren wirklich äußerst schräge Muttis. Die wären völlig chancenlos in jede Misswahl gegangen, außer vielleicht in einen Wettbewerb um die „Miss Hafen-Zombie". Scheint den Dicken nicht im Geringsten zu stören, der genießt die Atmosphäre hier in vollen Zügen. Was man wörtlich nehmen kann…

Unser Fahrplan ist durch diesen Trouble mit den Turboladern völlig aus den Fugen geraten, Seatrain Lines entscheidet sich für eine komplette Planänderung. Nun gehen wir doch nach Bremerhaven, dann erneut nach Rotterdam und Le Havre und im Anschluss erst nach New York. Mir ist das eigentlich ziemlich egal, Hauptsache, wir fahren überhaupt wieder.

An einem verregneten Dienstagmorgen geht die SEATRAIN BENNINGTON Anker auf, es beginnt die kurze Reise an die Weser, berechnete Fahrtzeit zwei Tage. Die Geschichte mit den Turboladern hat einen Gesamtschaden von gut einer Viertelmillion Mark verursacht, nun streiten sich an Land die Fachleute von Reederei und Versicherung darüber, an wem das letztlich hängen bleibt. Kein Thema mehr für uns. Gut, vielleicht ist es noch eines für den Leitenden Ingenieur, aber gegenwärtig fährt der weiter mit, bisher gab`s für ihn keine Konsequenzen.

Nun läuft die ganze Chose rückwärts ab, wieder durch die irische See, rund um Südengland, Kanalpassage, das volle Programm. Auf der Brücke gespannte Aufmerksamkeit, hier sind ständig Schiffe in Sicht. Auch bei mir reger Betrieb, immer schön auf nautische Warnmeldungen achten ist hier angesagt. Als 1971 die BRANDEN-BURG im Kanal absoff, wurde bei der Seeamtsuntersuchung auch die Rolle des Funkers hinterfragt. Es wurde angenommen, dass er die Warnmeldungen, mit denen das Vorhandensein eines unlängst gesunkenen Wracks angezeigt wurde, gar nicht aufgenommen habe. War wohl nicht beweisbar, zumal der Mann mit den meisten seiner Bordkollegen das Unglück nicht überlebte, aber es gab Vermutungen in dieser Richtung. Das Überhören einer solchen nautischen Warnmeldung konnte verheerende Folgen haben.

Wie vor jedem Hafen wende ich mich wieder meinem Nebenjob als Zahlmeister zu. Vorschusslisten in den Messen liegen seit Greenock aus, die sammele ich jetzt, bereits querab der ostfriesischen Inseln, wieder ein. Beim Alten übernehme ich dann die bestellte Summe, der fährt das Geld in der Schiffskasse und verfügt als einziger an Bord über einen Safe.

Die Auszahlung nehme ich in der Mittagspause vor, eine etwas geschrumpfte Pause, wir stehen bereits vor der Lotsenübernahme

## Verdammte Container – Seefahrt in den 1970er/1980er Jahren

Bremerhaven. Klappt aber nur teilweise, einige Seeleute sind auf Wache oder sonstigen Arbeitsstationen, die müssen sich dann gedulden, bis ich mit den Behörden klar bin. Unmittelbar vor dem Anlegen trete ich mal raus aufs Deck und schaue zur Stadt hinüber. Dort drüben habe ich vor vier Jahren meine erste Reise als Funkoffizier angetreten, auf der PEKARI, einem der schnellen Kühlschiffe der Reederei Laeisz. Frisch von der Seefahrtschule und kaum Ahnung von Tuten und Blasen, `nem Haufen Theorie in der Birne und einem verdammt flauen Gefühl im Bauch. Auf`m Dampfer war es denen egal, ob da ein blutiger Anfänger oder ein alter Hase einstieg, der hat seinen Job zu machen, sonst rauchts. Wenn ich daran zurückdenke, muss ich grinsen. Am Anfang habe ich mich, wie jeder frischgebackene „Sparky", so durchgewurstelt. Heute ist alles Routine, ich habe mich „eingefahren".

Containerbrücken arbeiten am Schiff

Inzwischen nähern wir uns der Pier an der Stromkaje. Der Containerterminal Bremerhaven ist vergleichsweise neu, erst seit 12 Jahren in Betrieb. Die ganze Anlage liegt an der Wesermündung, das Passieren der Schleuse in die inneren Häfen entfällt. Mehrere Containerfrachter unterschiedlicher Größe liegen dort drüben, an allen Pötten wird gearbeitet, wuchtige Containerbrücken säumen die ganze Kailänge. Portalkräne, die im Betrieb ihre gewaltigen

## Verdammte Container – Seefahrt in den 1970er/1980er Jahren

Schwenkarme über die Schiffe stellen und die Container umschlagen. Und zwar bis zu 30 Stück pro Stunde. Sind die Dinger nicht im Betrieb, recken sie diese Schwenkarme steil in den Himmel. Für den neben mir stehenden dicken Altmann sogleich wieder ein Anlass, von Erektionen zu faseln und damit eine verbale Brücke in die unterste Themenschublade zu schlagen. Mein lieber Mann, der ist vielleicht drauf.

Kurz vor 14:00 Uhr sind wir fest, und noch während ich mit den Behörden im Salon sitze und die Einklarierung zelebriere, senkt sich eine Containerbrücke über das Schiff. Begleitet von den gellenden Tönen der Warnsirenen, die jede Bewegung des Krans signalisieren. Hafenarbeiter wuseln an Deck herum, entfernen die „Laschings". Hier wird keine Zeit verschwendet.

*Für den Transport müssen die Container, wie jede andere Ladung auch, ausreichend gesichert werden, um Verschiebungen oder ein Übergehen bei Seegang zu vermeiden. In den Räumen nutzt man unterschiedliche Systeme, Vollcontainerschiffe haben in den Laderäumen in der Regel Führungsschienen oder Zellen, in denen die Boxen sicher verwahrt werden. An Deck, wo ja auch eine beträchtliche Zahl der Transportbehälter gefahren wird, befestigt man die unteren Lagen mit Laschstangen, die kreuzweise an den Seiten der Container und den Lukendeckeln verschraubt werden. Die höheren Lagen an Deck werden mit den sogenannten Twistlocks gesichert, drehbare Verriegelungen, die in die genormten Eckbeschläge der Behälter eingefügt werden und mittels einer Drehung um 90 Grad die Container fest miteinander verbinden. Durch diese Maßnahmen entsteht an Deck ein stabil zusammengefügter Containerblock. Diese Ladungssicherungsmaßnahmen wurden in der Regel von einer speziellen Gruppe von Hafenbediensteten durchgeführt, der Laschgang. Laschen ist in der Seemannssprache der Begriff für jede Art von Befestigen, Sichern, Verzurren. Damit erklärt sich auch, dass die Janmaaten einen Büstenhalter kurz und bündig als „Tittenlasching" bezeichneten.*

Einklarierungen in deutschen Häfen sind vergleichsweise easy,

## Verdammte Container – Seefahrt in den 1970er/1980er Jahren

wenn ich das mit dem Behördenzirkus in manchen exotischen Ländern vergleiche. Ein einsamer Beamter sitzt mit mir im Salon und wickelt in kürzester Zeit den Papierkrieg ab. Kapitän Kreuschner überlässt die Sache komplett mir, er und Popeye verhandeln derweil mit dem Agenten, es geht um Staupläne, den Fahrplan, Details der Ladung. In Bremerhaven wird der größte Teil der „Schachteln" umgeschlagen, man plant mit immerhin 40 Stunden Liegezeit, das geht ja.

Später zahle ich noch die restlichen Vorschüsse aus, drei Maaten mustern ab, das ist auch mit einigen Schreibereien verbunden. Dafür trudeln im Laufe der nächsten Stunden drei neue ein, Matrose, Schmierer, ein Storekeeper. Rund alle vier Wochen liegt die BENNINGTON in Bremerhaven, da ist „Crewchange" für die Reederei eine unkomplizierte Angelegenheit. Im Gegensatz zu Schiffen im „Cross Trade", wo man die Besatzungsmitglieder weltweit hinter den Zossen herfliegen muss, was ja auch reichlich Kosten verursacht.

Nachmittags „Coffee-Time", wir hängen mit einigen Piepels in der Messe, die Mug mit der schwarzen Brühe in der Hand *(Mug, an Bord üblicher Ausdruck für Kaffeetassen, auch englischen Ursprungs)*. In den Pausen ist es gerne geübter Brauch, Kaffee schlürfend für einige Minuten einen aus zu labern, bevor die Piepels wieder auf ihren Arbeitsstationen verschwinden.

Bei der Gelegenheit zeigt mir der 3. Ing noch ein Überbleibsel von der japanischen Bauwerft des Schiffes. In einigen Toiletten, so auch in einer Kackbude genau gegenüber von den Messen, hängen Schilder mit japanischer Beschriftung, die mittels Text und Strichzeichnung die Benutzung der Toilette erklären. Für die Crew ein ständiger Quell der Erheiterung.

Manfred und der dritte Steuermann wollen abends mal rüber zur Seemannsmission. Ist eine von der Kirche betriebene Einrichtung, liegt am Ausgang des Containerterminals und bietet für die meist zeitknappen Containerfahrer diverse Zerstreuung. Ich schließe mich den beiden an, ein Kleinbus klappert die Schiffe ab und sammelt die

Besucher der Einrichtung zusammen. In die Stadt will ich dieses Mal nicht, zumal ich ja gerade erst eingestiegen und damit noch nicht so landgangsgeil bin, wie das nach längerer Fahrtzeit üblich ist. Das Seemannsheim ist ganz gemütlich, eine nette kleine Bar, Billardtisch, das Übliche halt, das man in solchen Läden vorfindet.

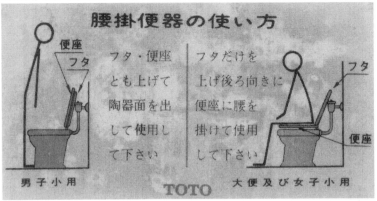

Für Japaner bedarf eine „westliche" Toilette wohl genauer Erläuterung

Am Folgetag laufen die Lade- und Löscharbeiten mit mehreren Unterbrechungen weiter. Ich beschäftige mich noch eine Zeit lang mit meiner Funktechnik, im Übrigen erkunde ich den Dampfer und schnacke mal mit dem und mal mit jenem Sailor. Zum „Smoketime" *(eine auf allen Schiffen geheiligte Kaffeepause am Vormittag)* finde ich mich in der Messe ein und treffe dort wieder auf eine fröhliche Laber-Runde. Altmann führt den Vorsitz, der thront in der Pantry auf 'nem Hocker und blockiert mit seiner Wampe den halben Durchgang. Manni zeigt mir bei der Gelegenheit den in der Pantry installierten Mikrowellenherd, ein technisches Novum auf 'nem Schiff, ich habe so ein Ding vorher auch noch nicht gesehen. Mikrowellenherde gibt es durchaus schon im Jahre 1980, aber die sind noch recht teuer und auf 'nem Dampfer sah ich so ein Ding noch nie. Feixend erzählt Manni von den ersten Experimenten mit der Kiste, als den Nachtwächtern die Bockwürste um die Ohren flogen, die sie trocken in den Herd gelegt hatten. Auch der Versuch, mal ein Ei mittels dieser neuen Technik zu garen, endete mit einer Riesensauerei. Es gab reichlich Lernbedarf.

# Verdammte Container – Seefahrt in den 1970er/1980er Jahren

Abends entschließe ich mich doch spontan zu einem Landgang, wir liegen noch eine Nacht hier, wer weiß, wann es wieder mal eine „Schangs" dafür gibt. In den nächsten Häfen werden wir keine zwei Tage verbringen, Bremerhaven beschert dem Schiff in der Regel die längste Liegezeit.

Ich begleite wieder Manni, wir beide können vom ersten Tag an gut miteinander. Mit dem Missionsbus ans Hafentor, dort organisieren wir uns eine Taxe. Abendessen haben wir sausen lassen, mampfen können wir auch in der Stadt. Zunächst landen wir in einem Chinarestaurant und ziehen uns dort irgendeine Szechuan-Kanton-weiß-nicht-was-Platte rein. So nach dem Motto „ich nehme Nr. 98. Beim Chinesen esse ich immer Nr. 98, und zwar weltweit". Wohin als Nächstes? Auf die einschlägigen Bars in der Rickmers-straße sind wir beide nicht scharf. Gibt `ne Menge schräger Schuppen dort, aber das kannst du überall haben. Manni hat da aber `nen Laden in Erinnerung, von einer früheren Liegezeit mit 'nem anderen Kahn, und so landen wir im „Treffpunkt Kaiserhafen". Eine unscheinbare Bude, mehr Baracke als Haus, und direkt an der alten Bananenpier im Kaiserhafen gelegen. Auf den ersten Blick nichts Besonderes, aber das Publikum ist bühnenreif. Hafenarbeiter und Seeleute dominieren die Szene, aufm Tresen stehen noch Frikadellen und Soleier unter Glasglocken. `Ne dicke Mutti hinter der Theke, die mit eiserner Faust den Trubel regiert. Und Schnacks hörst du da, da legste nur die Ohren an. An diesem Tag hätte ich jedem Möchtegernseemann geraten: „Bevor du anmusterst, stell dich da an den Tresen und hör mal `ne Stunde zu. Entweder rennst'de dann auf den nächstbesten Dampfer oder du flüchtest von der Küste, soweit die Füße tragen!" Wir haben `ne Menge Spaß an diesem Abend.

*Zu meinem Erstaunen hörte ich unlängst, dass das Lokal noch immer existiert. Unter gleichem Namen und deutlich vergrößert, allerdings wird es heute bevorzugt von Touristen aufgesucht. Die finden dort eine sehr maritime Atmosphäre vor, häufig spielt Livemusik, und der Laden diente auch schon als Filmkulisse. Im Übrigen wirbt das Lokal unter dem Namen „Die letzte Kneipe vor New York".*

# Verdammte Container – Seefahrt in den 1970er/1980er Jahren

Die letzte Kneipe vor New York ist das für uns aber noch lange nicht, nun zotteln wir erst mal nach Rotterdam. Anschließend Le Havre. In beiden Häfen ist aber nur mit kurzer Liegezeit zu rechnen. Auch OK, gelegen haben wir jetzt weiß Gott lange genug, seit ich an Bord bin.

Einen Tag danach, der Containerexpress läuft wieder rund. „Full speed" durch die Nordsee, rein in die holländischen Küstengewässer, und nach 15 Stunden gabeln wir schon vor Hoek van Holland den Lotsen auf. Die Holländer fackeln sowieso nicht lange, unverzüglich gehen wir an die Pier, und im Nullkomma nix hängt wieder eine Containerbrücke überm Schiff. Während draußen Container auf Container an Deck gesetzt werden, hänge ich drinnen am Schreibtisch und grabe mich mal durch die Verwaltung der jüngsten Vergangenheit. Proviantjournal, Crewlisten, alles, was ich so finden kann. Viel ist es nicht, der Kahn ist ja taufrisch, die Aktenordner sind noch fast leer. Auf Landgang verzichte ich, hier war ich schon oft, und ich werde immer wieder mal in Rotterdam landen. Wegen der paar Stunden Liegezeit renne ich mir hier nicht die Hacken ab.

Von Rotterdam nach Le Havre kann man auch fast hinspucken, 258 Seemeilen beträgt die Distanz zwischen beiden Häfen. (*1 Seemeile = 1,852 km*). Mein vorzubereitender Papierkram liegt schon fertig auf dem Schreibtisch, dafür habe ich mit dem Funkbetrieb gut zu tun. Jeder Krethi und Plethi will unbedingt Meldung haben, wenn unser Kahn sich bewegt.

Le Havre ist mir nicht fremd, unbedingt aber möchte ich während der Dienstzeit auf diesem Pott mal wieder in die Stadt, möglichst so richtig in einem französischen Restaurant schlemmen gehen. Aber auch hier liegen wir keinen ganzen Tag, ich verschiebe meine Pläne auf später. Le Havre läuft uns nicht weg. Jedenfalls nehme ich zur Kenntnis, dass die Containerfahrt im Atlantikdienst um einiges zügiger vonstatten geht, als ich es von meinem Einsatz im Pazifik in Erinnerung habe. Das fetzt hier in den Häfen, außer in Bremerhaven kann ich mich wohl auf 'ne durchschnittliche Verweildauer von 20 bis 24 Stunden einrichten. Wenn nicht gerade mal Turbolader in die Luft fliegen. Also verbringe ich auch hier einen Tag an Bord und ignoriere den „Fluchtweg" über die Gangway. Wenige Stunden später kommt wieder ein Lotse an Bord, wir laufen aus.

3.196 Meilen sind es bis New York. 7 Tage dauert die Seereise über den Atlantik, eigentlich eine überschaubare Angelegenheit, wenn ich da an meine Endlosreisen auf den Massengutfrachtern denke, wo wir nach einigen Wochen nicht mehr genau wussten, wie Land überhaupt aussieht.

Der Zeitunterschied zwischen unsrem Abgangshafen und der amerikanischen Ost-Küste beträgt 6 Stunden. Bis auf eine Ausnahme wird nun die Bordzeit jede Nacht eine Stunde zurückgestellt, wir benötigen ja, wie gesagt, nur 7 Tage bis zur nächsten Pier.

Auf alten Schiffen wurde die Zeitumstellung per Aushang in den Messen und per Melder bekanntgegeben, aber unser moderner Schlorren hat `ne Lautsprecheranlage. So erfreut uns nun fast jeden Abend die gleiche Vorstellung. Mehrfaches metallisches Klicken in den Lautsprechern, dann „Äh...ahemm...Achtung, eine Durchsage...klick...heute Nacht wird die Uhr...äh...eine Stunde zurückgestellt...klick!" Meist ist es Popeye, der den Dampfer beschallt und damit auch gleich in eine gewisse Partystimmung versetzt. Eine Stunde zurück, das bedeutet eine Stunde länger pennen. Außer für die Wachgänger auf der Brücke, für die bedeutet es 20 Minuten länger Wache, da jede Wache anteilig die verlängerte Nacht abarbeiten darf.

In den Decks gibt es mehrere Partyzentren, also Kammern, wo ständig was los ist. In den höher gelegenen Decks ist das maßgeblich die Bude vom Dicken, dort versammeln sich abendlich Leute aus der Maschinengang und auch der eine oder andere Nautiker und lenzen ein Bierchen. Hin und wieder geselle ich mich dazu, aber das ständige Runterbeten von Thema Eins ist doch irgendwann ermüdend. Blitz Manni, OA Bergmann, 2.Offizier Dirks und Gefährtin Cornelia sowie gelegentlich auch Popeye, der Chiefmate und ich tagen ebenfalls öfters zusammen. Wobei Familie Dirks früher ausscheidet, er muss als diensttuender Zweiter um Mitternacht auf die Brücke, die sogenannte 0-4-Wache. Und Popeye geht, wie bei Chiefmates üblich, die 4-8-Wache, der verabschiedet sich auch zeitig. Gar keine Chance zur Partyteilnahme hat Egge, ebenfalls 2.Offizier, aber diensttuender Dritter. 8-12-Wache, ab zwanzig Uhr steht der auf der Brücke und hat unsere Sicherheit in seinen Händen.

Feierabendbier auf der Elektrikerkammer. Von links: Popeye, Manni, der Autor

Ein neues Partyzentrum wird nach wenigen Tagen vom Dicken gegründet. Neben der Unterkunft von Dirks befindet sich eine Kammer, die gegenwärtig leer steht. Und weiß der Teufel wie, irgendwann kriegt Altmann mit, dass das jungverliebte Paar Dirks nicht sogleich ruht, wenn beide sich zurückziehen, sondern, ich sage mal, sich auch noch ausdauernd mit Thema Eins beschäftigt. Nicht verbal, sondern aktiv und mit vollem Körpereinsatz. Und prompt rottet sich dann der Dicke mit seiner Entourage in dieser benachbarten Leerkammer zusammen, Kiste Bier aufm Tisch, und ergriffen und andächtig lauscht die ganze Bande den aus der Zweitenkabine dringenden Freudengeräuschen. Natürlich wird das Geschehen ausgiebig kommentiert, hier sitzt ein Haufen Fachpublikum zusammen. Den Vogel schießt eines Abends Steward Narjes ab. Als aus der Kammer des Pärchens ein besonders intensiver Jubelschrei herüberdringt, bemerkt Narjes in die andächtige Stille: „Jetzt, jetzt dreht er ihr den Schwanenhals um!" Kaum vorstellbar, dass das junge Paar das brüllende Gelächter nicht wahrnahm, welches in der Nachbarkammer aufbrandete.

Manni und ich schütteln nur die Köpfe über diese Aktionen. „Da hockst du weiberlos auf diesem Dampfer herum und hörst dir sowas an. Da muss man doch Masochist sein!" So Mannis Kommentar.

Glück haben wir mit dem Wetter. Während der Überfahrt sind keine störenden Tiefdruckgebilde aktiv, der Nordatlantik zeigt sich von seiner besten Seite. „War im Januar anders!" erzählt Popeye. „Wir kriegten gewaltig einen auf die Mütze, ein Orkan vom Allerfeinsten. Ganz vorne haben wir ein paar Container verloren, die hielten dem Seeschlag nicht mehr stand. Da bist du ganz schön bedient, wenn die Reise zu Ende ist!"

Das sonst von mir praktizierte Aufnehmen der gemorsten und verschlüsselten Wetterkarte sowie das anschließende Zeichnen besagter Karte entfallen auf diesem Dampfer. Zum ersten Mal arbeite ich in einer Funkstation, die mit einem Wetterkartenschreiber ausgestattet ist. Wieder eine Erfindung mehr, die an der Existenz von uns Funkoffizieren nagt. Das Ding nimmt mir die Arbeit weitgehend ab, ich muss lediglich noch meinen Empfänger auf eine Kurzwellenfrequenz rasten, die eine solche Faksimile-Wetterkarte überträgt, der Rest geht automatisch. Die empfangenen Signale lösen in dem Gerät einen Schreibimpuls aus, dieser bedruckt dann das über eine Walze ablaufende Spezialpapier, und nach einigen Minuten habe ich die fertige Karte in der Hand. Guter Funkempfang ist allerdings Vorrausetzung, sonst schmiert die Kiste rätselhaftes Zeug aufs Papier, Störungen erzeugen auch Schreibimpulse. Aber in der Nordatlantikfahrt ist der Empfang durchgehend brauchbar.

Überhaupt habe ich hier, im Gegensatz zur Pazifikfahrt, meist gute bis sehr gute Funkbedingungen. Was natürlich meine Arbeit sehr erleichtert, Norddeichradio ist bei Bedarf rund um die Uhr erreichbar. Und den Kontakt zu Seatrain Lines halte ich seit Verlassen des europäischen Kontinents über Amagansett-Radio, Rufzeichen WSL. Diese unmittelbar bei New York gelegene Küstenfunkstelle wurde mir vom Charterer als zu nutzende Station angewiesen. Die Amis sind auch problemlos zu kontaktieren. Angenehmes Arbeiten für den „Sparky".

Problemlos funktioniert auch mein „Lieblingswachplan", nämlich Funkwachen von 8-12, 15-17 und 18 -20 Uhr. Sollte Ahrenkiel noch zu später Stunde, zum Büroschluss, ein Telegramm an das Schiff aufgeben, erwische ich das totsicher noch innerhalb der letzten Wache, der Zeitverschiebung sei Dank.

*Auf den Schiffen unterscheidet man zwischen „Wachgängern" und „Tagesdienstlern". Wachgänger gab es ab den Achtzigern nur noch auf der Brücke, und dort rund um die Uhr, sowie im Funkraum.*

*Die Maschinenbereiche moderner Schiffe waren zu diesem Zeitpunkt bereits für wachfreien Betrieb ausgelegt und wurden im Tagesdienst gewartet. Nicht unbedingt eine Erleichterung für die Ingenieure, statt einem Wachplan folgten sie nun einem Bereitschaftsplan für die Nächte, Fehlfunktionen lösten Alarme in den Kammern der Bereitschafts-Ings aus und beorderte sie somit in die Maschine. Auf dem meisten Schiffen, auf denen ich fuhr, geschah dies sehr häufig.*

*Der Wachdienst auf der Brücke lief damals in der großen Fahrt im bewährten 4-8-Rhythmus, vier Stunden Wache und acht Stunden frei (theoretisch, in diesen „Freistunden" wurden zahlreiche Nebentätigkeiten bewältigt). Eingeteilt waren pro Wache ein nautischer Schiffsoffizier und ein Matrose oder Decksmann, Letzterer als Ausguck oder bei Bedarf als Rudergänger.*

*Der Wachplan des Funkoffiziers durfte nach den in der geschilderten Epoche geltenden Bestimmungen zwar flexibel gehandhabt werden, musste aber vor Antritt der Reise festgelegt und vom Leiter der Seefunkstelle abgesegnet sein. Und Leiter der Seefunkstelle war auf Frachtern der Kapitän. Auch wenn er meist gar nicht genau durchblickte, was er da leitete. Daher habe ich es nie erlebt, dass sich ein Kapitän in meine Wachplanung eingemischt hat, ich hatte stets freie Hand.*

*Da auf Frachtschiffen nur ein Funker zum Einsatz kam und der nur eine Hörwache von 8 Stunden täglich sicherstellen musste, wurde der Wachplan zumeist in drei oder vier Blöcke aufgeteilt. Ich bevorzugte wie oben angeführt drei Blöcke, die morgens um 8 Uhr be-*

*gannen und mit Pausen um 20 Uhr Bordzeit endeten. Zusätzlich hörte ich in den Nachtstunden Sammelanrufe jener Küstenfunkstellen ab, die durch die Zeitverschiebung (Bürostunden am Aufgabeort) noch eventuellen Funkverkehr für mein Schiff vorliegen hatten.*

Und die obligatorische Funkpresse mit den Tagesnachrichten für Seeleute ist ebenfalls einwandfrei zu hören, ich muss also nicht wie in anderen entlegenen Seegebieten auf irgendwelche Radionachrichten ausweichen und mir selbst eine Zeitung zusammenschustern. Wobei ich trotzdem immer wieder mal die deutsche Welle nutze, einfach, weil es zeitlich besser passt. Und meine eigenen selbstgeschnitzten Kommentare finden sich auch immer wieder mal in der Zeitung, ist so 'ne Marotte von mir. Wird aber an Bord immer höchst amüsiert zur Kenntnis genommen.

Exakt nach Plan erreicht die BENNINGTON New York. Am späten Nachmittag passieren wir in langsamster Fahrt die Verrazano-Narrows-Bridge, jene gigantische Hängebrücke, die Staten Island und Brooklyn verbindet. Später an Steuerbord voraus die markante Skyline von Manhattan.

Manhattan voraus

128

# Verdammte Container – Seefahrt in den 1970er/1980er Jahren

An Backbord die Freiheitsstatue, ein Stück weiter Ellis-Island, wo im Verlauf vieler Jahrzehnte über 12 Millionen Einwanderer überprüft und abgefertigt wurden, bevor sie das Land ihrer Träume betreten durften. Langsam gleiten wir in den Hudson River, an Steuerbord die gigantischen Türme des World Trade Centers, dann die „kleineren" Wolkenkratzer. Die alten Docks von Manhattan ziehen vorbei, schon lange nicht mehr im Betrieb. Leider, denn von dort wäre es nur ein Katzensprung in die Häuserschluchten der City gewesen. Unser Liegeplatz aber wartet auf der gegenüberliegenden Seite des Hudson-Ufers. Weehawken, ein trister Stadtteil, und der gehört nicht mehr zu New York City, sondern zu New Jersey, dort befinden sich Piers mit Containerbrücken. Und damit ist es ein umständlicher Weg nach Downtown Manhattan

Die Behördenabfertigung folgt strikt den strengen Vorschriften der US-Immigration-Behörde, brav pilgern wieder alle Crewmitglieder an dem Officer vorbei und werden eingehend überprüft. Gültige Landgangsausweise haben die meisten Piepels, die waren ja schon bei den früheren Reisen an Bord, und das kleine Zettelchen mit Personendaten behält dann seine Gültigkeit. Nach einer Stunde bin ich mit der Prozedur durch.

New York ist Neuland für mich. Von einem Kurzaufenthalt 1971 einmal abgesehen, da stieg ich anlässlich eines Verwandtenbesuches auf dem Kennedy-Airport aus, kutschierte mit einem Taxi zum La Guardia-Airport und flog von da weiter nach Ohio. Außer Häuserschluchten durchs Taxifenster sah ich „Nothing".
Und dabei wird's zunächst bleiben, wir sollen nur 8 Stunden in Weehawken liegen, dann geht's schon weiter Richtung Baltimore. Verdammte Container. Aber das hatten wir schon…

Um Mitternacht werden wir dann endgültig auslaufen. Landgang habe ich verworfen, vielleicht ergibt sich eine Chance bei den nächsten Reisen, alle vier Wochen werden wir in Weehawken sein.

Das Auslaufmanöver verfolge ich wieder einmal von der Brücke. Das lohnt sich hier wirklich, wir genießen einen überwältigenden

# Verdammte Container – Seefahrt in den 1970er/1980er Jahren

Blick auf die hell erleuchtete Skyline von Manhattan, als wir langsam den Hudson wieder runter tuckern. So was kennt man bisher nur von Postkarten. Macht schon was her, der nächtliche Blick auf „die Stadt, die niemals schläft!" Und wie ich so an der Reling stehe und da rüber peile, fällt mir ein Erlebnis von 1977 ein. Genauer gesagt vom 14. Juli 1977. Frühmorgens gegen vier Uhr nähert sich das Kühlschiff „PERSIMMON" der Mündung des Hudson-River. An Bord 'ne volle Ladung Bananen aus Honduras, ebenfalls an Bord meine Wenigkeit, wie gehabt zuständig für Funk und Verwaltung. Zielhafen war Albany, die weiter stromaufwärts gelegene Hauptstadt des Bundesstaates New York. Ich hatte mich extra wecken lassen, um auch den Anblick der beleuchteten Wolkenkratzer zu erhaschen. Wir stehen aber verblüfft mit einigen Leuten auf der Brücke und sehen nur eine dunkle Stadtsilhouette vor uns, alles düster. Und dann stellt sich heraus, dass wir Augenzeugen eines der massivsten Stromausfälle geworden sind, die New York jemals erlebt hat. Schon am Vorabend waren in der Stadt die Lichter ausgegangen, „Black Out" in der ganzen City, sämtliche Stadtteile waren betroffen. Lediglich in einigen wenigen Hochhäusern sahen wir ab und an schwache Lichtschimmer, wohl Bereiche, die mit Notstromaggregaten versorgt wurden. Später erfuhren wir dann, dass in jener Nacht der Teufel los war in den Häuserschluchten der Metropole, Tausende von Plünderern nutzten die Gunst der Stunde. Die Polizei wurde der Lage nicht mehr Herr, angeblich wurde der Stadtteil „Little Italy" von Mafia-Gangstern abgeriegelt, um die zahllosen italienischen Geschäfte vor Eindringlingen zu schützen. „Klauen ist nur dann OK, wenn man es selbst tut", mögen die sich wohl gedacht haben.

Danach verbreitete sich allerdings auch die Story, dass die Geburtenrate in New York 9 Monate später um einen zweistelligen Prozentsatz nach oben geschnellt sei. Bei Dunkelheit kommt der Mensch wohl auch mal auf besondere Ideen. Also, liebe Politiker, macht Euch keinen Kopf um die demografische Entwicklung. Einfach mal landesweit das Licht ausschalten...

Geblieben ist mir von diesem Erlebnis ein Foto, das zuhause meine Wohnzimmerwand ziert. Im Dämmerlicht des heraufziehenden

Tages ein verdunkeltes Manhattan, über den Bug der PERSIMMON aufgenommen. Und dem ebenfalls verdunkelten World Trade Center in der Bildmitte, eine in jeder Hinsicht historische Aufnahme.

14.Juli 1977 – „Blackout" in New York

Zurück auf die SEATRAIN BENNINGTON. Beim Frühstück am nächsten Morgen stellt sich heraus, dass einige der Piepels doch die wenigen Stunden für einen Landgang genutzt haben. Unter anderem der Dicke, der war mit dem 3.Ing Sperling losgezogen. Das Ergebnis dieser Exkursion bekommen wir noch am Frühstückstisch präsentiert. Da taucht doch Altmann auf und knallt ein fleischfarbenes längliches Etwas auf die Back. „So, den bring ich meiner Alten mit. Der kann mich vertreten, wenn ich an Bord bin!" Wir gucken verblüfft, was soll das denn? Bei näherem Hinsehen erweist sich das Ding als riesiger Gummi-Penis, allerdings in spezieller Bauform, der Apparat hat zwei „Gefechtsköpfe". Also `ne Eichel an jedem Ende. „Double-Dong" heißt das Gerät, wie uns der Dicke sogleich erläutert, er und Sperling haben in der Stadt eine Sex-Shop heimgesucht und unter anderem diesen Gummi-Eumel erworben. Vielleicht hat er ihn auch geklaut, er hat ja einen Hang für solche Aktionen.

# Verdammte Container – Seefahrt in den 1970er/1980er Jahren

Dass dieses Teil jetzt aber auf dem Frühstückstisch herum fliegt, trifft nicht unseren Beifall. Empörtes Aufbegehren an allen Tischen. „Nimm das Scheißding da weg, du alte Sau!" ist noch das harmloseste, was der Dicke zu hören bekommt. Wir sind gewiss nicht prüde, eher im Gegenteil, aber es gibt Grenzen. Und in der Messe gibt es eine gewisse Grund-Etikette, Penis-Prothesen neben dem Teller gehören nicht dazu.

Altmann zieht grinsend mit seinem Beutestück davon, in der Messe werden wir künftig davor verschont. Aber sonst schleppt er das Ding häufig mit sich herum, oft unter den Arm geklemmt, wie das Stöckchen bei 'nem britischen Gardeoffizier. Der hat wirklich ein Rad ab, der Dicke.

24 Stunden benötigen wir für die Fahrt von New York nach Baltimore. Da dort unser Liegeplatz noch nicht frei ist, ankern wir vor der Stadt bis zum folgenden Morgen, dann geht es an die Pier. Auch hier sollen wir nur 10 Stunden verbleiben, jetzt wird sie wirklich Realität, die Story von der schnellen Containerfahrt. Gut, zehn Stunden, das hört sich nicht so wenig an. Ein Passagier könnte jetzt sofort nach der Abfertigung der Behörden an Land toben, 'ne Stadtrundfahrt machen, ausgiebig lunchen, nachmittags noch shoppen gehen und dann höchst zufrieden wieder dem Schiff zustreben. Wir aber sind keine Passagiere. Am Schiff werden ununterbrochen Container geladen und gelöscht, Chiefmate Popeye und der Zweite rennen pausenlos mit Ladungslisten an Deck umher und überwachen das Ganze. In der Maschine liegt 'ne dringende Reparatur an, „All Hands" dort unten müssen mit anpacken. Siggi und sein Kochsmaat springen in der Kombüse im Dreieck, die Maaten wollen futtern, ob Hafen oder nicht. Die beiden Stewards feudeln sich nach den Mahlzeiten kreuz und quer durchs Deckshaus, die Matrosen hängen außenbords und streichen Menning auf vorher entrostete Bordwand-Abschnitte. Wie, bei einem erst sechs Monate alten Schiff? Und ob das rostet, keine Landratte macht sich 'ne Vorstellung, was Salzwasser und Salzluft in wenigen Monaten anrichten. Gut für die Bronchien, aber Gift fürs Schiff.

Kurz gesagt, die Piepels haben zu tun, die sind hier nicht auf 'ner Kreuzfahrt. An Land können die abends, nach Arbeitsende. Außer die zur Wache eingeteilten Maaten. Ebenfalls an Land können sie an einem Hafen-Wochenende. Falls sie nicht zutörnen müssen. Überstunden, schiffswichtige Arbeiten und so. Hafen-Wochenenden sind aber nicht die Regel. Wenn möglich werden Liegezeiten an Wochenenden vermieden, zu teuer. Teuer werden dann sowohl die Überstunden der Crew, als auch die Zuschläge bei den Hafenbetrieben. Da wird auch mal 'ne Reiseverzögerung hingetrickst, um den Dampfer erst am Montagmorgen an die Pier zu kriegen. Dreht sich eben alles um die Kohle, wie bei jedem anderen Business auch.

Ich verbringe den Tag am Schreibtisch, es liegen einige Abrechnungsarbeiten an, die Ringbücher des „Nautischen Funkdienstes" müssen berichtigt werden, zu tun gibt's genug. Und Baltimore verzichtet, wie zuvor schon New York, auf meinen persönlichen Besuch.

24 Stunden nach Auslaufen Baltimore liegen wir wieder an einer Pier. Wilmington/NC. Eine Stadt wie viele amerikanische Städte, irgendwie farblos. Wir sind eine Tagesreise die US-Ostküste runter gedampft und hängen nun erneut an einem Containerterminal.

An der Pier in Wilmington

133

Der Aufenthalt dauert ein paar Stunden länger als in Baltimore, wir kriegen eine Hafen-Nacht. Besser als in die hohle Hand geschissen, meint Altmann.

Wie einige andere Piepels auch nutzen Manni und ich die Chance und gehen mal von Bord. In Hafennähe ist alles tot, ein reines Industrieviertel. Die Nummer läuft ab wie in zahllosen Häfen zuvor, man latscht zum Hafentor und organisiert sich am Wachhäuschen ein Taxi. Manni war hier schon an Land, das erspart uns das Suchen in fremden Gefilden. Sehenswürdigkeiten in Wilmington sind uns nicht bekannt, also fangen wir gleich mal mit Stufe Zwei an. Erst Fresskneipe, dann Zechkneipe. Das ist konkret hier zunächst der Besuch eines Steakhauses. Ganz nach amerikanischer Art. Am Eingang auf die „Waitress" warten, deshalb heißt die wohl Waitress. Die weist dann den Platz zu, selbstständig handelnde Tisch-Okkupanten sind unerwünscht. Steak bestellen ist kein Problem, es gibt nur drei: Sirloin, Tenderloin, T-Bone. Salat ist auch kein Problem, es gibt auch nur drei Dressings: Thousand Islands, Italian, French. Schmecken und riechen alle nach Fertigprodukten, Dow Chemical wünscht guten Appetit. Du kannst „French Fries" ordern und bekommst trockene Pommes. Oder „Baked Potatoes", und die schmecken wirklich. Aber einsame Spitze sind in der Regel die Steaks, davon verstehen sie was. Auch wenn wir dazu häufig nur Cola saufen, oder das reichlich und gratis angebotene Wasser. Weil der Schuppen keine Alkohollizenz hat. Oder weil sie den Wein, den wir gerne getrunken hätten, mit Eiswürfel servieren, der schmeckt dann auch so. Dies alles hält uns aber nicht vom Besuch solcher Futterläden ab, wie gesagt, von Steaks verstehen sie was.

Der sich anschließende Zechladen entspricht ebenfalls „American Standard". Wenn du Glück hast, landest du in einem besseren Club, gediegene, auf alt getrimmte Einrichtung, vielleicht ein bisschen Livemusik. Mit etwas weniger Glück landest du in einer Kaschemme, halbdunkel, ein paar Schnarchsäcke an der Bar, eine müde Kunstblondine dahinter, Tristesse pur.

Heute haben wir Glück, wir erwischen eine Bar der erstgenannten Kategorie. Genießen einige Stunden fern vom Schiff und umgeben von „normalen" Menschen. Schnacken über das, was Seemannsgespräche ausmacht. Schiffe, Piepels, schräge Erlebnisse. Hoffentlich taucht hier nicht auf einmal der Dicke auf und knallt den „Double-Dong" auf den Tresen. Das wäre dann wirklich ein schräges Erlebnis.

Vierter und letzter Hafen an der US-Küste, wir steuern Charleston an. Eigentlich könnte man die Bordlautsprecheranlage nutzen wie in Nahverkehrszügen. „Nächste Station Charleston. Bitte zurücktreten von der Pier-Kante...!" Von Wilmington nach Charleston 14 Stunden Fahrtzeit. Kaum sind wir fest, rauschen die ersten Container heran. Sind wir denn hier auf der Flucht, verdammt noch mal? So eine Hektik habe ich bisher noch nicht erlebt, da war ja die Containerfahrt im Pazifik vor zwei Jahren noch 'ne richtig geruhsame Angelegenheit.

In Charleston lag ich vor Jahren schon mit Kühlschiffen, sowohl die PEKARI als auch die PERSIMMON liefen gelegentlich diese alte Südstaaten-Metropole im Bundesstaat South Carolina an. Jetzt denke ich etwas wehmütig an diese Zeit auf den „Bananenjägern" zurück, da war die Welt noch in Ordnung. Immer wieder liefen wir die kleinen Häfen Zentralamerikas an, um dort „Chiquitas" für die USA oder Europa zu laden. Zwei, drei Nächte im Hafen, Rum 'n Coke in der Hand, 'ne braune Grazie auf dem Schoß, so sah ein Landgang in Puerto Armuelles, Puerto Limon, Golfito oder Almirante damals aus. Freddy Quinn hat's zwar nie erlebt, aber ziemlich realistisch besungen. Diese Storys hat dem Freddy wohl ein alter Bananenfahrer erzählt, als der mit seiner Gitarre auf der Reeperbahn herumlungerte und in der Washington-Bar damit begann, den einsamen Seemann zu mimen. Der er nie war. Aber das sei ihm verziehen, wohl kein Barde hat in den Fünfzigern und Sechzigern das Lebensgefühl der Seeleute so gut rübergebracht wie er, möchte nicht wissen, wie viele Knaben dieser Epoche aufgrund seiner Lieder eine in manchen Fällen recht folgenschwere Berufswahl trafen.

Nun also wieder Charleston. Historischer Boden, hier begann am 12. April 1861 der amerikanische Bürgerkrieg, als die Konföderierten das im Hafen befindliche Fort Sumter beschossen. Und am

135

17.Februar 1864 kam es hier zu einem bedeutsamen Wendepunkt in der vieltausendjährigen Seekriegsgeschichte: Zum ersten Mal versenkte ein Unterseeboot ein Überwasserschiff. Das CSS „HUNLEY" war für heutige Begriffe schon ein abenteuerliches Fahrzeug, eine Art Röhre mit Ballasttanks, die beim Befüllen das Ding weitestgehend unter Wasser drückten. Angetrieben wurde das Gerät von 8 Matrosen mittels Handarbeit, die bewegten über Kurbeln den achtern angebrachten Propeller. Schon bei den ersten Probefahrten dieser schrägen Konstruktion gab es Todesfälle, einmal ging das Boot verloren. Wurde aber wieder gehoben, und an dem besagten 17. Februar schafften sie es tatsächlich, sich dem Nordstaaten-Kriegsschiff USS „HOUSATONIC" zu nähern und dort mit einer Spiere eine Sprengladung zu montieren und zu zünden. Die HOUSATONIC sank, bis auf 5 Mann überlebte die Besatzung. Die HUNLEY soff ebenfalls ab, und von den 9 Männern an Bord überlebte niemand. Ein Vorgang, der gewissermaßen eine Faustregel des U-Bootkrieges begründete. Nämlich, dass er nicht nur für Überwasserschiffe eine große Gefahr darstellt. Die Jungs auf den U-Booten haben häufig auch verdammt schlechte Karten...

Was wusste ich noch von Charleston? Es gibt diesen Tanz, der mir schon als 15jährigem Tanzschüler den Schweiß auf die Stirn trieb. Es gibt in der Stadt noch zahlreiche gut erhaltenen historische Gebäude, alte Kirchen, nett anzuschauende Südstaaten-Architektur. Mehr fällt mir dazu nicht ein. Und jetzt, im Mai 1980, ist es stinkheiß in der City, eine Hitzeglocke liegt über der Stadt. Womit sich erklärt, dass ich am Tage auf jeglichen Landgang verzichte, ich ziehe das klimatisierte Deckshaus der BENNINGTON vor.

Es ist Nacht, als die SEATRAIN BENNINGTON wieder ausläuft, nun beginnt die Rückreise nach Europa, erster Zielhafen Le Havre an der Küste der Normandie. 3.720 Seemeilen, siebeneinhalb Tage. Wieder einmal auf der Nordatlantik-Rennstrecke, ostwärts laufend. Die klassische Route, auf der seit Generationen einer der weltgrößten Warenströme ununterbrochen pulsiert. Auf der sich über Jahrzehnte die großen Luxusliner das Rennen um das „blaue Band" lieferten und manchmal desaströs scheiterten. Und nun sind wir auf

136

dieser Piste unterwegs, Stunde um Stunde, Tage, Nächte, getrieben von unserem wummernden Diesel. Leicht rollend in der atlantischen Dünung, aber sonst nicht durch Schlechtwetter beeinträchtigt. Abends plärrt wieder der Lautsprecher, Radio Popeye meldet: Klick.. „Ähh...heute Abend wird die Uhr eine Stunde voraus gestellt...klick!" Ruhiger als auf der Hinreise ist es nun im Schiff, die fehlende Stunde Nachtruhe bringt das Partyleben fast zum Erliegen. Hin und wieder streunt der Dicke durch die Gänge, Double-Dong unterm Arm, auf der Suche nach Geselligkeit. Meistens hat er Pech.

An einem Mittwochabend aber ist große Party angesagt. Ein Assi hat Geburtstag, und den will er mal ganz groß feiern. Kein Problem, Siggi in der Kombüse wartet geradezu auf solche Sonderaufträge. Für den Abend richtet er eine kalte Platte vom Allerfeinsten, und als Highlight der Veranstaltung wird von ihm eine Bowle vorbereitet. Ein ziemlich hochprozentiges Gesöff, gesättigt mit Dosenobst und präsentiert in einem seiner monströsen Suppentöpfe. In einem kleinen Nebenraum der O-Messe versammelt sich die Gratulantenschar, und einträchtig sitzen wir um den großen Bowlen-Kessel herum, der auf dem Boden steht. Des besseren Zugriffs zur Suppenkelle wegen.

Das Zeug ist hochwirksam und die Stimmung steigt. Chief Peters gibt sich ebenfalls die Ehre, der hat das Turbolader-Trauma inzwischen überwunden und gibt nun allerhand zackige Sprüche zum Besten. Aus einem Radiorecorder dudelt Musik, und das verleitet den kleinen Chief dazu, mal wieder an einige gesellschaftliche Konventionen zu erinnern. Steht der doch plötzlich auf, knallt die Hacken zusammen und schnarrt den gegenüber sitzenden Steuermann Dirks an: „Herr Dirks, jestatten sie, dass ich mit ihrer Dame tanze?" Cornelia guckt nicht gerade übermäßig begeistert, auch Günter Dirks ist nicht unbedingt angetan, aber was willst 'de machen? „Ja, äh, wenn sie möchte!" lautet die etwas lahme Antwort des 2.Offiziers. „Sie jestatten?" knarzt der Chief, Cornelia nickt verlegen. „Sehr schön!" kräht der kleine Maschinenhäuptling und bewegt sich auf seine Tanzpartnerin zu. Dabei muss er aber einen großen Ausfallschritt über den Bowlepott machen, und der geht gründlich daneben. Der Dampfer holt leicht über, Peters ist dank exzessiven Bowle-

Genusses nicht mehr ganz sicher auf seinen Kackstelzen und latscht volle Kanne in den Bowlentopf. Ein Moment Totenstille, dann brüllendes Gelächter im Raum. Der Chief verzieht sich mit hochroter Rübe, und Cornelia bleibt ein Tänzchen erspart, auf das sie sowieso gerne verzichtet hätte. Die Party wird dann mit Bier fortgesetzt, nur Siggi ist sauer. Hatte er sich doch mit der Bowle soviel Mühe gemacht.

Ankunft vor Le Havre. Vor uns die größte Stadt der Normandie, zweitgrößter Hafen Frankreichs. Wurde im zweiten Weltkrieg weitgehend zerstört und danach wieder aufgebaut. Und zwar so erfolgreich, dass die neu entstandene Metropole mit ihren farbigen Betonbauten als einzige Stadt der Moderne in der Liste des UNESCO-Weltkulturerbes landete. Schön zu wissen, aber bei zwanzig Stunden Liegezeit im Containerhafen bleibt nur eine kurze Spanne, um sich von dem Reiz der Stadt zu überzeugen. Sightseeing im Schweinsgalopp, das Schicksal der Containerfahrer. Und gemessen mit heutigen Verhältnissen waren wir mit zwanzig Stunden schon gut bedient.

Für einen abendlichen Ausflug in ein Bistro in Hafennähe hat es dann doch noch gereicht. Wir waren zu dritt, Manni, Siggi Weigel und meine Wenigkeit. Siggi hält uns 'nen Vortrag über die französische Küche, wir nehmen uns vor, beim nächsten Aufenthalt hier mal so richtig schlemmen zu gehen, futtern wie Gott in Frankreich oder so ähnlich. Und dann hauen wir uns, weil wir ja landestypisch zechen wollen, den Pastis in die Birne, bis die Lichter ausgehen. Wieder am Schiff angekommen kriegen wir Siggi kaum die Gangway hoch.

Sechzehn Stunden sind's bis Rotterdam. Ich sitze mit einem beachtlichen Brummschädel in der Funkbude und arbeite an den Einklarierungspapieren. Scheiß Pastis.

Und wieder rauschen wir durch den englischen Kanal. Bei guter Sicht, mit den Gläsern schauen wir rüber zu den weißen Klippen von Dover. Mir fällt das Unternehmen „Cerberus" ein, eine der erfolgreichsten Operationen, die der deutschen Kriegsmarine im

2.Weltkrieg gelang. Ein Verwandter von mir war damals auf dem Kreuzer „PRINZ EUGEN" mit dabei, sonst hätte ich vermutlich noch nie davon gehört. Abgespielt hat sich das Ganze im Februar 1942. Damals lagen maßgebliche Teile der deutschen Flotte in Brest, darunter die Schlachtschiffe „GNEISENAU", „SCHARNHORST" und der besagte Kreuzer „PRINZ EUGEN". Eigentlich sollten die Schiffe aus ihrem französischen Stützpunkt heraus die alliierten Geleitzüge im Atlantik angreifen, aber das wurde aufgrund der angloamerikanischen Luft- und Seeüberlegenheit zusehends unmöglich. Man plante also die Heimholung der Pötte. Der gebotene Weg wäre eigentlich übern Ostatlantik, um Irland und Schottland herum gewesen, mit großem Abstand von der britischen Küste. Dort schwammen und flogen aber zu viele Amis und Briten herum. Also hielten sich die deutschen Admiräle an das alte Motto „Frechheit siegt" und dampften mit ihren Dickschiffen durch den Kanal heimwärts Richtung deutsche Küste. Unter den Augen und Kanonenmündungen der Briten. Begünstigt wurde die ganze Nummer durch schlechtes Wetter, Nebel, miese Sicht, die Engländer jagten vergeblich ihre Bomberflotte los, als sie das Unternehmen erkannten, und auch die Küstenbatterien bei Dover ballerten nur hinter den Deutschen her. Es gab zwar Schäden auf den Schiffen, aber der Kanaldurchbruch, den alle Seekriegsstrategen für unmöglich gehalten hatten, gelang tatsächlich.

Im Prinzip war die Operation eine Flucht, da sich die deutschen Schiffe nicht mehr an der Atlantikküste halten konnten. In der Propaganda wurde daraus ein Sieg. Im Kriege ist es wie in der Politik: Siege werden überhöht, verlorene Kämpfe umgedeutet. Wir jedenfalls fahren jetzt bei strahlendem Sonnenschein an den Klippen vorbei, und beschossen werden wir auch nicht...

Rotterdam, ein Tag Aufenthalt. Keine Lust, abends auf „Deibel komm raus" an Land zu rennen, mit Blick auf die Uhr ein paar Heineken zu schlürfen und wieder an Bord zu hasten. Morgen sind wir in Bremerhaven, dort werden wir zwei Tage liegen.

Kurz vor diesem Hafen will ich mal wieder meine Vorschussgelder an die Crew loswerden, möglichst flott. Wozu haben wir denn schließlich diese famose Lautsprecheranlage an Bord, damit kann ich die Piepels ja zügig an meinen Schreibtisch locken. Gedacht, getan, und schon starte ich eine Durchsage, über die der ganze Dampfer noch Tage später wiehert: „Achtung, an Alle, ab sofort wird Ausschuss vorgezahlt, äh..." Das Gegröle in den Kammern war fast bis zur Brücke zu hören.

Bremerhaven bedeutet für etliche Maaten Endstation, wir haben einen umfangreicheren Besatzungswechsel. Kapitän Kreuschner übergibt das Kommando wieder an Kapitän Lochmann.

Der „zwoote Zwoote" Egge wird abgelöst durch den 3.Offizier Böhm (*zwooter Zwooter? Nun, wenn zwei Nautiker als 2.Offiziere an Bord sind, fährt einer als „erster Zwooter" der andere als „zwooter Zwooter", letzterer geht dann die Wache des 3.Offiziers und übernimmt auch dessen Zusatzaufgaben*). Chief Peters wird auch abgelöst, dem kleben wohl doch noch die Turbolader an den Hacken. Etliche Matrosen werden ausgewechselt, außerdem ein Kochsmaat und ein Schmierer.

Ebenfalls an Bord ist nun Popeyes Frau. Ist 'ne ganz nette, und nun ist Cornelia nicht mehr so alleine unter lauter Männern. Manni hat ebenfalls Damenbesuch, wenn auch nur für die Liegezeit. Natürlich eine Japanerin, Hisayo heißt sie, wohnt in Düsseldorf, und ist mit unserem Blitz schon eine Weile liiert. Wobei das Manni nicht so ernst nimmt, der hält sich gerne alle Optionen offen. Wo es doch noch viel mehr Japanerinnen gibt. Als der Dicke spitz kriegt, dass unser Elektriker asiatischen Besuch hat, muss der natürlich gleich wieder ein paar blöde Sprüche loswerden. So anatomische Mutmaßungen, „längs oder quer" und solchen Unfug. Der ist und bleibt 'ne Sau.

Aber am nächsten Morgen erkennen wir die Sau nicht wieder. Frau Altmann kommt zu Besuch an Bord, und der Dicke ist wie ausgewechselt. Sitzt in feinem Zwirn an der Back, frisch rasiert, stinkt nach Nuttendiesel (*seemännischer Ausdruck für Parfüm oder Rasierwasser*) und gibt den Mann von Welt. Beteiligt sich höflich an der allgemeinen Tischkonversation, und gegenüber seiner Ollen ist er ausgesprochen zuvorkommend. Ich überlege mir, Frau Altmann mal zu fragen, ob ihr der Göttergatte schon den Double-Dong präsentiert hat, lasse es dann aber doch bleiben.

Abends nach Dienstschluss an Land, Manni und Hisayo schleppen mich mit. Eigentlich sollten die die wenigen Stunden, die ihnen der Fahrplan lässt, in trauter Zweisamkeit verbringen, jedenfalls sehe ich das so. Manni aber ist das wurscht, der will Geselligkeit, und für traute Zweisamkeit hat er die Nächte reserviert. Also lasse ich mich bequatschen und ziehe mit den Beiden los.

Irgendwie landen wir am Schifffahrtsmuseum der Stadt, das ist zwar schon geschlossen, aber das Restaurant der dort vertäuten Bark „SEUTE DEERN" hat geöffnet. Und in diesem alten Segler verbringen wir dann ein paar fröhliche Stunden in bester maritimer Umgebung. Mit seiner Hisayo hat Manni einen guten Fang gemacht, denke ich so für mich. Ein ganz angenehmes Wesen, hoffentlich weiß er es zu schätzen. Der ist nämlich manchmal auch ganz schön schräg drauf, was die Damenwelt betrifft. Und Monogamie hält er für eine behandlungspflichtige Krankheit.

Am 4. Juni beginnt meine zweite Rundreise auf diesem Kahn, um 6 Uhr morgens verlassen wir die Stromkaje Bremerhaven, Kurs Greenock. Und diese und alle weiteren Reisen auf der BENNINGTON verlaufen, bis auf gelegentliche Änderungen in der Reihenfolge der Anlaufhäfen, in der gleichen Taktung wie Trip Nr.1. Aber etliche Begebenheiten verdienen es, erwähnt zu werden, langweilig ist es eigentlich selten auf unserem Schachteldampfer.

Kurz nach dem Einlaufen in Greenock hat Popeye eine Erscheinung, die ihn beinahe um den Verstand bringt. Er hört Stimmen. Und zwar ausschließlich in seiner Kammer, ein ständiges unterdrücktes Quaken und Murmeln. Peilt aus dem Bullauge seiner Kammer, da ist nichts. Raus auf den Gang, da ist auch nichts. Unser ohnehin etwas zu Nervosität neigender Chiefmate bekommt Schweißausbrüche, vermutlich denkt er bereits an Psychotherapie, Kur und vorzeitige Pensionierung. Da macht seine Frau mal den Kühlschrank auf, und mittendrin liegt eines unserer Walkie-Talkies, das Ding ist eingeschaltet und plärrt immer wieder mal vor sich hin. Popeye hat es in seiner Hektik versehentlich da reingelegt. Leichtsinnigerweise erzählt Lady Popeye den Vorfall in der Messe, ein Superbeitrag zur allgemeinen Belustigung.

Die eineinhalb Tage in Greenock gehen vorüber wie nix, und schon sind wir wieder auf dem Atlantik. Wir sind gerade mal einen Tag unterwegs, es ist Sonntag, der 8. Juni. So um elf Uhr vormittags klingelt in der Funkbude das Telefon, Kapitän Lochmann am Apparat: „Herr Schlörit, darf ich sie mal in den Salon bitten? Jetzt ist Kirche!" Watt is? Sach blos, jetzt habe ich hier einen streng religiösen Kapitän an der Backe, und der bittet nun sonntags zur heiligen Messe. Das wäre ja der Hammer. Egal, ich latsche mal dahin, das schaue ich mir an. Im Salon treffe ich auf den Kapitän, Popeye und Frau, die Freundin des Zweiten, den Chief, Manni, den Dicken. Auf dem Tisch keine Gesangbücher, aber Bierflaschen. Allerseits feixende Gesichter. Und jetzt klärt mich Kapitän Lochmann auf. Am Sonntagmorgen vor dem Mittagsmahl bittet er seine verfügbaren Offiziere grundsätzlich zu einem kleinen Umtrunk in den Salon. Kein Besäufnis, ein oder zwei Buddels Bier und gut is`. Aber dabei kann mal in lockerer Runde alles belabert werden, was so anliegt. Und weil es nun mal Sonntag ist, wird das Ganze als „Kirche" verkauft. Hmm, denke ich so für mich. Eigentlich habe ich ja jetzt noch Funkwache bis 12 Uhr. Aber die habe ich ja selbst so eingeteilt, könnte ja auch anders sein. Und ob ich jetzt da oben noch die eine Stunde hocke oder ob in Brasilien ein Kaffeesack platzt, das macht nun auch keinen Unterschied mehr. Von da an verstoße ich nun jeden Sonntag ein wenig gegen meine Dienstpflichten. Die muss man auch mal höheren Zielen unterordnen.

Der sonntägliche Kirchgang endet immer recht pünktlich um 12:00 Uhr. Dafür sorgt schon Steward Narjes, der kurz nach Zwölf mit strenger Miene seinen Auftritt hat. „Meine Herren, darf ich zu Tisch bitten!" Logo, wenn wir da oben beim Alten versacken, während er unten in der Messe auf uns lauert, läuft ihm die Mittagspause davon. Da muss man als Steward auch mal energisch werden.

Einer der folgenden Tage bringt für den Dicken den Verlust seines hochgeschätzten Double-Dongs.

Als altes Ferkel, das er nun mal ist, hat er den Monsterdildo eines Nachmittags in der Koje von Popeye deponiert, als dieser mit seiner Frau auf der Brücke weilt. Die Kammern stehen ja meistens offen.

Als die beiden Abends zu Bett gehen wollten, kam Frau Chiefmate auf dem Ding zu liegen und war alles andere als amüsiert. Ein wutschnaubender Popeye tobte vor Altmanns Kammertür herum, aber der hatte sich eingeriegelt. Popeye zog sich wütend zurück, den Double-Dong führte er allerdings umgehend einer Seebestattung zu. Der versinkt noch in der Nacht in den Wogen des Atlantiks. Am folgenden Tage haben die beiden noch einen gewissen Klärungsbedarf, dann wächst Gras über die Sache. Manchmal ist es kein allzu großer Unterschied zwischen einem Seeschiff und einem Kindergarten.

Nach im Übrigen ereignisloser Überfahrt stehen wir am 13. Juni wieder vor New York. Im wahrsten Sinne des Wortes, da unser Liegeplatz in Weehawken noch von einem anderen Schiff blockiert wird, ankern wir auf Ambrose Reede. Aus der gemütlichen Nacht vor Anker wird aber nichts, frühmorgens um halb Fünf steht der Lotse auf der Brücke, wir hieven Anker und verholen in Richtung Containerterminal. Zweieinhalb Stunden später sind wir fest.

Hafensamstag. Keine Regelarbeitszeit für die Crew, bis auf die zu Overtimes eingeteilten Maaten. Und Kombüse sowie Stewards natürlich, gefressen wird immer. Das ist nun die Chance, mal nach Manhattan vorzudringen, erst am späten Abend laufen wir wieder aus. Unmittelbar nach der Einklarierung und dem Frühstück wetzen Manni und ich los, einer der Assis schließt sich noch an, und damit beginnt das Unternehmen „Big Apple im Schnelldurchlauf". Die Anfahrt ist doch nicht so kompliziert wie befürchtet, ein Stück stromaufwärts, gleich hinter dem Waterfrontpark, befindet sich der Eingang zum Lincoln-Tunnel, der direkt in das Herz Manhattans führt. Eine gerade noch erschwingliche Taxifahrt. Der Fahrer des „Yellow Cab", ein Puerto-Ricaner der bei weitem schlechter englisch spricht als wir, karrt uns zur 42nd Street, nuschelt was von „Nice Place" und verschwindet. Und wir stehen im versifftesten Dreckskiez, den wir in den letzten Monaten gesehen haben. Videostores und Sexshops, Straßennutten, Junkies, es sieht aus, als ob sich der komplette Bodensatz der New Yorker Gesellschaft in dieser einen Straße konzentriert. Taxifahrer sind doch weltweit die gleichen Halunken, nennt man als Seemann kein anderes konkretes Ziel, karren die uns grundsätzlich in solche Drecksviertel, was haben wir nur für einen Ruf in dieser Welt?

Wir drei sehen jedenfalls zu, dass wir aus dieser Gegend herauskommen, den Fremdling mit touristischen Interessen sieht man uns ja meilenweit an. Endlich erreichen wir 'ne U-Bahnstation, nun sind wir mobil und gehen die Sache nach Plan an. Mit leichter Verzögerung, zunächst mal muss man das System mit der U-Bahn kapieren, und das ist reichlich verwirrend. Fahrscheine gibt's nicht, man kauft vor Fahrtantritt eine Blechmünze, den „Token". Mit dem Ding kommt man dann erst durchs Drehkreuz in die Subway-Station. Die richtige Linie zu erwischen ist auch nicht so einfach, aber die New Yorker geben sich hilfsbereit. Man muss es allerdings erstmal hinkriegen, einen New Yorker zu stoppen, die rennen meist im Schweinsgalopp durch die Bahnstationen. In den Zügen anhand der abgebildeten Streckenpläne die richtige Zielstation zu erwischen, ist auch schwierig, 1980 war es absolut modern, die Innenwände der Wagen mit Graffiti zu beschmieren, mit Vorliebe natürlich die Streckenpläne. Aber mit einigem Hin und Her und etwas Fremd-Unterstützung gelangen wir an die Südspitze Manhattans, wir wollen auf das World Trade Center.

Blick vom World Trade Center auf die Südspitze Manhattans

# Verdammte Container – Seefahrt in den 1970er/1980er Jahren

Der Blick von dort oben ist überwältigend. In den Achtzigern dürfte es noch keine andere Stadt auf dem Planeten geben, die eine vergleichbare Ansammlung von Wolkenkratzern auf engstem Raum vorweist.

Sprachlos stehen wir da oben und schauen in diese Schluchten hinunter. Und wenn wir schon bei den ganz hohen Türmen sind, lassen wir uns das Empire State Building auch nicht entgehen. Nach einer erneut etwas konfusen U-Bahntour fahren wir auch auf diesen Giganten, nach reichlich bemessener Wartezeit an den Fahrstühlen, gefühlte tausend Touristen aus Nah und Fern hatten nämlich zeitgleich die gleiche tolle Idee. Als Besucher New Yorks ist man im Prinzip ein Lemming unter tausenden anderer Lemminge

Wir lassen uns weitertreiben, den Broadway hoch, zum Times Square, die 45th Street runter. Und stellen verblüfft fest, dass die New Yorker Polizei in diesem chaotischen Verkehr berittene Beamte auf Streife schickt. Was sind das nur für Gäule, die sowas aushalten. Vermutlich taubstumme Klepper, denen es vor gar nichts mehr graust. Tierschützer hätten jedenfalls ihre helle Freude daran.

Gerne hätten wir uns auch die Freiheitsstatue und das in der Nähe liegende Inselchen Ellis näher angeschaut, aber das brächte uns in Zeitverzug. An der Gangway hing heute Morgen ein Schild mit der Aufschrift „Shore leave 09:00 P.M." Landgang bis 21:00 Uhr. Da kostet es einfach zu viel Zeit, mit den Booten vom Battery Park an der Südspitze Manhattans rüber zu den Inseln zu tuckern. Vielleicht beim nächsten Mal. Wir streunen noch geraume Zeit in der Gegend um den Times Square herum, suchen zwischendurch mal ein Restaurant auf und sind im Übrigen nur auf der Jagd nach Fotomotiven. Das nimmt uns letztlich so in Anspruch, dass wir abends nur mit knapper Not den Taxi-Trip zurück auf die andere Seite managen. Pünktlich zum Landgangsende kraxeln wir wieder die Gangway hoch, müde, aber happy.

Nun hetzt die BENNINGTON förmlich durch die amerikanischen Häfen. Am Samstag um 22:00 Uhr Abfahrt New York. Am Sonntag 16:00 Uhr Ankunft Baltimore. Am Montag 03:00 Uhr Abfahrt Baltimore. Am Dienstag 07:00 Uhr Ankunft Wilmington. Um 18:00 Uhr des gleichen Tages wieder raus aus Wilmington. Am Mittwoch 07:00 Uhr sind wir fest in Charleston, um 20:00 Uhr laufen wir wieder aus. 5 Tage, 4 Häfen. Einige Piepels haben in dieser Zeit keinen Fuß an Land gesetzt. Ist aber nicht nur den kurzen Liegezeiten geschuldet, da spielt auch eine gehörige Menge Trägheit eine Rolle.

146

## Verdammte Container – Seefahrt in den 1970er/1980er Jahren

Gerade bei älteren Janmaaten beobachte ich häufiger, dass die nur noch selten an die Küste toben. Zuviel Action, zu umständlich, keinen Bock, hier ist sowieso nix los, zu teuer, Ausreden gibt es genügend, um sich an Bord festzubeißen. Andere wiederum praktizieren das Gegenteil, und zu dieser Fraktion zähle ich mich auch. Falls wir nicht gerade schon am Abend weiterfahren, wetze ich grundsätzlich nochmal die Gangway runter. Manni meistens dabei, den hält auch nichts an Bord, falls er nicht gerade wegen dringender Reparaturen abends noch zutörnen muss.

Das sind nun nicht gerade rauschende Landgangserlebnisse, die an der Amiküste auf uns warten. Mal finden wir ein nettes Restaurant und mampfen etwas, das von der üblichen Bordverpflegung abweicht. Wobei wir über die nicht meckern können, Siggi Weigel gehört zu den Sterneköchen der Reederei. Die Sterne hat er von uns, nicht von Michelin und Konsorten. Aber egal, ab und an muss man mal was anderes zwischen die Kiemen schieben. Und wenn wir nicht zum Mampfen unterwegs sind, fahnden wir halt nach 'ner guten Kneipe, einen Club oder sowas. Hauptsache mal andere Tapeten. Meist werden wir fündig, in jeder dieser Städte gibt's ein paar brauchbare Läden, gute Tipps besorge ich mir schon bei der Einklarierung, der Agent oder auch der Immigration Officer haben immer mal 'ne Empfehlung für uns.

Jene Vergnügungen aber, die man Hein Seemann grundsätzlich unterstellt, den fröhlichen Umgang mit leichten Mädels eben, die kann man sich hier an der Küste zumeist abschminken. Klar, in Hafennähe gibt's ein paar runtergewohnte Bars mit den dazu passenden Nutten. Die sind aber wirklich zum Abgewöhnen. Und deshalb sehen viele Seeleute die Fahrt zur amerikanischen Ostküste als „Eunuchentrip". Umso mehr schwärmen sie dann bei den abendlichen Kammerpartys von der Südamerikafahrt, von mittelamerikanischen Seemannsparadiesen, von den wilden Nummern an den Küsten Westafrikas und wo immer sie in ihren langen Jahren auf See schon gewesen sind. Hilft aber alles nichts, wir hetzten hier von Containerbrücke zu Containerbrücke. Wenn man von den Kollegen mit mitreisender Partnerin mal absieht, hat wahrscheinlich der Dicke die häufigsten Damenkontakte. Wenn auch sehr platonisch, der hat beim letzten Stopp in New York körbeweise Porno-Magazine gekauft, und man muss ihn immer wieder mal nachhaltig darauf hinweisen, die Drecksdinger nicht überall liegenzulassen. Ebenfalls eingekauft hat er einen reichhaltigen Bestand an fertigen Cocktails. Das sind kleine Buddels, die beinhalten die komplette Beimischung für Bloody Mary, Mai Tai, Tequila Sunrise und wie immer auch diese Mischgesöffe heißen. Man muss nur noch den dazu passenden Alkohol hinzufügen, und fertig ist das Mixgetränk. Natürlich sind diese Mischungen ziemlich synthetisch, aber was solls, in der Not frisst der Deibel Insekten. Und nach dem dritten Cocktail aus der Hexenküche ist es eh egal, dann schmeckts vorzüglich. Die Rückreise verbringen wir mehrfach beim Dicken und helfen ihm, die Bestände zu reduzieren. Er stellt das gemischte Gift und wir den Alkohol. Auch die mitreisenden Ehefrauen gesellen sich dazu, Altmann lässt dafür sogar die Pornohefte vorübergehend verschwinden, und man fühlt sich schon fast wie in einer Cocktailbar.

Wieder in knapp acht Tagen über den Atlantik. Acht Mal je drei Wachdienste, dazwischen dienstfrei, einmal Kirche mit Bier und Smalltalk, dann liegen wir wieder in Le Havre. Hier bleibe ich ebenfalls an Bord, fest sind wir erst um Mitternacht, am nächsten Nachmittag geht's weiter. Kleine Fahrplanänderung, wir laufen zuerst nach Bremerhaven, dann nach Rotterdam. Ist mir piep egal, für mich macht's keinen Unterschied, ob ich hier oder dort mal hektisch durch die Stadt renne.

Eigentlich ist mit einem schönen freien Samstagabend in Bremerhaven zu rechnen, um 16:00 Uhr sind wir vor der Stadt. Pustekuchen, an der Stromkaje ist unser Platz noch belegt, wir ankern auf der Weser und warten. Schließlich ist es schon nach 21:00 Uhr, als wir festmachen. Dann noch Einklarierung, und natürlich noch `ne Reihe An- und Abmusterungen, damit ist der Samstagabend gelaufen.

Wieder umfangreicher Crewchange. 2.Offizier Dirks und seine Cornelia gehen von Bord, dafür kommt 2.Offizier Lindemann, und der bringt auch gleich seine Verlobte mit. Eine rassige Brasilianerin,

## Verdammte Container – Seefahrt in den 1970er/1980er Jahren

Enaida heißt sie mit Vornamen. Familie Popeye fährt auch nach Hause, Nachfolger wird Chiefmate Habenicht, ebenfalls in Begleitung seiner Gattin. Ein neuer 2.Steward meldet sich zum Dienstantritt. Der ist aber nach drei Stunden schon wieder weg. Beißt der doch in der Pantry in eine Salami, die dort im Kühlschrank herumliegt. Dabei zerbricht sein Gebiss. Nein, mit ohne Gebiss fährt er nicht. Spricht`s und verschwindet. Am nächsten Tag schon schickt die Company Ersatz. Eine schräge Type, laut Seefahrtbuch ist der vor fünf Jahren das letzte Mal gefahren. Sieht aus, als ob sie den in einer Kiezkneipe eingefangen haben.

Alles geht über die Bühne wie gewohnt, ich händige Seefahrtbücher aus, schüttele Hände, verabschiede mich, begrüße einen Neuen, und dann geht alles weiter im gleichen Trott. Nach wenigen Tagen ist es so, als ob die Abmusterer nie an Bord gewesen seien.

Ebenfalls wieder anwesend ist Hisayo, Mannis kleine Japanerin aus Düsseldorf. So viele Frauen, Freundinnen oder was auch immer habe ich an Bord noch nicht erlebt, aber dafür ist ja dieser Trip auch bestens geeignet. Noch einige andere Damen besuchen ihre Partner während der Liegezeit hier, viele der Jungs stammen ja aus küstennahen Regionen, das begünstigt natürlich diese Familientreffen.

Wir haben dieses Mal Glück, das Schiff verbleibt bis zum Montag in Bremerhaven. Ein Hafensonntag, fast ein kleiner Lottogewinn. Ich verlasse nach dem Frühstück den Kahn und tauche erst spät abends wieder auf. Stunden verbringe ich im Schifffahrtsmuseum, gerne nehme ich in Häfen solche Möglichkeiten wahr. In den Jahren bei der Seefahrt habe ich auch ein ausgeprägtes Interesse für die Geschichte der Seefahrt entwickelt, immer wieder faszinieren mich die noch vorhandenen Zeugnisse maritimer Vergangenheit. Ich habe ja nun eine sehr präzise Vorstellung davon, wie es da draußen auf den Meeren aussieht, umso mehr beeindruckt mich der unglaubliche Mut früherer Seefahrer und Entdecker, die mit nach heutigen Maßstäben unglaublich primitiven Fahrzeugen die Ozeane überquerten. Gut, es mag nicht immer nur Mut gewesen sein, bestimmt war manchmal auch ein völlig übersteigertes Gottvertrauen im Spiel. Oder grenzenlose Blödheit, wer vermag es noch genau zu sagen.

# Verdammte Container – Seefahrt in den 1970er/1980er Jahren

Einige Namen kennen wir heute noch und sprechen sie nur mit Hochachtung aus, Kolumbus, Magellan, Diaz, Cook. Andere scheiterten und soffen kläglich ab. Manchmal stehe ich in den Museen fassungslos vor den Modellen der Nussschalen, mit denen diese Helden ihrer Epoche in See stachen. Und denke an „meine" Seefahrt, hundertsiebzig laufende Meter stählerner Kahn, angetrieben von modernster Motorentechnik, Navigation auf dem aktuellsten Stand ihrer Zeit, über Funk immer mit dem Festland in Kontakt, komfortable und klimatisierte Unterkünfte. Jedoch auch hier gibt's ein berechtigtes „Aber". Seefahrt ist bis heute keine Lebensversicherung. Wir werden gelegentlich daran erinnert. Die BRANDENBURG, die MÜNCHEN, ich könnte die Liste endlos fortsetzen.

Dienstagmorgen liegen wir schon wieder in Rotterdam. Greenock fällt auf dieser Reise aus, zu wenig Ladung. Hisayo ist bis hierher mitgefahren und reist nun wieder nach Hause. Ihr Aufenthalt an Bord dauerte nur drei Tage, aber die schleppte ein Gepäck mit, als ob sie an einer Grönland-Expedition teilnehmen wollte. „Weiber", meint Manni achselzuckend und bittet mich, beide zum Bahnhof in Rotterdam zu begleiten, als Kofferträger-Assistent. Kapitän Lochmann gewährt uns einen ausgedehnteren Landgang, trotz werktäglicher Anwesenheitspflicht. Wir bringen die kleine Japanerin mitsamt ihren Reisemöbeln zur Bahn und streunen den gesamten restlichen Nachmittag kreuz und quer durch Rotterdam. Ich schleppe Manni auch hier in ein Museum, das „Maritiem Museum" ist das wohl bedeutendste Seefahrtsmuseum der Niederlande. Von Seefahrt verstehen die was, die Niederländer, eine ganze Reihe maßgeblicher Pioniertaten auf diesem Gebiet geht auf ihr Konto. Die Zeugnisse davon kann man hier gut besichtigen. Das war dann aber auch genug Kulturprogramm, den Rest des Tages verbringen wir in unmittelbarer Nähe diverser Zapfhähne.

Um Mitternacht zurück an Bord, dort laufen schon die Auslaufvorbereitungen. Als ich am nächsten Morgen erwache, haben wir die engste Stelle des Ärmelkanals schon hinter uns. Die BENNINGTON steamt wieder mit „Full Speed" nach New York.

Dort treffen wir an einem Mittwochabend ein. Und laufen prompt am Donnerstagmorgen zur Frühstückszeit wieder aus. Den Abend habe ich an Bord verbracht, bei sommerlichen Temperaturen hängen wir mit einigen Piepels entspannt an der Reling herum, ʾne Kiste Holsten-Bier zu Füßen, und schauen auf das hell erleuchtete Manhattan auf der anderen Seite des Hudson hinüber. Mehr war nicht drin.

Im Schiffstagebuch findet sich unter dem Freitag, dem 11. Juli 1980 der Eintrag:" 07:06 Uhr Ankunft Baltimore". Brisanter ist der Eintrag mit der Uhrzeit 11:30: „Bei Bay 8 wurden zwei 20Fuß-Container mit 40Fuß-Spreader angefasst. Container stürzen in den Raum, Schäden an Schiff und Containern. P&I-Club informiert und Schadensbesichtiger angefordert".

Der Knall, als die beiden Container abstürzen, ist im ganzen Dampfer zu hören. Was war passiert?

Abgestürzter Container am unteren Bildrand

*Als Spreader werden die Hebewerkzeuge bezeichnet, mit denen die Container umgeschlagen werden. Meist handelt es sich um Teleskoprahmen, die an die Containergröße angepasst werden, sich in den oberen Eckbeschlägen des Containers einrasten und mittels*

# Verdammte Container – Seefahrt in den 1970er/1980er Jahren

*Twistlock verriegeln. Damit wird der Container dann angehoben und umgesetzt. Im konkreten Fall hatte man versucht, mit der 40Fuß-Einstellung zwei aneinander gereihte Zwanzigfüßer anzuheben, noch über der Luke schwebend stürzten die Dinger ab und wurden weitgehend zerstört.*

*Der nun mit der Sache betraute P&I-Club ist eine Versicherungsgruppe, die die Reederei gegen Risiken verschiedenster Art absichert. Nahezu alle Versicherungsfälle in der internationalen Seeschifffahrt, die nicht von anderen Schutzklauseln erfasst sind, werden über den P&I-Club geregelt. P&I steht für „Protection & Indemnity", also „Schutz und Entschädigung".*

An Deck zunächst mal lange Gesichter. Chiefmate Habenicht findet das gar nicht lustig, unser Kapitän noch viel weniger. Aber es ist nun mal passiert, jetzt ist Handeln angesagt. In dem betroffenen Bereich werden die Lade- und Löscharbeiten unterbrochen, nun muss erst mal ein Sachverständiger der Versicherung ran. Was uns weniger betroffene Piepels nicht daran hindert, den Schrotthaufen ausgiebig zu fotografieren. Wenn man sonst keine Motive hat.

Der Sachverständige erscheint erstaunlich zügig. Ein Captain Mario A. Dialinos meldet sich an Bord, und zusammen mit unserem Alten und dem 1. Offizier „Have not" (Habenicht nennt ihn schon lange keiner mehr) wird der Schadensfall ausgiebig bewertet und diskutiert. Danach werden die verballerten Container an Land gehievt, und der Ladungsumschlag wird fortgesetzt. In erster Linie sind alle happy, dass niemand bei dem Crash zu Schaden kam. Auf den obligatorischen Schutzhelm brauchst ´de nicht zu bauen, wenn dir ein Container auf die Rübe fällt.

Am folgenden Abend finden wir uns in Wilmington ein. Um nach 10 Stunden wieder auszulaufen. Dann wenigsten ein Sonntagabend in Charleston, richtig gediegen mit ausgiebiger Tour durch einige Bars in der Stadt. Mehr ist wieder nicht drin, am Montagnachmittag beginnt die Rückreise nach Europa.

Dieses Mal laufen wir direkt durch bis Bremerhaven, die anderen Häfen an der europäischen Küste werden erst auf Ausreise bedient. Nach einer ausgesprochenen Schönwetterreise erreichen wir die

Wesermündung und gehen zunächst mal vor Anker, das übliche Problem mit dem noch nicht freien Liegeplatz. Ich nutze die Zeit, um dort draußen auf Reede schon mal den Vorschuss an die Crew auszuzahlen, den Piepels erspart das dann die Wartezeit, wenn sich die Einklarierung länger hinzieht. Runde 4.500 Mark wurden mir vom Kapitän ausgehändigt, gemäß den Bestelllisten, die am Vortag in den Messen auslagen. Die Auszahlung geht stockend voran, einige der Janmaaten hängen noch auf diversen Arbeitsstationen fest, so nach und nach werde ich erst die Kohle los.

Kurz nach vierzehn Uhr sind wir fest, und es liegen immer noch 2.100 DM in der Schreibtischschublade. Einklarierung, eine gute Stunde dauert meine „Sitzung" mit den Behörden-Piepels im Salon, die sind heute aber auch besonders gründlich. Endlich, die „Wasserschutz" und der Agent verziehen sich, und ich gehe wieder in der Funkbude in Position. Die Stationstür war während der Einklarierung nicht verschlossen. Öffne meine Schublade, kurzer Blick, Herzstillstand, unverzügliche Schnappatmung. Die Kohle ist weg. Mit fliegenden Fingern wühle ich den Schreibtisch durch, egal, weg, da liegt kein abgefuckter Pfennig mehr drin. Verdammte Scheiße aber auch, warum habe ich Knalltüten-Oberrindvieh die Funkbude nicht verschlossen, als ich in den Salon ging? Mache ich sonst immer und in jedem Hafen. Habe ich den ernsthaft geglaubt, dass hier, quasi im Heimathafen, nur ehrliche Geister im Port herumschwirren? Nur Kanaker klauen, so jedenfalls lautet die unterschwellige Philosophie arroganter deutscher Janmaaten. Was zum Henker hat mich da geritten?

Nach dem ersten Schock fängt das Räderwerk in der Birne wieder an zu arbeiten. Ich fege zum Alten, mache dort Meldung. Kapitän Lochmann schaut auch recht betroffen aus der Wäsche, weist mich aber sofort darauf hin, dass außer den Behörden noch keine schiffsfremden Personen an Bord waren, die Hafenarbeiter schwärmen jetzt erst an Deck aus. Es muss also jemand von der Crew gewesen sein, 15 Mann hatten bereits ihren Schuss abgeholt und dabei gesehen, in welcher Schublade der Zaster aufbewahrt wurde. Einen Safe habe ich leider nicht, das geht nur mit Schreibtischschublade. Umgehend fordert der Kapitän Polizei an. Erst 'ne gute Stunde später kreuzen zwei Typen von der Wasserschutzpolizei auf, und die sind sowas von desinteressiert, das ist nicht mehr zu toppen. Da könne man kaum was machen, Geld war ja nicht unter Verschluss, selber schuld. Wenigstens eine Anzeige nehmen sie auf, für die Akten. Im Übrigen beschränken die sich aufs Kondolieren. Na vielen Dank auch.

Später hocke ich mich auf den Hintern und formuliere ein Schreiben an die Reederei, beraten von Kapitän Lochmann. Schildere die Umstände und ersuche um eine Kulanzlösung über die Versicherung. Wobei die höchstwahrscheinlich nicht zahlt, die bestehen auf ihr Kleingedrucktes.

Und da gehört Schiffsgeld unter Verschluss, Ende der Durchsage.

Somit bleibt die Sache an mir hängen, einen Monat bin ich umsonst gefahren, 2.100 DM entsprachen annähernd meinem damaligen Nettoeinkommen. Abends gehe ich mit Manni an Land, den Verdruss muss ich erst mal runterspülen. Wir stranden in einer Kaschemme an der Rickmerstraße, und ich haue mir gewaltig einen in die Kanne. Manni auch, aus reinem Mitgefühl. Danach hake ich die Nummer ab, bringt nix, sich noch einen Kopp zu machen. Aber den Täter, den hätte ich gerne ermittelt. Und wenn ich die ganze nächste Reise Sherlock Holmes spielen muss.

Schon am Folgetag treten erste Indizien zutage. Der Diebstahl hat sich an Bord rumgesprochen wie nix, die Maaten sind alle mehr oder weniger betroffen. Einer an Bord klaut, das ist ein verflucht ungutes Gefühl. Und schon gibt es Hinweise auf diesen schmierigen 2.Steward, der seit einigen Wochen mitfährt. Der Typ wurde beobachtet, wie er während der Einklarierung in den oberen Decks herumstreunte. Und überhaupt sei da nicht alles koscher, während der Liegezeit in den Amihäfen ist aus Kammern im Mannschaftsdeck auch schon mal Geld verschwunden. Kleinbeträge, und deshalb ist diese Tatsache überhaupt nicht oben bei uns angekommen. Der Alte holt sich den Steward zwecks Verhörs auf seine Kammer, aber der begründet mit fadenscheinigen Ausflüchten seine Anwesenheit in den oberen Gängen, dem ist nichts nachzuweisen.

Jedes Mal, wenn er mir in den Folgetagen übern Weg läuft, glotzt der mich aus seinen ausdruckslosen Fischaugen wortlos an, und ich bin sicher, der hat die Kröten aus der Schublade gezippelt. Meine Kammer betritt er aber nicht mehr, bisher war er für den Kammerservice beim Funker zuständig. Nach Intervention beim Alten macht das jetzt der 1.Steward.

Wieder sind Gutachter an Bord, die Nummer mit den abgestürzten Containern in Baltimore hat sich am Einlauftag abends gerade noch mal wiederholt. An der Bay 5 wurden erneut zwei Zwanzigfüßer mit dem vierziger Spreader angefasst und knallten prompt in den Raum. „Have not" tobt, aber das hilft auch nicht weiter. Kurz nach dem Besichtiger von P&I rückt noch 'ne Reparaturgang von der Rickmers Werft an, die Gleitschiene bei Bay 5 muss repariert werden.

Änderungen bei der Besatzung liegen auch wieder an, wenn auch nur in geringem Umfang.

Klaus Bergmann mustert ab, seine vorgeschriebene Fahrtzeit als Offiziersanwärter hat er absolviert, nun steht ihm der Besuch der Seefahrtschule bevor. Dass ich ihn viele Jahre später als gestandenen Kapitän und Seefahrtschullehrer wiedersehen sollte, ist jetzt noch nicht zu erahnen.

Am Freitagabend ziehe ich nochmals los, Manni wieder dabei. Erneut streunen wir auf der Rickmerstraße herum, was lockt uns eigentlich immer in dieses Kneipenrevier? Klappern zwei drei Bars ab und hocken dann irgendwann in einer ganz kleinen verqualmten Piesel. Da steht ein rustikales Weib hinterm Tresen, mit so 'ner Prinz-Eisenherz-Frisur, mehr Männlein als Weiblein. Verflucht nochmal, die kenn ich doch. Versuchsweise spreche ich sie an: „Karl?" Die guckt, stutzt, dann das Echo: "Bernd?" Ich glaub, mich tritt ein Pferd, das ist Karl. Also eigentlich Marlies, aber für uns damals auf der alten BURGENSTEIN war sie Karl. Marlies war eine Bilderbuchlesbe, die musterte 1972 auf der BURGENSTEIN als Stewardess an, ich machte dort die ersten Erfahrungen als Seemann, in der Rolle eines Aufwäschers ( *Aufwäscher wurden früher als Hilfskräfte der Stewards beschäftigt und überwiegend für Reinigungsarbeiten und als Geschirrspüler eingesetzt* ). Wegen ihres robusten Auftretens nannte der ganze Dampfer sie einfach Karl, sie war ein Pfundskumpel, und wir hatten jede Menge Spaß mit ihr. Und jetzt jobbt die hier in dieser Spelunke und zapft für uns den Hopfenblütentee. Großes Gelächter, und dann haben wir viel zu schnacken. Die wenigen anderen Gäste hören staunend zu, die wussten wohl bisher gar nicht, dass Marlies mal als Karl zur See fuhr.

Bremerhaven ist wieder Geschichte, erneuter Kurzaufenthalt in Rotterdam. Nächste Station Le Havre, an einem Sonntagmittag laufen wir dort ein. Hier wollen wir endlich unser Vorhaben in Angriff nehmen, mal richtig französische Küche zu genießen. Unter Anleitung von Siggi, der hat für die sonntägliche Abendverpflegung an Bord das Zepter an den Kochsmaaten übergeben. Allerdings mit leichten Bauchschmerzen, seit der ihm mal den samstäglichen Eintopf nicht gesalzen, sondern versehentlich gezuckert hatte, traut er ihm nicht mehr viel zu. Egal, er wagt es, und wir hocken kurze Zeit später in einem der besten Restaurants der Stadt und lassen die Kuh fliegen.

Schon mit dem ersten Gang sind wir fast 'ne Stunde beschäftigt, solange benötigen wir, bis wir diese Wahnsinnsplatte von Krebsen, Langustinos, Muscheln, Krabben, Meeresschnecken und sonstigem Getier niedergekämpft haben. Siggi, der Kombüsenprofi, dient uns als Führer durch das Menü, nach den Unterwasserhappen vernichten wir Zunge in Weinsauce, im folgenden Gang eine monströse Käseplatte und dann noch Früchte achtern ran. Dazu Alkohol in allen erdenklichen Erscheinungsformen. Der abschließende Kaffee passt eigentlich nicht mehr rein, den trage ich dann noch 'ne gefühlte halbe Stunde im Hals spazieren, bis sich der ganze Gulasch im Laderaum halbwegs gesetzt hat. An jenem Abend wird der Begriff „Koma-Fressen" geboren.

Das war's dann schon, Greenock wartet. Und dort betrete ich zum letzten Mal europäischen Boden, bevor wir erneut über den Atlantik brackern. Kleiner Dämmerschoppen in einer hafennahen Kaschemme, nichts Besonderes.

Wir haben gerade Greenock verlassen, da wabert ein Gerücht durch den Dampfer. Seatrain plane eventuell, das Schiff in einem anderen Fahrtgebiet einzusetzen. Weiterhin US-Ostküste, aber dann ins Mittelmeer, Barcelona, Valencia, Marseille und umliegende Ortschaften. Hört sich interessant an, Tapetenwechsel wäre schon willkommen. Andererseits, eine Ablösung nach vier Monaten, wie sie Ahrenkiel auf diesem Schiff häufig praktiziert, fällt dann flach. Was mir aber recht wäre, ich habe da noch gewisse finanzielle Einbußen zu kompensieren, die mir ein netter Zeitgenosse in Bremerhaven eingebrockt hat. Aber noch sind es Gerüchte, nichts Konkretes.

Wir sind noch zwei oder drei Tagesreisen vor New York, ich sitze vor meinen Empfängern und lausche gelangweilt in den Äther. Draußen Schietwetter, kabbelige See, diesig. Mein Telefon rasselt los, am anderen Ende der Kapitän. „Herr Schlörit, gehen sie doch bitte mal auf Kanal 16, wir haben hier oben einen deutschen Segler im Funk, der hat ein Anliegen!" Jawohl, der sagt wirklich bitte. Immer höflich, unser Reiseleiter. Und ich greife einigermaßen erstaunt zum Hörer meines VHF-Gerätes. Ein Segler, hier draußen, mitten auf dem Atlantik? Was soll das denn?

*Außer der vorgeschriebenen Funkausstattung mit Mittelwellensendern und der Kurzwellenanlage befindet sich in der Funkstation auch ein VHF-Gerät, ebenso wie auf der Brücke.*
*Damit wird Sprechfunkverkehr auf Ultrakurzwellen ermöglicht, reichweitenbedingt nur im Nahbereich des Schiffes. Das sind im Mittel so um die 30 Seemeilen, abhängig auch von der Antennenhöhe. Und dieser VHF-Funk ist der einzige Frequenzbereich aus meiner Epoche des Seefunks, der bis in die Gegenwart überlebt hat. Funkkontakte von Schiff zu Schiff, mit Lotsenstationen, Schleusen, Hafendiensten und auch Telefonate mit nahegelegenen Küstenfunkstellen wurden und werden über VHF abgewickelt. Die festgelegten Kanäle befinden sich im Bereich zwischen 156 und 162 MHz, eine Anzahl dieser Kanäle ist für bestimmte Verwendungen reserviert. Und der Kanal 16 (156,800 MHz) war ausschließlich für Notverkehr, Sicherheitsbelange und Anrufe zu verwenden. Nach der Kontaktaufnahme auf Kanal 16 war ein Wechsel auf einen Arbeitskanal vorgeschrieben. Das Gerät in der Funkstation wurde in aller Regel nur*

*für die Vermittlung von Telefonaten genutzt, während die VHF-Anlage auf der Brücke zumeist schiffsbetrieblichen Zwecken diente, dieses Gerät war auch permanent eingeschaltet und auf Kanal 16 eingestellt.*

Ich hänge mich also ans UKW und lege los. Prompt meldet sich eine Stimme in deutscher Sprache, klar und deutlich zu hören, der muss noch dicht bei sein. Kann ich nicht erkennen, mit meinen mickrigen beiden Bulleyes nach Backbord. Und dann stellt sich raus, dass hier ein Teilnehmer der OSTAR-Regatta 1980 herumtrudelt. Ich habe keinen Schimmer, was zum Teufel die OSTAR-Regatta überhaupt ist, werde aber so nebenbei aufgeklärt. OSTAR steht für „Original Single Handed Trans Atlantic Race". Diese Typen hocken sich mutterseelenalleine auf ein Segelboot und schaukeln über 'n Atlantik, und zwar von Ost nach West. Ja sach`ma`, geht's noch? Reichlich verblüfft höre ich mir die Ausführungen des einsamen Seglers an. Und sein Anliegen ist schlicht und ergreifend die Bitte, mal zwei Telegramme für ihn zu senden. Der hat zwar auch `ne Kurzwellenausrüstung an Bord, `ne kleine Amateurfunkanlage. Wegen dem Dreckswetter der letzten Tage ist ihm aber der Mast gebrochen, jetzt hat er sich ein Not-Rigg gebastelt, aber noch keine Antenne spannen können. Mit dieser Behelfs-Besegelung setzt der seine Reise unbeeindruckt fort. Kapitän Lochmann, der bei der Sichtung rein zufällig auf der Brücke war, hat ihm schon Hilfe angeboten, aber der Einhandsegler verzichtet dankend. Lediglich die zwei Telegramme bittet er zu schicken, eines nach New York an die Regattaleitung, und eines an seine Frau zu Hause in Ostfriesland. Man möge sich keine Sorgen machen, er käme wohl einige Tage später an, das war so in etwa der Inhalt beider Funksprüche. Ich sage die Übermittlung zu, wir kriegen die Durchsage der Texte gerade noch hin, dann ist er nicht mehr zu hören. Klar, der dümpelt da draußen mit halb zerfledderter Takelage im aufgewühlten Atlantik und wir stürmen mit gut zwanzig Knoten westwärts. Meine Antenne ist über 30 Meter hoch im Mast aufm Peildeck und der hat vermutlich nur `ne Handfunke. Die Verbindung reist schnell ab.

Unverzüglich werfe ich meinen Sender an, suche mir eine geeig-

nete Frequenz und rufe Norddeichradio. Nach der üblichen Wartezeit auf dem Arbeitskanal meldet sich die ostfriesische Küstenfunkstelle, und zügig taste ich das Telegramm an die Ehefrau des wag-
halsigen Seglers rüber. Die Regattaleitung in New York bekommt
ihre Message später über eine amerikanische Station, ich muss
dann sowieso noch das alle zwei Tage fällige ETA für Seatrain New
York senden.

Der Kollege in Norddeich quittiert umgehend den Empfang und
bittet mich dann aber um einen Wechsel auf eine Kurzwellen-
Telefoniefrequenz. Verdutzt folge ich dem Ansinnen und werde
auch unmittelbar danach gerufen. Und jetzt stellt sich heraus, dass
der Funker dort oben an der Friesenküste den Segler persönlich
kennt. Die sind Clubkameraden im selben Segelverein, und der
ganze Club nimmt Anteil an dem Unternehmen OSTAR. Auch die
Ehefrau des Seglers kennt er persönlich, er will sie nun noch mal
telefonisch genauer unterrichten und möchte von mir jede Einzelheit
des UKW-Kontaktes zu dem Regattasegler hören. Das is' ja ein
Ding, es gibt schon tolle Zufälle im Leben. Wir unterhalten uns noch
'ne Weile und dann bietet mir der Kollege an, ein kostenfreies Pri-
vatgespräch an eine beliebige Telefonnummer in Deutschland zu
vermitteln. Wegen der Unterstützung und Kooperation zugunsten
seines Seglerfreundes. Na klar, das nehme ich gerne in Anspruch.

Als wir Tage später in New York an der Pier liegen, denke ich
nochmal an die Begegnung mit dem einsamen Mann auf seiner
Nussschale. Der schaukelt noch verdammt weit draußen auf dem
großen Teich, während wir in unsrem Hightech-Hobel pünktlich wie
eine Straßenbahn in Weehawken an die Pier klappten. Auch wenn
ich dem Einhand-Segeln, besonders unter Sicherheitsaspekten,
nichts abgewinnen kann, habe ich doch gehörigen Respekt vor diesen Typen. Die trauen sich was.

Weehawken beschert uns mal wieder einen Schnelldurchlauf,
nach einer Nacht auf Wartereede sind wir um 07:30 Uhr fest, gegen
Mitternacht sollen wir wieder raus. Manni muss unbedingt an Land,
der will sich hier 'nen Koffer kaufen. Und eventuell 'ne neue Kamera. Ich soll ihn begleiten. Wir verklickern das Vorhaben dem Kapi-

tän, für den ist es kein Problem, dass wir nach dem Mittagessen abhauen. Gesagt getan, kurze Zeit später hocken wir im Bus nach Manhattan. Nach drei Reisen hierher benötigen wir kein Taxi mehr, wir kennen die günstigeren Verbindungen in die Stadt.

Einen heißen Tipp hat Manni schon von Kollegen bekommen. Diesen Ratschlägen folgend schlagen wir uns mittels Subway zur Lower East Side durch, dort sind ganze Straßenzüge fest in jüdischer Hand, und viele der Migranten, zumeist aus Osteuropa stammend, betreiben in dem Viertel Geschäfte aller Art. Dort soll es dem Vernehmen nach sehr günstig die in Europa deutlich teureren Hartschalenkoffer geben, Manni ist hinter einem größeren „Samsonite" her. Und japanische Kameras kosten auch nur halb so viel als bei uns, so hieß es zumindest.

Das Viertel sieht aus wie „Klein Jerusalem", immer wieder treffen wir auf orthodoxe Juden in ihren altertümlichen Gewändern. Die Geschäfte werden durchweg auch von ihren Glaubensbrüdern betrieben, und deren Geschäftsgebaren ist etwas gewöhnungsbedürftig. Im Schaufenster finden sich Koffer aller Größen, mit lachhaft niedrigen Preisen ausgezeichnet. Im Laden dann aber erhöht sich der Preis dramatisch. Übrigens keine Kofferläden, vom Kühlschrank bis zu Socken verhökern die alles, was sich gerade noch so tragen lässt. Und dafür, dass die ausgehängten Preise überhaupt nicht relevant sind, haben die die fadenscheinigsten Begründungen parat. Anderes Modell, versehentlich falsch ausgezeichnet und bla bla bla. Unser Blitz ist jetzt von Ehrgeiz gepackt und finster entschlossen, das Ding zu einem der Billigpreise zu erwerben. Oder gar nicht. Der schleppt mich von einem Kofferjuden zum Nächsten, wir arbeiten drei Straßenzüge durch, und Manni feilscht wie ein levantinischer Mausefallenhändler. Zunächst ohne Ergebnis, an den hiesigen „Businessmen" beißt er sich die Zähne aus. Zum Schluss landen wir wieder im ersten Laden, dort steht das Wunschobjekt unseres Elektrikers für 30 Dollar im Schaufenster, drinnen aber verlangen sie 50 „Greenbacks". Manni wieder da rein, ich aber habe die Schnauze voll und bleibe vor der Tür stehen. Schaue mir ein wenig das bunte Treiben an und hoffe inständig, dass mein Kumpel nachgibt und den verdammten Samsonite in Gottes Namen auch für 50 Mäuse kauft, immer noch günstiger als zuhause.

Nach 'ner Weile kreuzt Manni auf, und Hosianna in der Höh', er hat den Koffer. Etwas nervös zerrt mich der Blitz um die nächste Ecke. „Was hast 'de denn jetzt gelöhnt?" – „45 Dollars!" – „Mensch, das hättest du gleich haben können, für die 5 Mäuse haben wir uns jetzt die Hacken abgelatscht"? – „Mooment!" meint Manni und öffnet den Koffer. Darin befindet sich noch ein sogenannter „Beauty-Case", ein kleineres Hartschalen-Behältnis, wie es Ladys für ihre Schminkutensilien verwenden. Die kosten dort beim Juden auch 25 Dollars. „Wie jetzt, gab's den dazu?" frage ich verblüfft. „Nee", sagt Manni, „als der Typ mal kurz mit 'nem anderen Kunden schnackte, hab ich den einfach in den Koffer gepackt. Jetzt stimmt der Preis aus dem Schaufenster. So schnell scheißt man einen Österreicher nicht an!" Ich falle fast um. Dann bekomme ich einen unkontrollierten Lachanfall, es ist nicht zu fassen. Bin ich hier mit einem Ladendieb aus dem Salzburger Land mitten in New York unterwegs. Manni aber zerrt mich hastig zur nächsten U-Bahnstation. Bevor die Söhne Israels knüppelschwingend hinter uns auftauchen...

Mit der Kofferbeute ziehen wir dann noch durch zwei oder drei Bars. Das kostete unterm Strich mehr, als Manni beim Kofferkauf eingespart hat, aber wir haben uns mal wieder bestens unterhalten. Kamera hat er übrigens keine erworben, das Palaver mit den Koffern war Stress genug.

Ein knapper Tagesaufenthalt in Baltimore. Hier fahre ich noch einmal in die Stadt, um einige Klamotten zu kaufen. Nach wie vor bekommt man in den USA Dinge des allgemeinen Bedarfs zu günstigsten Preisen. Auch, ohne sie unbedingt zu klauen.

An einem Samstagabend sind wir in Wilmington fest. Der Agent eröffnet uns, dass erst am folgenden Morgen mit Beginn der Ladearbeiten zu rechnen sei. Eine Bauernnacht im Hafen, Ruhe im Schiff. Spontan bildet sich eine Landgangsgruppe mit dem gemeinsamen Ziel, mal wieder gepflegt essen zu gehen. Kapitän Lochmann, Chiefmate „Have not" mit seiner Frau, 2.Offizier Lindemann mit seiner glutäugigen Brasilianerin, Manni und meine Wenigkeit. Einer Empfehlung des Agenten folgend ziehen wir in ein nettes Restaurant, dort soll es schmackhaften Fisch geben. Und außerdem Livemusik und Tanz. Juckt mich weniger, aber das machte die Sache für die Damen attraktiv.

„Captains Dinner" in Wilmington. Von rechts: die Frau des 1.Offz., Kapitän Lochmann, 2.Offz. Lindemann mit seiner Verlobten, F.O. Schlörit

Das Fischessen ist wirklich erste Sahne. Die reichlich genossenen Drinks auch, wir sind bester Stimmung und reißen dabei auch noch die Amis an den Nebentischen mit. Die sind ganz happy, deutsche Gäste in ihrer Mitte zu haben. Dann legt eine kleine Band los, und unser Alter beweist augenblicklich, dass er ein ganz famoser Tänzer ist. Sehr zur Freude unserer Ladys, wir anderen sind nämlich ausgesprochen tanzfaul. Lindemann sitzt stur auf seinem Stuhl, während seine Enaida schon bei den ersten Klängen der Band schier aus dem Häuschen gerät. „Tanzen? Undeutsch!" lautet sein kurzer Kommentar, dann zieht er sich den nächsten Drink rein. Aber unser Kapitän reißt's raus und betanzt die Damen, bis die Socken qualmen. Nach genügender Betankung legt auch Manni los, aber der hampelt mit ziemlich roboterhaften Zuckungen auf der Tanzfläche umher. Ich lass` es lieber ganz bleiben, bei diesem Gehüpfe gebe ich kein vorteilhaftes Bild zum Besten. Aber der Abend verläuft in hervorragender Stimmung. Beendet wird er dann auf dem Schiff, der Reiseleiter bittet noch zu einem Absacker an die Salon-Bar.

Am Folgetag wird Siggi beim Alten vorstellig. Er würde gerne etwas Frischproviant ergänzen, Salat, Obst und dergleichen. Der Kapitän überlegt kurz, dann greift er sich den Agenten und bittet um Bereitstellung eines kleinen Transporters oder Vans. Mit dem Agenten kann er gut, und er bittet ihn auch um Stillschweigen, was diese Aktion betrifft. Aus dem einfachen Grund, weil er hierbei den lokalen Schiffshändler übergeht. Diese „Shipchandler" liefern alle Dinge des Schiffsbedarfs an Bord, aber meist zu saftig überhöhten Preisen. Und da wir hier nicht die Masse an Zeug benötigen, will Kapitän Lochmann den Frischproviant einfach selbst im nächsten Markt erwerben. Der Schiffshändler muss das nicht unbedingt mitkriegen. Übergeht man ihn, könnte die Folge sein, dass er uns bei einer anderen Gelegenheit hängen lässt, wenn schiffsspezifische Güter benötigt werden, die es in keinem Supermarkt gibt.

Der Agent spielt mit, ein Auto fährt an die Gangway und Siggi und meine Wenigkeit werden losgeschickt, Proviant zu kaufen. Siggi als Kombüsenchef, ich als Proviantverwalter, ich darf den Schotter dann bezahlen. Der Agenturfahrer karrt uns zu einer Art Großmarkt, und dann geht's zur Sache. Siggi rast schnüffelnd wie 'ne Trüffelsau durch die Halle, wählt hier 'ne Steige Salat, dort 'ne Palette Äpfel, wir finden, was wir brauchen, auf Anhieb. Ein kleiner Ladenschwengel, so 'ne vielleicht achtzehnjährige Rotznase, kriegt mit, dass wir Deutsche sind. Pflanzt sich auf einmal vor uns auf, reißt den Arm hoch und kräht „Heil Hidlör!" – „Du mich auch", erwidere ich freundlich und schiebe das Bürschchen zur Seite. Der kann auch nichts dafür, das Ami-Fernsehen mit seinen endlosen „Guter Amerikaner-Böser Nazi"-Serien hat wieder mal ganze Arbeit geleistet.

Fahrplanänderung. Nach dem normalerweise letzten Anlaufhafen Charleston gehen wir nicht über den Atlantik, sondern nochmals hoch nach New York. Ladungstechnische Gründe, Seatrain hat noch 'ne ganze Anzahl von eiligen Containern in Weehawken, die sollen wir mitnehmen. Hier sorgt der Dicke nochmals für Unterhaltung, der tobt mit dem 3.Ing Sperling nachmittags los, und prompt landen die beiden wieder in der versifften 42. Straße, in solchen Revieren fühlt sich Altmann wohl.

Ein letztes Mal an der Freiheitsstatue vorbei...

Wieder an Bord schildern die zwei in buntesten Farben ihren Besuch in einer Peep-Show. So ziemlich das Primitivste, was sich die Betreiber erotischer Unterhaltungs-Etablissements je ausgedacht haben. In einem Raum auf einer sich drehenden Plattform räkelt sich ein nacktes Weib, ringsumher glotzen die Kunden durch kleine Sichtfenster auf die dargebotene Show. Dabei hocken diese Kunden in Einzelkabinen, das Fenster öffnet sich mittels Münzeinwurf für eine bestimmte Zeit, das Fräulein auf der Drehbühne bietet den Betrachtern in wechselnden Posen verschiedene gynäkologische Einblicke und das war's. Ach ja, und in den Zuschauerkabinen befinden sich Spender mit Papiertaschentüchern.

Woher ich das so genau weiß? Bei einer unserer ersten Exkursionen in die Stadt haben Manni und ich auch mal so einen Schuppen inspiziert. Man muss ja mitreden können. Danach haben wir lange überlegt, wer eigentlich die ärmeren Schweine waren. Die Mädels auf dem Drehteller oder die Knalltüten in den Zuschauerkabinen.

Beide Häfen bescheren uns jeweils erneute 20 Stunden Aufenthalt, dann waren wir mit der Amiküste durch. Am 14. August pas-

164

siert die BENNINGTON auslaufend die Freiheitsstatue. Was ich jetzt noch nicht weiß: Ich würde nie wieder mit einem Schiff New York anlaufen. Auf der Nordatlantik-Rennstrecke komme ich nicht mehr zum Einsatz.

Während der Rückreise stellt sich heraus, dass die ganzen Gerüchte über eine eventuelle Verlegung des Fahrtgebietes Luftblasen sind, wir bleiben zunächst im angestammten Fahrtgebiet. Und ein weiteres Telegramm kündigt wieder einen größeren Besatzungswechsel an, in Bremerhaven. Die alte Gang löst sich weitgehend auf, der Kapitän geht von Bord, Manni fährt nach Hause, der Dicke ebenfalls. Sperling packt seine Koffer, Siggi Weigel, Bootsmann Behrend, Reinhold das Nashorn, der ganze harte Kern der Crew wird abgelöst. Und auch mein Namen befindet sich auf der Liste. Einerseits OK, vier Monate Container-Hektik setzen genauso zu wie 6 Monate „normaler" Trip. Andererseits hätte ich noch ein oder zwei Reisen dranhängen können. Ich telefoniere mal mit Kapitän Martens, meinem zuständigen Personalinspektor. Man sei jetzt dazu übergegangen, auf diesem Schiff nach vier Monaten abzulösen. Ist ja schön billig für die Reederei, im deutschen Hafen fallen für die Reederei nur die Fahrtkosten Abmusterungshafen-Heimathafen an. Also der Preis für 'ne Zugfahrkarte Bremerhaven-Hamburg. So steht es im Tarif. Ablösungen im Ausland verursachen weitaus höhere Kosten, nämlich vom Liegeplatz bis zum Heimatort des Janmaaten. Und ich solle von Bord, so Kapitän Martens, weil ein Kollege im sogenannten Minusurlaub dringend wieder eingesetzt werden müsse. Der war also länger zuhause, als ihm zustand. Mein Urlaubsanspruch ist aber auch recht dünn, sage ich zu Martens. Macht nichts, sagt der, sie bleiben auch nur kurz an Land, wir setzen sie bald wieder ein. Na hoffentlich, denke ich, am Telefon kannst du mir viel erzählen. Aber was soll`s, ich packe ebenfalls meine Koffer.

Trotz der bei Heimreise ungünstigen „Uhr-voraus" Konstellation feiern wir noch diverse Abschiedspartys in den Kammern. Natürlich mit den beachtlichen Vorräten amerikanischer Fertig-Cocktails, die wir in den Amihäfen ausreichend gebunkert haben. Und zum guten Abschluss landet Kapitän Lochmann noch einen Coup, er entsorgt auf listige Weise den des Diebstahls verdächtigen 2.Steward. Erneut hat es auf dieser Reise kleine Diebereien im Mannschaftslogis gegeben. Immer wieder machte sich diese Type verdächtig, er wurde sogar in fremden Kammern ertappt. Redete sich aber immer wieder raus, und Diebesgut wurde nicht bei ihm gefunden. Die Stimmung war aufgeheizt, die Maaten waren kurz davor, dem Kerl gewaltig vor den Poller zu kloppen. Da holt sich der Alte den Steward in sein Office. Verkauft ihm, dass die Reederei dringend seiner Dienste auf einem Neubau bedürfe, er solle auf ein anderes und natürlich viel schöneres Schiff versetzt werden. Dazu müsse er aber hier auf der BENNINGTON selbst kündigen, rechtlich ginge das nicht anders. Der Knallkopp hört sich das mit stolzgeschwellter Brust an und unterschreibt tatsächlich seine Kündigung. Lochmann kreuzt anschließend bei mir auf und telefoniert mit dem Mutterhaus in Hamburg. Der 2.Steward habe gekündigt, man benötige noch Ersatz. Kein Problem, sagt der zuständige Inspektor, wir schicken einen nach Bremerhaven. Später, bei einer unserer Abschieds-Feten, erzählt mir der Kapitän den Ablauf dieser „Kündigung". Und was ist, wenn der jetzt in Hamburg aufkreuzt und nach seinem Neubau fragt, sage ich. „Welcher Neubau", sagt Kapitän Lochmann, „wir hatten ein Gespräch ohne Zeugen, der muss sich verhört haben." Ja, so geht`s auch, wenn's gar nicht anders geht...

In Le Havre und in Rotterdam setzte ich keinen Fuß mehr an Land. Am Sonntag, dem 24. August, laufen wir morgens in Bremerhaven ein. Die meisten Ablöser werden erst für den 25. erwartet, das Schiff soll ja bis Montagabend hier liegen. Wir lassen es gemütlich ausklingen, mit Manni ziehe ich noch mal ein bisschen durch Bremerhaven. Er wird zunächst nach Düsseldorf zu seiner Hisayo reisen und dann erst weiter nach Salzburg. Ich fahre in den heimatlichen Odenwald, Urlaub im Sommer ist ja sonst auch nicht die Regel, also genieße ich einfach mal die Zeit. Und hoffe auf einen baldigen neuen Dampfer.

Für September aber verabrede ich mich mit Manni zum Skifahren. Seit einigen Jahren fröne ich auch diesem Sport, und in der Sommerzeit geht das ganz gut in Gletscher-Skigebieten. Auf dem Stubai-Gletscher wollen wir uns wieder treffen, wird bestimmt ein großer Spaß für uns.

Am 25.8. der große Wechsel. Wir übergeben den Betrieb an unsere Nachfolger und verlassen das Schiff. Ich habe mir einen Leihwagen organisiert, noch am Abend des gleichen Tages treffe ich in der Heimat ein.

## Seefahrt wie zu Opas Zeiten
### oder
## das Schiff, das nicht so recht fahren wollte

Von wegen, wir setzen sie bald wieder ein. Schon wenige Tage nach Urlaubsantritt melde ich mich bei Krischans Personalabteilung, ich habe nun wirklich nur ein sehr geringes Urlaubsguthaben, was die Tage betrifft. „Ja, also, äh, im Moment haben wir nichts, Herr Schlörit. Erholen sie sich erst mal ein bisschen, wir melden uns dann." Verdammt, ich brauche keine Erholung, ich brauche bald wieder ein Schiff, sonst bin ich auch ganz schnell in diesem verdammten Minusurlaub, der in der Company schon einige Kollegen

167

betrifft. Haben die zu viele Funker oder was? Grummelnd nehme ich die Ansage zur Kenntnis und lege den Hörer wieder auf.

Mitte September fahre ich mit Freunden zum Stubai-Gletscher, und yes, mein Bordkumpel Manni taucht auch auf. Wir haben viel Spaß zusammen, am Tage toben wir auf der Piste umher und bei Nacht lassen wir die Hüte fliegen.

Zurück im Odenwald, wieder ein Telefonat mit Martens. „Wie sieht's aus, habt ihr 'nen Dampfer für mich?" – „Tja, im Moment sieht's schlecht aus", bla, bla, bla. Ja, prima, schlecht sieht's vor allem für mich aus, Anfang Oktober bin ich mit dem bezahlten Urlaub durch. Also, es heißt warten.

Anfang Oktober dann der erlösende Anruf: „Herr Schlörit, ich hab 'nen Leckerbissen für Sie. Keine Container, Seefahrt wie zu Opas Zeiten, sie kriegen eines unserer letzten Stückgutschiffe. In einer Woche passiert die „AQUITANIA" Skagen, sie steigen dort ein!" Na also, geht doch. Und richtig drollig, wie Martens seine Kähne verkauft. Bei ihm kriegt man nie ein Schiff. Immer ist es ein Leckerbissen, eine Sahnestück, ein Traumtrip. Manchmal stimmt es ja auch. Aber nicht immer.

Ich suche mir mal zusammen, was ich an Unterlagen über Krischans Flotte habe. Die AQUITANIA, wie muss ich mir den Wurstwagen vorstellen? In einer älteren Ausgabe des „KOMPASS", der Reedereizeitung, finden sich alle relevanten Daten.

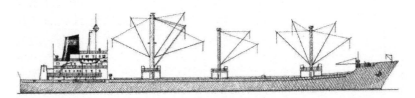

Riss der AQUITANIA

1972 ist der Pott bei der AG Weser von Stapel gelaufen. Eigner war die Reederei Schulte & Bruns, getauft wurde der Hobel auf den Namen „ILSE SCHULTE". 145 Meter lang, 21 Meter breit und mit 9.771 BRT vermessen. Ein richtiges schönes „old fashioned" Stückgutschiff, mit mächtig viel Ladegeschirr an Deck. Bei Schulte & Bruns gingen 1977 die Lichter aus, der fallende Dollarkurs, miese Frachtraten und die wachsende Billigflaggenkonkurrenz hatten das Unternehmen in die Knie gezwungen. Für einige der Schiffe übernahm Ahrenkiel als sogenannter Korrespondentreeder das Management, von nun an fuhr der Dampfer für Krischan unter dem neuen Namen AQUITANIA. Ebenso wie das Schwesterschiff „ELISABETH SCHULTE", das jetzt als „ANDALUSIA" über die Meere zottelte.

Beim Durchlesen der Schiffsdaten stolpere ich aber über die Angabe „465 TEU". Also doch, der konnte auch mit einer bescheidenen Containerkapazität verchartert werden. Ist aber eher unwahrscheinlich, dachte ich so bei mir. Und sollte Recht behalten.

Wenige Tage später hängt Kapitän Martens wieder in der Leitung: „So, nun haben wir die genauen Daten. Kommen Sie bitte am 10. Oktober hierher nach Hamburg, Treffpunkt Reedereigebäude. Wir schicken 'ne ganze Menge Leute an Bord, das machen wir mit 'nem Bus im Sammeltransport. Abfahrt 20:00 Uhr, sind Sie bitte pünktlich, wir können keinen hinterher schicken, wenn er den Bus verpasst!" Mit 'nem Reisebus zum Schiff, das ist ja mal was Neues. „Wo fährt denn der Dampfer hin?" – „Nach Szczecin!" – „Wie? Watt? Wo?" – „Szczecin, früher Stettin. Die kommen mit 'ner Ladung Sojabohnenmehl von Brasilien rüber, der polnische Charterer will sich aber die Kosten für den NOK sparen (NOK = Nord-Ostseekanal) und schickt den Dampfer oben rum durchs Skagerrak. Wenn er Skagen passiert, tauschen wir die Crew mit dem Lotsenboot!" Ein fliegender Wechsel also. Hatte ich auch schon mal, auf 'nem Bulker beim Bosporus-Transit. Eine Ablöseform, die ich gar nicht schätze. Es gibt keine vernünftige Übergabe, man rennt quasi an Deck am Kollegen vorbei, wechselt zwei, drei Worte, und dann jumpt der in das Boot, was den Neuankömmling gerade gebracht hat. Aber was willst 'de machen, wenn's nicht anders möglich ist.

Der Rest ist Routine, meine Koffer packe ich mittlerweile schon so im Vorbeigehen, zwischen Frühstück und Pinkelpause. Ist eh immer derselbe Schmodder, der mit auf die Reise geht. Und ausnahmsweise fahre ich mal mit der Bahn nach Hamburg. Deadline um 20:00 Uhr, da habe ich den ganzen Tag Zeit, um aus der tiefen hessischen Provinz mit dreimaligem Umsteigen zur Elbe vorzudringen. Schon am späten Nachmittag kreuze ich im Mutterhaus an der Alster auf. Einer der ganz wenigen Besuche, die ich während der Jahre bei Krischan dort mache. Sonst wird fast alles telefonisch geregelt. Martens und ein weiterer Personalinspektor bleiben bis abends im Office, die wollen wohl die Abfahrt der Piepels selbst überwachen. Ich plaudere ein bisschen mit den Bürohengsten. Deponiere mein Gepäck beim Pförtner, gehe noch mal in ein in der Nähe gelegenes Café. Letzte Chance für eine geruhsame Stunde, schon heute Nacht bin ich wieder Seemann unter anderen Seeleuten, vorbei die Tage privater Erbauung.

Der Bus ist eine Zumutung, so ein kleinerer Karren mit etwa 20 Plätzen, und eine alte Klapperkiste noch dazu. Ist wohl besonders preiswert. Wir sind 14 Mann, da wird also die halbe Crew abgelöst. Kennen tu` ich keinen davon. Aber egal, wir werden uns kennenlernen. Es ist so die übliche Mischung, ein paar Decksleute, Schmierer, ein Steward, ein zweiter und ein dritter Steuermann, ein zweiter Ingenieur. Niemand von den Eisheiligen, Kapitän, Chiefmate und Chief bleiben an Bord.

Mir dämmert, dass das eine beschissene Anreise wird, mit diesem Klapperbus haben wir 560 Kilometer zurückzulegen. Bis fast an den verdammten nördlichsten Zipfel Dänemarks. Und ich bin ja schon den ganzen Tag auf den Beinen, diese Nacht wird mich auch nicht in Morpheus Armen sehen, und morgen früh ist mit der Ablösung gleich Wachantritt. Scheiße, aber da müssen wir durch, sage ich so zu mir.

Es wird wirklich eine lausige Fahrt. Pennen ist nicht, man döst mit dicker Birne so vor sich hin und schaut der Armbanduhr beim Kriechen zu. Einmal, kurz vor Mitternacht, finden wir eine offene kleine Raststätte. All Hands rein in den Schuppen, Kaffee in den Schlund, und zu futtern bieten sie uns ihr populäres Smörrebröd an. Schreibt sich anders, klingt aber so. Ich übersetze mal frei „Schmierbrot", und wie mir später ein dänischer Freund versichert, liege ich da gar nicht falsch. Schmecken tut`s, wie ein belegtes Brot eben schmeckt, aber der Preis liegt eher so auf der Ebene eines Filetsteaks. Den Wucherpreis knall` ich der Company irgendwie auf die Reisekosten, das walte Hugo.

Weiter durch die Nacht. Jetzt ist es ruhig im Bus, 14 Seeleute im Wachkoma mit baumelnden Köpfen. Und die baumeln auch noch, als wir irgendwann früh morgens vor 5 Uhr auf einen Kai im Städtchen rollen. Groß ist Skagen ja nicht gerade, eine Kleinstadt, keine zehntausend Einwohner. Groß ist allerdings der Fischereihafen, in dem wir zum Stehen kommen. Der Busfahrer hatte von Martens eine Anlaufadresse bekommen, hier im Hafenbereich ist das Büro der Agentur, die uns empfangen und später aufs Schiff transferieren soll. Wir finden das Gebäude, ein mickriges Häuschen gegenüber vom Kai. Keine Sau da, wir stehen vor verschlossenen Türen. Also heißt es warten, da wird ja hoffentlich mal jemand aufkreuzen, der von unserer Existenz weiß.

Wir latschen ein wenig die Pier auf und ab und betrachten die Fischkutter, die dort liegen. Überraschenderweise befindet sich ein Fachmann unter uns. Jens, der 3.Offizier, der mit einsteigt, kommt aus der Hochseefischerei. Der hat tatsächlich ein B4-Patent in der Tasche, Steuermann in großer Hochseefischerei. Und weil die deutsche Hochseefischerei jetzt, in den frühen Achtzigern, mit immer weniger Trawlern auch immer weniger Arbeitsplätze bietet, versuchen etliche Fischer einen Umstieg in die Frachtfahrt. Wohl nicht so einfach, Ausbildung und Tätigkeit unterscheiden sich in vielen Punkten, aber zumindest das Basishandwerk und Navigation sind gleich. Und jetzt steht Jens hier auf der Kaimauer und mosert vor sich hin. Die überall aufgehängten Netze sind es, die seine Aufmerksamkeit wecken. „Gar nicht zulässig. Nach neuesten EU-Verordnungen sind größere Mindestmaschenweiten vorgeschrieben, uns haben sie ständig kontrolliert, und wir kassierten saftige Bußgeldauflagen. Und hier kontrolliert kein Schwein, oder warum hängen die Dinger hier überall?" `Ne ganze Weile flucht er noch rum, nölt über die „Scheiß-EU" mit ihren Vorschriften, die „Scheiß-Isländer" mit ihrem Protektionismus, die „Scheiß-Holländer" mit ihren Extrawürsten und hier die „Scheiß-Dänen" mit ihren zu kleinen Netz-Maschen. Und die alle zusammen sind daran schuld, dass er jetzt auf einem „Scheiß-

Frachter" einsteigen muss. Wo er doch gelernter Hochseefischer ist. Und das mit dem „Scheiß-Frachter" war auch nicht so einfach, dafür brauchte er noch 'ne „Scheiß-Ausnahmegenehmigung" für sein „Scheiß-Fischereipatent". Jetzt kenne ich auch die Lieblingsvokabel von Jens.

Endlich taucht der dänische Agent auf. Freundlicher Bursche, und vor allem weiß der genau, was jetzt nötig ist. Der schließt seine Butze auf, deponiert uns in den wenigen Büroräumen, wo wir umgehend auf alle Sitz- und Liegemöbel fallen, und fängt dann zunächst mal hektisch an, in der Gegend herumzutelefonieren. Schließlich hat er ein ETA für die AQUITANIA, um 08:00 Uhr will der Zossen in langsamer Fahrt an Skagen vorbeilaufen. Ein Lotsenkutter wird den Personalaustausch bewerkstelligen. Gut, dann haben wir noch zwei Stunden Zeit. Für den Agenten das Signal, umgehend frische Brötchen zu organisieren, direkt aus einer in der Nähe gelegenen Bäckerei. Zwanzig Minuten später riecht das ganze Office herrlich nach frisch gekochtem Kaffee, und die ganze Gang muffelt wohlig grunzend ein jetzt auch dringend nötiges Frühstück. Jens verkündet, dass er selten so gute „Scheiß-Brötchen" gegessen hat.

Zum angekündigten Zeitpunkt tuckern wir mit dem Lotsenkutter Richtung See. Und pünktlich taucht Backbord voraus die AQUITANIA auf. Ein schönes Schiff, denke ich so für mich. Und dann spreche ich gedanklich direkt den Kahn an: ‚Mal schauen, was wir beide zusammen erleben, die nächsten Monate. Bin ja wieder mal auf alles gefasst' Tja, bei 'nem neuen Dampfer ist das wie bei 'ner Frau, die man kennenlernt. Kann sehr schön werden. Kann auch 'n Riesenreinfall werden.

Bei unserem Erscheinen nehmen sie nochmals Fahrt aus dem Schiff, mit langsamster Fahrtstufe gleitet der Dampfer dahin. An Deck viel Bewegung, da haben sich schon alle abzulösenden Maaten aufgereiht. Aus der Brückennock hängen einige Piepels, der Alte dazwischen, der dänische Agent quakt ständig in sein Walkie-Talkie, der Alte dort oben auch. Und schon sind wir längsseits, laufen mit der AQUITANIA Bordwand an Bordwand. Dann eine Turnübung, die ich nicht so sonderlich schätze, wir entern einer nach dem anderen die Lotsenleiter auf. Eine etwas wacklige Zirkusnummer, die AQUITANIA liegt ganz ruhig, aber der Lotsenkahn „moved" auf dem kabbeligen Wasser auf und ab, man muss den richtigen Zeitpunkt erwischen, um auf die Lotsenleiter zu springen. Das Problem lösen bei mir aber die beiden dänischen Bootsleute am Ausstieg, die schnappen mich einfach und kleben mich mit Schwung an die Bordwand des Dampfers, dann klettere ich hoch. Im Nu sind alle 14 Mann an Deck, dort geht erst mal ein wildes Begrüßungspalaver los, viele der Sailors kennen sich. Mich schnackt der Chiefmate an, kenntlich an seinen drei Streifen auf den Schulterstücken: „Hallo Funker, mal wieder dabei?" Ich stutze, und dann grinse ich breit. Günter Dirks, einstmals Zweiter auf der BENNINGTON, fährt hier nun als 1.Offizier. „Glückwunsch" sage ich. „Danke", kommt es zurück, „und Cornelia ist auch an Bord. Der Kollege wartet übrigens noch oben!"

Also geht's doch nicht gar zu schnell mit dem Wechsel, ich eile davon. Dabei kriege ich noch mit, dass ein Ladebaum ausschwingt, die wollen das Gepäck mit der Netzbrook umschlagen. Hoffentlich machen die das zuverlässig, nicht dass mein Koffer wieder mit nach Skagen fährt.

Die Funkstation finde ich leicht, die ist da, wo die meisten sind. Und dort steht mein Kollege, der hat sich den Zirkus auch aus der Nock angeschaut und erwartet mich jetzt. Schnelle und präzise Einweisung, auf das Notwendige beschränkt. Viel gibt's da nicht zu bereden, die Station ist technisch problemfrei. Verwaltung das Übliche, Proviant für letztes Quartal ist abgerechnet, Einklarierung vorzubereiten, war nicht möglich wegen umfangreichem Personalaustausch. Der Dampfer ist OK, Schiffsleitung auch, meint der Kollege noch zum Abschied. Dann hastet er nach unten, die Zeit läuft. Ich haste mit, gleich mal sicherstellen, dass inzwischen mein Gepäck an Deck gelandet ist. Das ist es, und mit meinem Koffer steige ich wieder nach oben. So läuft das ab, fliegender Wechsel eben.

Wieder in der Funkbude. Nur vertraute Geräte um mich herum, DEBEG-Standard mit dem ST1400 als Hauptsender. Auf den meisten Schiffen finde ich dieses Equipment vor.

Die Station ein kleiner Raum, das ist auch auf den meisten Pötten so. Gemütlich der nebenan liegende Wohnraum, die übliche Einrichtung, Koje, Schrank, kleiner Tisch, Stuhl, Sofa, aber, und das ist wichtig, ein Kühlschrank. Ein normaler Haushaltskühlschrank, den einer meiner vielen Vorgänger mal hier installiert hat. Kaltes Bier ist also garantiert in den nächsten Monaten.

Ich gehe rüber zur Brücke. In der Nock steht der Alte, und neben ihm Jens, als Dritter kann der praktisch vom Lotsenkutter in seine erste Wache springen. Der Alte aber ist ein gelassener Typ, der schickt ihn erst mal wieder in seine Kammer. „Räumen `se sich erst mal ein und hüpfen `se meinetwegen noch unter die Dusche, sie waren ja die ganze Nacht unterwegs. Kommen `se in `ner Stunde wieder hoch, ich fahre solange den Dampfer!" Unten legt gerade der Lotsenkutter ab, 14 fröhliche Urlauber stehen winkend auf dem kleinen Kahn. Unser Alter betätigt zum Abschied das Typhon, dann legt er den Maschinentelegrafen auf „Voll Voraus". Und ich stelle mich mal kurz vor.

An Land, noch in der Agentur, hatte ich eine meiner raren schlauen Ideen und habe dort schon die Seefahrtbücher der Anmusterer eingesammelt und in meine Umhängetasche gestopft. Das rechnet sich jetzt, unverzüglich spanne ich eine Matrize in die Schreibmaschine und beginne mit der Niederschrift einer neuen Mannschaftsliste. Und da ich das Maschinenschreiben auch mit zehn Fingern und mit 'nem Sack überm Kopf bestens beherrsche, ist die Liste nach 'ner halben Stunde getippt und gedruckt, das Thema ist damit schon mal abgehakt. Der Kapitän erscheint, das Telegrammbuch in der Hand. Dort hat er mit deutlichen Blockbuchstaben drei Telegramme reingemalt, zwei nach Szczecin mit ETA`s, eines nach Ahrenkiel, ebenfalls mit ETA und Meldung über vollzogenen Besatzungswechsel. Und zum ersten Mal in meiner Funkerlaufbahn fahre ich in die Ostsee, also habe ich auch zum ersten Mal Funkkontakt mit Kiel Radio, Rufzeichen DAO.

*In der den Schilderungen zugrundeliegenden Zeit kannten auch viele Landratten die deutsche Küstenfunkstelle Norddeich Radio. Einfach aus dem Grund, weil alle Jahre wieder zur Weihnachtszeit irgendwelche TV-Sender via Norddeich Kontakte zu Seefunkstellen herstellten, die „Jungs da draußen" grüßten und gelegentlich auch anrührende Telefonate zwischen Mutti und seefahrendem Sprössling zur Darstellung brachten. Norddeich Radio, unweit des ostfriesischen Städtchens Norden, war nun wirklich die größte deutsche Küstenfunksstelle. Mit ihrem Mittel- und Grenzwellenbetrieb war sie für die Schifffahrt in der Nordsee zuständig, und mit ihren leistungsstarken Kurzwellenanlagen war sie als einzige deutsche Station zum weltweiten Seefunk befähigt. Für den Bereich Ostsee betrieb die Bundespost aber auch die Funkstelle Kiel Radio, die ebenfalls auf Mittelwelle einen regionalen Telegrafiefunkdienst ermöglichte, außerdem Funktelefonie auf Grenzwelle und UKW. Angesiedelt war die Anlage in Kiel-Schilksee. Und auch Rügen Radio muss erwähnt werden, die Küstenfunkstelle der DDR, tätig in allen Frequenzbändern, von uns bundesrepublikanischen Funkern aber eher selten bis niemals kontaktiert. Für den Telefonie-Funkdienst auf UKW gab es weitere Küstenfunkstellen, die, bedingt durch die begrenzte Reichweite dieser Technik, längs der deutschen Küsten arbeiteten. Hier ist an erster Stelle Elbe-Weser Radio zu nennen (das von uns Funkern aber augenzwinkernd „Else-Weber Radio" gerufen wurde), weiterhin Hamburg Radio, Bremen Radio, Eiderstett Radio, Helgoland Radio und so weiter. Diese Stationen wurden aber fast ausnahms-*

*los von der in Altenwalde bei Cuxhaven ansässigen Funkstelle Elbe-Weser Radio fernbedient. Und die an der Ostsee arbeitenden UKW-Stellen von Kiel Radio.*

*Und übrigens, liebe Landratten, es hieß Norddeich Radio und nicht Radio Norddeich, wie man immer wieder mal fälschlicherweise las und hörte. Alle am Seefunk beteiligten Küstenfunkstellen trugen nach dem Eigennamen den Zusatz „Radio". Steht „Radio" davor, handelt es sich um eine Rundfunkanstalt. Radio Luxemburg, Radio Hilversum und dergleichen. Ist in internationalen Fernmelderegularien so festgelegt.*

Der Einstiegstag auf diesem Zossen gerät unversehens zum Stress, ich habe jede Menge um die Ohren. Es sind nur noch lausige 311 Meilen von Skagen bis Szczecin, die AQUITANIA läuft bei full speed 16 Knoten (*gerundet 30 km/h*). In 19 Stunden sind wir vorm Loch, wie es Jens salopp rüberbringt. Gut, da kommt noch etwas Zeit hinzu, Revierfahrt. Aber für den vorzubereitenden Papierkrieg bleibt mir nicht mehr viel Luft, ich wetze den halben Tag hinter den Maaten her, um meine Eintragungen und Unterschriften auf die benötigten Listen zu bekommen. So lerne ich sie aber auch schnell kennen, nach kurzer Zeit hat man dann die Namen intus und die dazu passenden Gesichter auch. 26 Piepels sind an Bord. Mittags in der Messe erste Infos. Der Kahn war drüben in Brasilien, dort luden sie Sojabohnenmehl als lose Schüttung, also kein Stückgut im Schiff. Das Zeug wird in einer Voyage-Charter für polnische Auftraggeber gefahren, danach endet dieser Chartervertrag, die Anschlussreise ist noch völlig offen.

Und so genau wissen wir nicht, was uns in Polen erwartet. Seit über einem Monat war dort was im Gange, das man aus dem Ostblock eher selten hörte. Im Juli hatten die Planwirtschaftsstrategen in Warschau die Fleischpreise massiv erhöht, daraufhin fegte eine Streikwelle durchs Land. Richtig Fahrt auf nahm die Bewegung im August, als die Arbeiter der Danziger Leninwerft die Arbeit niederlegten. Zum ersten Mal hörte man in den westlichen Medien den Namen Lech Walesa. Dieser Arbeiterführer gab der am 17. September gegründeten Gewerkschaft Solidarnosc ein Gesicht. In den folgenden Wochen ging es in Polen drunter und drüber, die von den Ereignissen ziemlich überrollte kommunistische Regierung des Landes gab scheibchenweise nach, aber die Situation wurde immer unkontrollierbarer. Auch gegenwärtig, im Oktober '80, befinden sich weite Teile der polnischen Wirtschaft im Ausstand. Und ausgerechnet jetzt kommen wir mit unserem Wurstwagen voller Sojabohnenmehl um die Ecke.

Am späten Abend rutschen wir längs der DDR-Küste. Ich lungere ein bisschen auf der Brücke herum, Jens ist auf 8-12-Wache, der Alte ist auch oben. Im UKW kriegen wir zufällig einen Austausch zwischen zwei DDR-Schiffen mit. Da empfiehlt doch der eine Seemann seinem Kollegen, der ebenfalls auf Anreise nach Szczecin fährt, eine bestimmte Adresse in der Stadt. Dort gäbe es eine gute Auswahl von Trabi-Ersatzteilen. Wir schütteln die Köpfe, für unsere Kollegen im Osten ist es wohl schon ein toller Geheimtipp, wo man im Nachbarland Teile für die in Honeckers Reich fabrizierten Plastikbomber herbekommt.

Die letzte Etappe zum Zielhafen, bei Swinemünde (bitte schön, wer sich die Zunge brechen will: Swinoujscie) endet die Reise, wir sollen auf Reede ankern und warten. Klare Informationen gibt es nicht, offenbar hat niemand auch nur einen Schimmer, wie es mit uns weitergehen soll. Stay outside, Captain, we call you back. Auch gut, wir bleiben outside.

Es wird Mittag. Es wird Abend. Mehrfach haben wir UKW-Kontakt mit einer polnischen Agentur, die Polen werden aber nicht konkret. Es gäbe da Probleme. Welche Probleme, das erfahren wir nicht, können es uns aber denken. Sowohl die Schiffspresse als auch die deutsche Welle bringen täglich Meldungen über die durch Polen wabernde Streikwelle, die Häfen und Werften sind besonders betroffen. Das riecht verdammt nach einem längeren Aufenthalt.

Die Behörden streiken offenbar nicht, ein Boot mit einem Rudel Uniformierter und dem Agenten kommt längsseits. Die klassische Ostblock-Einklarierung, sehr kopfstarkes Beamtenaufgebot, 'ne Menge strikter Verhaltensmaßregeln werden runtergebetet. In weiser Voraussicht habe ich kurz vor Swinemünde noch einseitigen Funkdienst beantragt, ich muss eventuell für mich eintreffende Telegramme nicht bei der Küstenfunkstelle abrufen, die werden zu bestimmten Zeiten auf einer bestimmten Frequenz blind gesendet und nach wenigen Wiederholungen aus dem Programm genommen. Somit sind wir empfangsfähig, auch wenn die Polen, wie von mir schon vermutet, meinen Sender versiegeln.

Richtig zickig sind sie hier auch beim Thema Devisen. Für die Bedürfnisse von Schiff und Crew können wir beim Agenten Zloty bestellen, die schwindsüchtige Landeswährung. Natürlich zu einem völlig bescheuerten Kurs. Jeder halbwegs erfahrene Seemann weiß, dass man im Ostblock nur ein kleines Mini-Kontingent an Kohle offiziell aufnimmt und den sonstigen Bedarf durch Umtausch auf dem blühenden Schwarzmarkt regelt. Gibt nur zwei Risiken dabei. Wird man erwischt, wird's richtig teuer, oft springt auch ein Landgangsverbot dabei raus. Und die lokalen Geschäftspartner bei diesen Umtauschaktionen sind in aller Regel abgewichste Halunken, die bescheißen mit allen erdenklichen Tricks und Kniffen.

Unser Koch hat auch ein Anliegen, bei dem ist allmählich Ebbe im Proviantraum. Zumindest, was Frischproviant betrifft. Und auch sonst wird's ein bisschen mager, im Verlauf der langen Brasilienrundreise haben sie den Hauptteil der Verpflegung aufgebraucht, dort nur Frischprodukte ergänzt und sind jetzt wieder knapp, man wollte in Polen neu aufstocken. Der bei der Einklarierung anwesende Agent verspricht, den örtlichen Schiffshändler zu informieren. Er sagt aber auch ganz ehrlich, dass wir uns keine großen Hoffnungen machen dürften, die Versorgungslage in Polen sei gegenwärtig etwas eingeschränkt. Die Untertreibung des Jahres, wie wir später herausfinden.

Einklariert sind wir nun, aber das war's dann auch. Wir bleiben vor Anker liegen, Landverbindung wird nicht bereitgestellt. Da stehen wir nun im kurzen Hemd an der Reling und machen dumme Gesichter. Für uns kein Problem, das können wir besonders gut. Alle Anzeichen deuten darauf hin, dass wir längere Zeit am Ankerplatz verweilen dürfen, die politische Situation im Lande eskaliert zusehends. Informationen darüber erhalten wir mittels Funkpressedienst für Seeleute, am 17.10. berichtet der über erneute Streikandrohungen der neugegründeten „Solidarnosc", falls ein polnisches Gericht die Registrierung als offizielle Gewerkschaft weiter verzögert. Lech Walesa tagt in Warschau mit dem polnischen Zentralkomitee.

Auch die deutsche Welle befasst sich ausgiebig mit den Vorgängen in Polen. Von dem DDR-Sender, dessen Nachrichtensendung ich an einem Vormittag mithöre, ist aber kein Sterbenswörtchen über die Situation beim östlichen Nachbarn zu vernehmen. Die melden die Weltgeschichte aus ihrer Sicht, und da fällt einiges untern Tisch. Ost-Berlin hat in dieser Woche den Mindestumtauschsatz für Besucher aus dem Westen erhöht, Bonn hat natürlich protestiert, und der DDR-Rundfunk spricht jetzt von einer Hetzkampagne westlicher Medien. Ich fühle mich mal wieder in meiner Ansicht bestätigt, dass die Welt in weiten Teilen ein Irrenhaus ist. Und das ist nicht unbedingt in „Ost" und „West" zu trennen.

Der Chief wird beim Alten vorstellig. Schon während der Reise traten immer wieder mal Störungen im Maschinenbetrieb auf, es gäbe dringenden Reparaturbedarf. Gut und schön, meint der Alte, aber wir müssen fahrbereit bleiben, schließlich sei nicht absehbar, ob und wann uns die Polen an die Pier verbringen wollen. Die beiden einigen sich auf Reparaturen, bei denen eine Fahrbereitschaft zumindest in kurzer Zeit herzustellen ist. Kolben ziehen und dergleichen fällt nicht darunter.

Für mich bedeutet das Herumliegen am Ankerplatz Gammelei ohne Ende. Mit dem bisschen Aufnahme der Funkpresse ist mein Tagewerk schon fast beendet. Gut, ich höre mal noch die Wetterberichte mit. Nicht, dass uns irgendein Herbststurm hier vor Anker kalt erwischt. Ich beobachte den einseitigen Funkdienst, um keine Nachrichten für Schiff oder Crewmitglieder zu verpassen. Das sind aber nur kurzeitige Tätigkeiten, den Rest des Tages hänge ich ab, lese und wundere mich wieder einmal, wie merkwürdig Seefahrt doch gelegentlich sein kann. Schon in der Bulkfahrt hatte ich manchmal Wochen auf irgendwelchen Ankerplätzen verbracht. Auf der See habe ich so Einiges für mein späteres Leben gelernt. Vor allem habe ich gelernt, zu warten. Wochenlang, wenn`s denn sein muss.

Das Herumliegen da draußen wird langsam unangenehm, unser Trinkwasser geht zur Neige. Zunächst wird die Crew aufgefordert, sparsam mit Wasser umzugehen, da die Reedezeit nicht absehbar ist. Sollte der Wasserverbrauch anhaltend hoch sein, wird Rationierung angekündigt. Normalerweise ordert man dann einfach ein Frischwasserboot und lässt liefern. Gegenwärtig liefert aber in Polen niemand irgendwas, und zwar an niemanden.

Nach zwei Wochen auf Reede dürfen wir endlich an die Pier, unter Lotsenberatung dieselt die AQUITANIA durch einen Kanal (hieß zu deutscher Zeit Kaiserkanal), dann übers Stettiner Haff und in die Odermündung, der Kai ist günstig zur Stadt gelegen. Hoffnung keimt auf, vielleicht sind wir in überschaubarer Zeitspanne entladen und können wieder aus dem sozialistischen Paradies verschwinden. War aber nix, man holt uns nur an die Pier, weil die Hafenarbeiter mal ganz kurz die Arbeit wieder aufgenommen haben, kleine Streikpause. Das Löschen der Ladung aber lassen sie schön bleiben, morgen ist wieder Großkundgebung angesagt. Vielleicht nächste Woche, meint der Agent achselzuckend. Danach sehen wir den einige Tage nicht mehr, der streikt wohl auch. Endlich bekommen wir Wasser, wenigstens ein Lichtblick.

Wir liegen nun im Stettiner Hafen. Und im Übrigen tut sich gar nichts. Löschbeginn? Keine Ahnung, sagt der Agent, wenn er sich mal blicken lässt. Egal, wir müssen uns jetzt mit den Landgangsmöglichkeiten befassen, auf Reede haben wir genug an Bord herumgegammelt. Der Bootsmann war schon mal hier, früher, mit 'nem Kümo. Seine Tipps laufen unter Vorbehalt, als der hier herumtobte, saß Konrad Adenauer noch in Bonn hinterm Kanzlerschreibtisch. Ist schon ein paar Tage her. Ich nehme den Agenten nochmal ins Kreuzverhör, dann stolpern wir los. In der Nähe des Liegeplatzes ist ein Hafentor, bewacht von grimmig guckenden Uniformierten. Zum Teil Frauen, und die gucken besonders grimmig. Sorry, Agnieszka, Jadwiga, Janka oder wie immer ihr heißen möget, wir sind nicht freiwillig hier, ihr habt uns mit 'nem Haufen Sojamehl hierher bestellt.

## Verdammte Container – Seefahrt in den 1970er/1980er Jahren

Gegenüber vom Tor eine Bushaltestelle. Glücklicherweise streiken die Busfahrer nicht, irgendwann schaukelt uns so eine übel nach Diesel stinkende Karre Richtung Innenstadt.

Dort habe ich einen heißen Tipp von besagtem Agenten. Ein altes, ehemals deutsches Hotel, gilt als Nummer-Eins-Nachtklub in der Stadt, Essen gut, Getränke auch, und jeden Abend Varieté. Auch sehr schöne Damen gäbe es da, meint der Agent schmunzelnd, die meisten Seeleute aus dem Westen gingen dort hin. Also gut, wir schauen uns den Schuppen mal an.

Unsere finanzielle Ausstattung bedarf aber zuvor noch einer Ergänzung, die Polen haben es bisher nicht geschafft, Zloty an Bord zu liefern. Theoretisch können wir also an Land, aber kaum irgendwo Geld ausgeben. Wir haben schlicht und ergreifend kein offizielles Geld. Aber jede Menge Mark und Dollars in Hemdsärmeln und Socken verstaut. Hein Seemann wünscht an Land zu toben, und von kleinlichen lokalen Devisenbestimmungen lässt er sich da bestimmt nicht aufhalten.

Wir finden fragliches Hotel, streunen einige Minuten um die Bude herum, und schon werden wir flüsternd angemacht. Gleich von mehreren Typen, die meisten wollen Geld tauschen, einer hat auch 'ne Jungfrau im Angebot. Dem empfehlen wir, die Jungfrau selbst zu deflorieren, wir brauchen nur Zlotys. Die Gestalten, die mit uns in einer dunklen Nebengasse verhandeln, sehen alle reichlich zwielichtig aus, aber der Umtausch verläuft ohne Zicken und Tricks, und der Kurs ist phänomenal. Offiziell gibt's 15 Zloty für 'ne germanische Mark, auf der Straße bekommen wir aber 60. Wir haben nach der Tauschaktion dermaßen vollgestopfte Taschen, dass wir schon ein Problem erahnen, das nicht verauslagte Geld wieder an den Hafenwächtern vorbei an Bord zu schmuggeln.

Dann unser erster Auftritt in besagtem Hotel, der verwitterte deutsche Namen war noch zu erkennen, trotz der Kriegsschäden, die die Stadt und auch das Gebäude erleiden mussten. „Reichshof" oder so ähnlich. Aktuell aber heißt der Schuppen jetzt „Atlantica".

Wir entern den Laden, Jens, der Story, ein Assi und ich. Dort hockt wirklich die Creme de la Pudding von Szczecin drin. Alle recht aufgetakelt, Krawatten sind Standard. Haben wir weiß Gott nicht am Hals, aber der Kellner erkennt mit sicherem Blick die devisenträchtigen Westler in uns, und bevor wir uns versehen, sitzen wir an einem Tisch in bester Lage. Wir ordern eine bunte Mischung aus der Getränkekarte und halten Umschau. Tatsächlich, die vom Agenten angedeuteten schönen Damen sind auch vor Ort. Aber ausnahmslos in Begleitung von Herren, das ist nicht unser Revier.

Uns stört es nicht, wir machen's uns bequem, und dann geht die Show los. Wirklich ein Varieté alter Art. Ein Jongleur, der alle möglichen Geschirrteile um sich tanzen lässt. Ein Zauberkünstler, der zappelnde Karnickel aus dem Zylinder lockt und wieder weg beamt, wir fühlen uns um Jahrzehnte zurück versetzt. Akrobaten, ein geigender Solist, die lassen wirklich nichts aus. Ganz nett, meint der Storekeeper, aber zu vögeln gibt's hier nix. Gut erkannt, Storie.

Bei der Rückkehr zum Dampfer haben wir mächtig Schwein, wie sich erst am nächsten Tag herausstellt. Wir werden weder am Hafentor noch an der Gangway kontrolliert, wo der im ganzen Ostblock übliche grimmige Grenzposten das Schiff und auch uns bewacht. Einige andere Janmaaten jedoch werden gefilzt, die Wächter finden Zloty in den Taschen der Seeleute und machen prompt ein gewaltiges Fass auf. Akribische Leibesvisitation, Schikanen bis zum Geht nicht mehr. Der 2.Steward wird pampig und kräht nach dem deutschen Konsulat, dafür bekommt er prompt von einem der Posten eine gescheuert und kraxelt dann mit 'nem blauen Auge an Bord. In der Folgezeit sind wir zunächst mal stinkvorsichtig, erst als offizielle Zloty an Bord ausgezahlt werden, verhalten wir uns wieder entspannter.

Ebenfalls Pech haben einige Kollegen auch schon beim Geldumtausch. Während es am Vorabend bei uns ohne Pannen geklappt hatte, wurden ein Schmierer, ein Assi und ein Matrose fürstlich übers Ohr gehauen. Betrügereien beim illegalen Geldumtausch sind an der Tagesordnung, das Ganze findet ja auf der Straße, in dunklen Hausecken oder Toreinfahrten statt, bei schlechter Beleuchtung und in stressiger Atmosphäre. Die Geldbündel werden hastig runtergezählt, nervös weggesteckt, und man verkrümelt sich anschließend möglichst zügig. Um hinterher festzustellen, dass der ausgezahlte Betrag nicht einmal annähernd stimmt, da wurden jede Menge Scheine durch geschicktes Falten zweimal gezählt. Oder der polnische Geschäftspartner bevorzugt die rustikale Methode. Beim Austausch der Summe reißt der das Geld des Seemannes an sich und verduftet im Laufschritt. Pole weg und Kohle weg. Am besten dreht man diese Dinger nicht alleine, ein kräftiger Janmaat als Aufpasser ist immer sehr nützlich.

In den folgenden Tagen oder vielmehr Nächten tauchen wir immer wieder mal in dem Hotel auf. Einfach der guten Unterhaltung wegen. Natürlich kriegen die Maaten, die mit Gewalt danach suchen, auch die Sache mit den Damens gebacken. Die überall herumschwirrenden Schwarzmarkttypen sind dabei ebenfalls als Vermittler tätig. In der Messe höre ich dann aber, dass das auch ein riskantes Geschäft sei. Ein Matrose ließ sich von so einer Dockschwalbe mitschleppen und wachte 'ne Stunde später in der Gosse wieder auf. Mit 'ner Beule an der Rübe und komplett bargeldfrei. Auch andere Janmaaten geraten in Schwierigkeiten, der Matrosenstrich in der Stadt scheint ein heißes Pflaster zu sein. Da sind wir in unserem Atlantica besser aufgehoben, auch wenn mit den Ladys dort nicht unbedingt was läuft.

Nach wenigen Tagen sind wir dort bekannt wie die sprichwörtlichen bunten Hunde. Gerne gesellt sich einer der Musiker zu uns, der in dem Laden beschäftigt ist. Mateusz spielte mal mit seiner Band einen Sommer lang in der DDR, und dort hatte er sich auch recht gute Grundkenntnisse im Deutschen angeeignet. Wie gut, soll ich an diesem Abend noch erfahren. Es ist ein Samstag, und da wird das sonstige Abendprogramm auf der Bühne noch um eine spezielle Variante bereichert. Nach dem üblichen Tingeltangel hat nämlich zu nächtlicher Stunde noch eine Striptease-Tänzerin ihren großen Auftritt, Mateusz schwärmt uns schon den ganzen Abend davon vor, wir müssten das unbedingt sehen. Nun, ein Striptease reißt einen Seemann 1980 nicht mehr vom Hocker, in dieser Zeit wurde auf der Großen Freiheit in Hamburg schon auf offener Bühne gevögelt, Tabus gab's da schon lange keine mehr. Aber wir tun ihm den Gefallen und bleiben noch solange sitzen.

Die Nummer läuft wirklich kreuzbrav ab, ein recht properes Mädel windet sich zu einer schwülen Lautsprechermusik auf der Bühne umher, als Höhepunkt hängt sie zum Schluss ihren Büstenhalter einem Herrn in der ersten Reihe an die Segelohren und verschwindet. Das Höschen bleibt an. Gezahlt hatten wir schon und erheben uns, da hält uns Mateusz zurück mit der Ankündigung, dass die Dame im nächsten Tanz auch das besagte Höschen auszieht. Und die Ankündigung erfolgt auf der Basis seiner in der DDR erworbenen Sprachkenntnisse. „Berrnhard, Jäns, miest ihr bleiben siitzen. Jetzt kommt Fotze!" Wir grölen noch, als wir bereits wieder an Bord sind.

Wir liegen schon eine Woche im Hafen, aber die Löscharbeiten gehen quälend langsam voran.

Zu Beginn waren Inspektoren an Bord und überprüften die Ladung. Die entnahmen ein paar Proben, ließen sich dann zum Mittagessen einladen und verschwanden wieder. Mehr geschieht zunächst nicht.

Der Schiffshändler lässt sich wieder mal blicken. Schon beim Einlaufen hatte er seine Aufwartung gemacht und mit dem Koch verhandelt. Der konnte die meisten seiner Wünsche vergessen. Salat? Nicht lieferbar. Frisches Obst? Na ja, ein paar Äpfel vielleicht. Gemüse? Oh ja, das geht, wir haben Weißkohl in unbegrenzter Menge. Kartoffeln gehen auch. So in etwa laufen die Verhandlungen ab, unseren Kombüsenhengst hört man in den Folgetagen nur noch fluchen.

Aber er schafft es immer noch, etwas Abwechslung in den Speiseplan zu zaubern, dabei arbeitet er fast ausschließlich mit den noch vorhandenen Konserven. Das Fleisch und die Würste im Tiefkühlraum reichen noch 'ne Weile hin, wir sollten aber nicht mehr allzu lange hier herumhängen.

Ich unternehme einen Versuch, die Altstadt näher zu erkunden. An einem Sonntag mache ich mich auf die Socken, zunächst per Bus weg vom Hafentor. Es ist eine etwas mühsame Odyssee, die ich mir zumute, vom Agenten hatte ich einen Busplan bekommen, mit einigen handschriftlichen Anmerkungen. Und diese Altstadt gibt gar nicht so viel her, die war im Krieg zunächst von den Engländern in Schutt und Asche gebombt worden, und den Rest erledigte dann die Rote Armee, als sie im April 1945 die Stadt eroberte. Jetzt stehen da alte Häuser in beklagenswertem Zustand und dazwischen immer wieder Nachkriegsbauten im sozialistischen Einheitsgrau. Grau ist inzwischen auch das Wetter, seit Tagen nieselt es, und kalt ist`s auch. Es ist kein sehr erbaulicher Ausflug, den ich da mache.

Wieder einmal landen wir im Atlantica, die Bude ist inzwischen sowas wie die AQUITANIA-Stammkneipe. Da wir ganz schön Kohle dort lassen, werden wir vom Personal mittlerweile als VIP`s behandelt. Was nicht allen polnischen Gästen gefällt, da ernten wir auch mal schiefe Blicke von den Nachbartischen. Obwohl wir uns durchaus gut benehmen, auch im Stadium fortgeschrittener Trunkenheit fällt keiner aus der Rolle.

Manchmal übertreibt es das Personal aber mit seiner Zuvorkommenheit. Da gehe ich doch mal pinkeln, dafür muss man eine Treppe tiefer die entsprechenden Räumlichkeiten aufsuchen. Ich verrichte meine Anliegen und lege der dort wirkenden älteren Dame ein Trinkgeld auf den Teller. Wohl ein sehr hohes Trinkgeld, bei den Zlotyscheinen vertut man sich schnell. Jedenfalls springt die Oma auf, unter vielen Verbeugungen reißt die mir noch die Tür auf und überhäuft mich mit einem dankbaren Wortschwall, ist mir direkt peinlich. Die Krönung erlebe ich eine Stunde später, ich muss erneut. Sämtliche Urinale sind aber im Moment belegt. Da hüpft doch die Klo-Lady auf mich zu, nimmt mich am Arm, führt mich zu einem der Becken und zerrt den dort stehenden Polen einfach weg. Der kann gerade noch mühsam sein Gemächt verstauen, dann wird er endgültig verscheucht. Also, das ist jetzt wirklich peinlich. Sowohl für den Polen als auch für mich.

Dritte Woche an der polnischen Küste. Jetzt bin ich bald einen Monat an Bord und gerade mal 20 Stunden zur See gefahren. Was ich noch nicht weiß: Meine ganze Dienstzeit auf diesem Zossen sollte in dieser Weise verlaufen.

Endlich tut sich was. Jetzt löschen sie ein wenig flotter. Jeden Morgen steht ein Rudel Arbeiter an Deck, die Luken werden aufgefahren, ein Hafenkran setzt sich in Bewegung. Da es aber immer wieder regnet und das Sojazeugs nicht nass werden darf, fahren sie die Luken alle Nase lang wieder zu. Wenn's in der Geschwindigkeit weitergeht, dauert das noch `ne Woche.

Inzwischen haben wir ein neues Lieblingsgetränk. In den meisten Kammern steht jetzt der Zubrówka herum. Ein polnischer Wodka mit 'nem Grashalm in der Flasche. Den Kram schlucken wir auch im Atlantica, und mittlerweile gehen bei jedem Landgang ein zwei Buddels mit an Bord. Die sind eigentlich als Mitbringsel für zuhause gedacht, aber nach jedem Landausflug ist ja noch ein Absacker fällig, und schon ist das Mitbringsel wieder verdampft. Das muss dann am Folgetag erneut beschafft werden, aber in der Folgenacht ist wieder ein Absacker fällig und so weiter und so fort...

Nach einigen Tagen bei sporadischem Löschbetrieb bekommen wir jetzt wieder Schwierigkeiten.

Der Alte hat die Bude voll mit polnischen Behördenvertretern, und die machen richtig Ärger. Das Wasser an unserem Liegeplatz zeigt deutliche Spuren von Ölverschmutzung, und nach Ansicht der Polen sind wir die Verursacher. Dahinter steckt ganz klar die Absicht, der Reederei ein saftiges Bußgeld im fünfstelligen Bereich aufzubrummen. Chief Böhnke ist stinksauer, stundenlange Verhandlungen mit den Polen, die Debatte wogt hin und her. Böhnke pocht auf die Eintragungen im Öltagebuch, die sollen belegen, dass wir nicht für die Sauerei da draußen verantwortlich sind.

Die Polen veranstalten ein richtiges Affentheater, aber alle Vorgänge in der Maschine sind lückenlos dokumentiert, und nach den Wartungsarbeiten auf Reede ist unsere Bilge prall voll mit ölhaltigem Wasser, die Behörden-Dödel geben schließlich auf. Durch Kontakte mit anderen Schiffen im Hafen erfahren wir später, dass sie das Spielchen ständig und überall probieren.

*Grundsätzlich müssen alle Öl- und Treibstoffbewegungen an Bord eines Seeschiffes dokumentiert werden, dazu dient das Öltagebuch. Solche Bewegungen sind das Auffüllen von Brennstofftanks, Setztanks und Doppelbodentanks, des Brennstofftagestanks durch Separatoren, das Bunkern und die Altölabgabe im Hafen. Damit ist nachvollziehbar, ob Öl auf See über Bord gepumpt wurde.*

## Verdammte Container – Seefahrt in den 1970er/1980er Jahren

*Die Bilge ist der unterste flache Raum des Schiffes, direkt über dem Kiel. Dort sammelt sich das Wasser, das sich beispielsweise durch Kondensation bildet. Dieses Wasser ist häufig durch Öl- und Kraftstoffreste kontaminiert und darf dann auch nicht einfach abgepumpt werden.*

Mateusz, der Gitarrist in unsrer Stammkneipe, hängt wieder mal mit uns ab. Dieses Mal hat er eine Bitte, er will Jens und mich nach Hause zu seiner Familie einladen, zu einem gemütlichen Beisammensein. Seine Großmutter spräche recht gut Deutsch, sie habe als junges Mädchen bei einer deutschen Familie im Haushalt gearbeitet. Und gerne würde sie mal wieder Deutsch sprechen, wir würden der alten Dame also eine große Freude bereiten.

Es ist zwar für Seeleute eher ein Anliegen, jungen Damen große Freude zu bereiten, aber selbstverständlich sind wir willens, dieser polnischen Familie unsere Aufwartung zu machen. Ein bisschen neugierig sind wir auch, und so finden wir uns eines Abends in einem Außenbezirk der Stadt wieder, jeder bewaffnet mit einer guten Flasche Scotch, das dürfte für die zechfreudigen Polen ein angemessenes Gastgeschenk sein. Ist es auch, wir und der Scotch werden von einer Großfamilie freudig begrüßt, in dem Wohnzimmer drängen sich 12 Personen. Einige sind von anderen Stadtteilen angereist, irgendwie sind sie alle Onkels, Tanten, Cousins und Cousinen. Die Oma ist der Mittelpunkt der Sippe, und sie spricht tatsächlich ein ganz brauchbares Deutsch, damit hat sie die dolmetschende Schlüsselposition. Und es wird wirklich ein netter Abend mit einem sehr lebhaften Austausch, Besuch aus dem Westen ist für die Gastgeber zumindest genauso interessant wie für uns dieser kleine Einblick in den polnischen Alltag. Es sind durchweg gebildete Leute, zum Teil in Führungspositionen tätig, eine Lehrerin dabei. Auch das Thema „Solidarnosc" kommt zur Sprache, man spürt jetzt schon eine gewisse Aufbruchsstimmung.

Angeboten wird ein kleiner Imbiss, auch diese Familie hat mit der schwierigen Versorgungslage zu kämpfen. Üppig vorhanden ist allerdings Wodka, und unser Scotch wird ebenfalls einer kollektiven Bewertung unterzogen. Also zechen können sie, die Polen, da bleibt kein Auge trocken. Auch Oma pichelt fröhlich mit und haut sich wahrscheinlich den ersten schottischen Whisky ihres Lebens in die Kanne. Als wir uns verabschieden, kommt sie jedenfalls nicht mehr so recht aus dem Sofa, sie muss gestützt werden.

Wenn das Mistwetter nicht immer wieder Unterbrechungen verursachen würde, hätten wir die Ladung schon aus dem Schiff. Inzwischen ist es November geworden, und es wird allmählich auch schweinekalt hier oben an der Ostseeküste. Aber, wenn nichts ganz Gravierendes mehr passiert, gehen wir in drei Tagen raus. Es ist aber nicht nur das Wetter, das immer wieder einmal die Arbeit am Schiff stoppt. Die unruhige politische Situation im Land hält unvermindert an, und die lieben deutschen Nachbarn in der DDR werden langsam nervös, dass der Bazillus der Unbotmäßigkeit auf ihr sozialistisches Vaterland übergreift. Aus der Schiffspresse erfahren wir, dass die DDR die Grenze nach Polen geschlossen hat. Da keiner so genau weiß, wie sich die Situation noch entwickeln wird, würden wir ein baldiges Auslaufen sehr begrüßen.

Zunächst setzen wir unsere abendlichen Besuche im Atlantica fort. Bestens finanziert durch schwarz getauschte Devisen, wir haben inzwischen Stammhändler, mit denen wir vertrauensvoll zusammenarbeiten. Es wird aber zusehends riskanter, mit größeren Beträgen durchs Hafentor zu marschieren, die Polen haben irgendwie Lunte gerochen. Da hängt eine ganze deutsche Crew fast zwei Wochen an der Pier, der Agent hat nur einmal einen bescheidenen Geldbetrag an Bord geliefert, und die Bande tobt allabendlich in die Stadt und feiert dort ab, bis der Arzt kommt. Und so lassen sie uns an einem unserer letzten Abende in Szczecin voll auflaufen. Wir wackeln gegen Mitternacht in bester Stimmung aus dem Bus und aufs Hafentor zu, zücken unsere Shore-Pässe und wollen gerade vorbei dackeln, da werden wir gestoppt. Alle Mann ins Wachlokal, wir sind zu Siebt. Und jeder hat noch ein reichliches Bündel Zloty bei sich, wir werden unsere schwarz gedealten Kohlen immer nur mühsam los. Taschenkontrolle ist angesagt. Was dann aber abgeht, erinnert doch sehr an einen Slapstick-Film. Ohne uns abgesprochen zu haben, verwandeln wir die Kontrolle in ein völlig aus dem Ruder laufendes Chaos. Wir albern angesoffen herum, schubsen uns gegenseitig nach vorn zur kontrollierenden Beamtin und wieder zurück, die beiden uniformierten Damen verlieren komplett die Übersicht. Schließlich formieren sie laut keifend aus dem Haufen eine Reihe, wir sollen einer nach dem anderen visitiert werden. Unauffällig reicht der erste seinen Zaster nach hinten durch und lässt sich kontrollieren, dann geht er nach hinten und übernimmt genauso unauffällig wieder seine Zloty. Und das funktioniert tatsächlich, da wir immer noch recht lautstark in der Bude herum toben, verlieren die Damen erneut jeden Durchblick. Vollends aus dem Ruder läuft die Sache, als Jens, unser Fischdampfer-Mate, an die Reihe kommt. Erst musste er seine Jacke ausziehen, dann die Hosentaschen nach außen drehen. Ich habe derweil hinter ihm sein Geld übernommen und in einem Blumentopf am Fenster des Wachlokals zwischengelagert, gleich würde ich an der Reihe sein. Da lässt doch Jens plötzlich seine Hose fallen, wedelt der Beamtin mit dem Schniedel vor der Nase herum und krakeelt: „Da musst `de auch mal nachgucken, meistens habe ich noch `nen Tausender unter der Vorhaut versteckt!" Empörtes Aufkreischen auf der polnischen Seite, durch den Tumult wird auch der vor der Tür stehende Beamte in den Raum gelockt. Entnervt schmeißen uns die Grenzer raus, jetzt reicht es ihnen. Im allgemeinen Durcheinander gelingt es mir auch noch, Jens' Kohle zu retten, ich nehme einfach den ganzen Blumentopf mit, in dem Chaos fällt das gar nicht auf. Es ist später ein besonders intensiver Absacker, mit dem wir diesen Abend an Bord beenden.

Kaum zu glauben, aber nun ist tatsächlich die letzte Schaufel Sojabohnenmehl draußen, wir sind seeklar. Nahezu vier Wochen lagen wir hier, für eine Ladung, die normalerweise in zwei Tagen locker zu löschen ist. Noch ein letzter rauschender Abend im Atlantica, wir halten unsere polnischen Freunde frei, das restliche Schwarzgeld muss unter die Leute. Von den letzten Zlotys kaufen wir noch einige Buddels von dem Grashalm-Wodka, vielleicht kriegen wir doch `ne Flasche bis nach Hause durch. Das sollte allerdings, wie sich später rausstellt, nicht klappen.

In den letzten Tagen an der Pier trudelten beim Alten einige Fernschreiben ein, der Agent brachte die an Bord. Kurz danach erfahren wir, wie es weitergeht. Heimreise nach Hamburg, dort ist eine Werftliegezeit bei Blohm & Voss gebucht. Zehn Tage sind angesetzt, jede Menge Überholungsarbeiten an Deck und in der Maschine liegen an, zusätzlich wird der komplette Kahn sandgestrahlt und erhält einen neuen Außenanstrich. Von einer langen Liegezeit in die nächste, das ist schon eine sehr spezielle Art von Seefahrt.

Der Anschlusstörn ist jetzt kein Geheimnis mehr, darüber hat die Reederei den Alten ebenfalls informiert. Westward Lines, ein unlängst erst gegründetes Unternehmen einiger Bremer Kaufleute, hat die AQUITANIA gechartert, um das Schiff im Liniendienst Europa-Mexiko einzusetzen. Zufriedene Gesichter an der Back, das hört sich gar nicht schlecht an. Einige Piepels fuhren schon mal „auf Mexiko", die geraten umgehend ins Schwärmen. Ich war noch nicht dort, erinnere mich aber an etliche Storys, die Manni auf der BENNINGTON erzählte. Der war sowohl mit 'nem Schiff als auch urlaubsmäßig schon in dieser Gegend, und als begeisterter Bergsteiger war er unter anderem auf den Popocatepetl gekraxelt, den zweithöchsten Berg des Landes. Was ich nicht vorhabe, aber auf Mexiko freue ich mich wirklich.

Der Koch freut sich wohl am meisten. Nicht wegen Mexiko, sondern wegen seiner mittlerweile völlig kahlgefressenen Proviarträume. Die Verpflegung wird jetzt verdammt eintönig, die Polen konnten wirklich nur sehr beschränkt liefern, Weißkohl haben wir bis oben stehen, und die einmalige Fleischlieferung, die an Bord gelangte, beinhaltete lediglich kaum genießbaren Schrott. Aber nun ist es nur noch ein kurzer Hüpfer bis zum NOK, durch selbigen hindurch und die Elbe hoch. Hamburg, wir kommen.

Wir verlassen Szczecin am 11.11. Raus aus der Oder, und die ganze Crew ist heilfroh, von hier weg zu dampfen, bevor in diesem Land noch eine Neuauflage der Oktoberrevolution ausbricht. Bis zur Wende im Ostblock sollten noch 9 Jahre vergehen, aber in Polen, genau in den Tagen und Wochen unserer Liegezeit, hat alles begonnen. Wir ahnen nicht, dass wir so ganz nebenbei Zeitzeugen eines Vorganges wurden, der letztlich das Startsignal für den Zusammenbruch eines gigantischen Machtsystems geben würde. Es waren die polnischen Werftarbeiter, die die Speerspitze der Umwälzungen im ganzen kommunistischen Block bildeten.

Erneut dieseln wir durchs Stettiner Haff und den Piastowski-Kanal in die Ostsee. Und jetzt mit langsamer Fahrt nach Westen, Kurs Heimat. Man lässt uns langsam fahren, wegen des Werfttermins haben wir keine Eile, außerdem geht der Treibstoff jetzt auf „Owners Account", den zahlt Ahrenkiel. Also, „slow speed" ist angesagt, das spart Kosten.

Die halbe Besatzung wurde ja schon vor einem Monat in Skagen ausgewechselt. Weitere Seeleute gehen nun in Hamburg von Bord, die haben alle sowohl ihr halbes Jahr als auch die Schnauze voll. Selbst Mexiko hält die nicht mehr auf dem Schiff. Ebenfalls wieder von Bord geht Jens. Irgendwelche Probleme familiärer Natur, er ersucht Ahrenkiel um vorzeitige Ablösung, und die wird auch gewährt. Schade, mit dem Fischereimann hatte ich viel Spaß bei den Landgängen in Polen, in Mexiko hätten wir bestimmt auch die eine oder andere Kuh fliegen lassen.

Unser Blitz freut sich ebenfalls auf seinen wohlverdienten Urlaub. Als ich das mitbekomme, kriecht mir eine Idee aus dem Hinterkopf. Kurz, bevor ich einstieg. hatte ich noch mal mit Manni in Salzburg telefoniert, dort war er seit einiger Zeit ansässig. Der wollte noch einen Monat daheim bleiben und dann mal wieder bei Krischan nach einem Dampfer fragen. Mensch, wenn das klappen würde, das wäre der Hammer. Wenige Stunden vor Kiel hänge ich am UKW und lasse mich mit Salzburg verbinden. Ich habe Glück, er ist zuhause und kraxelt gerade mal nicht auf irgendeinem Alpengipfel herum. „Mensch, Manfred, hier haut der Blitz ab. Häng dich ans Telefon, vielleicht kann man da noch was machen, eventuell steht der Ablöser noch nicht fest oder so. Und übrigens, der Dampfer geht erst ins Dock und dann nach Mexiko!" Die Antwort kommt wie aus der Pistole geschossen. „Mexiko? Ich ruf 'gleich nachher bei Krischan an!"

Einen Tag später stehen wir vormittags gegen zehn Uhr vor der Schleuse Kiel-Holtenau.

Kurze Wartezeit, schon in der nächsten Schleusung sind wir mit dabei. Und damit beginnt der einzige NOK-Transit, an dem ich in meinen zehn Jahren Seefahrt teilnehmen werde. Ich bin ein gutes Dutzend mal durch den Suezkanal gekachelt. Mit meinen Bananendampfern war ich in den Siebzigern im Panamakanal so gut wie zu Hause. Aber den Nord-Ostsee-Kanal sollte ich nur dieses eine Mal durchfahren.

*Es ist in der breiten Öffentlichkeit kaum bekannt, dass der Nord-Ostsee-Kanal zu den meistbefahrenen künstlichen Wasserstraßen der Welt zählt. Wobei wir ihn kurz und bündig NOK nannten, die internationale Schifffahrtswelt vom Kiel-Canal spricht und er ursprünglich auf den Namen Kaiser-Wilhelm-Kanal getauft wurde. 1887 war es Kaiser Wilhelm I., der bei Baubeginn den Grundstein für die Wasserstraße legte. Sein Sohnemann Willi Zwo weihte 1895 dann die Anlage ein, damit verkürzte sich der Weg zwischen Nord- und Ostsee um runde 800 Km. Der zweite Willi träumte, wie man hinlänglich weiß, von einer Seemacht Deutschland und initiierte den Bau einer gigantischen Hochseeflotte. Tja, und die dicken Schlachtschiffe und Schlachtkreuzer passten irgendwann nicht mehr durch den NOK, kurz vorm 1.Weltkrieg wurde der Kanal zum ersten Mal deutlich vergrößert. Der 1.Weltkrieg ging für Deutschland komplett in die Hose, was noch von Willis Kriegsflotte übrig war, versenkte sich 1919 in Scapa Flow selbst, aber es blieb ein für die Schifffahrt überaus nutzbarer Verbindungsweg zwischen den beiden Randmeeren. Die Schiffe fahren rund 100 km durch Schleswig Holstein, an beiden Enden des Kanals schließen Schleusen das Bauwerk ab, im Westen bei Brunsbüttel, im Osten in Kiel-Holtenau. Neben seiner wirtschaftlichen Bedeutung ist der NOK auch ein nicht zu unterschätzender Tourismus-Magnet. An vielen Kanalabschnitten kann man Zuschauer sehen, die den Marsch der dicken Pötte durch die Rapsfelder Schleswig-Holsteins bestaunen. Und eine besondere Bedeutung bekam der Kanal für einen Matrosen, der einst mit mir auf einem Bulkie fuhr. Der hatte ursprünglich auf einem DDR-Frachter Dienst getan. Beim Kanal-Transit ging in der Schleuse in Kiel zuerst die Vorleine an Land und dann hüpfte besagter Janmaat direkt hinterher. Republikflucht über die Reling. Tja, so war das einstmals…*

Als wir vor Kiel eintreffen, stehe ich auf dem Peildeck, trotz Kälte und diesiger Sicht. Vor der Kieler Schleuse, an der Backbordseite, fällt mein Blick rüber zum Marinehafen. Dort liegen die grauen Pötte der Bundesmarine. Zerstörer, Versorger, kleinere Boote. Auch eine Möglichkeit, zur See zu fahren. Es waren aber Lichtjahre, die unsere Lebenswelt von der der blauen Jungs dort drüben trennten. Wir fuhren Monate raus, um dann einige Wochen an Land zu weilen. Bei den grauen Dampfern war es oft umgekehrt. Und was das Militär betrifft, so bin ich nach vier Jahren reger Erfahrungen als Soldat nun doch im Lager der Zweifler gelandet. Man reist durch die Welt und trifft überall nur Menschen. Menschen wie du und ich, egal welcher Hautfarbe. Erst durch das unselige Wirken gewisser Ideologien werden aus diesen Menschen Feinde, die es zu bekämpfen gilt. Muss man da mitmachen? OK, ich weiß, so einfach ist es nicht. Aber ich weiß auch, dass Militärdienst und ein denkendes Hirn nicht unbedingt Zwangsverbündete sind.

Schmunzelnd denke ich aber gerade jetzt, als ich die Kriegsschiffe betrachte, an jenen seefahrtbegeisterten Bekannten, der unbedingt zur Marine wollte und bei der Musterung Himmel und Hölle in Bewegung setzte, um diesen Wunsch auch durchzusetzen. Er kam zur Marine, und nach der Grundausbildung landete er auf dem Flugplatz eines Marinefliegergeschwaders, dort fuhr er mit einer Kehrmaschine auf dem Rollfeld herum. Voll ins Klo gegriffen, kann ich da nur sagen...

AQUITANIA im NOK, rechts der Kanallotse

Die AQUITANIA passiert die Schleuse bei Kiel-Holtenau. Auf der Brücke ist nun nicht nur ein Kanallotse, sondern auch ein Kanalsteuerer im Einsatz, man verlässt sich aus Sicherheitsgründen nicht auf einen bordeigenen Rudergänger. Eine Zeitlang halte ich mich auf der Brücke auf und verfolge den Betrieb, dann verhole ich mich in meine Bude. Bei den vielen Abmusterungen gibt's einiges zu tun. Immer wieder mal unterbreche ich meine Schreiberei, der Marsch durch die schleswig-holsteinische Landschaft ist wirklich sehenswert.

Um 19:00 Uhr verlassen wir die Schleuse von Brunsbüttel, wir werden in Kürze in die Elbmündung einlaufen.

Großartigen Funkverkehr habe ich nicht mehr zu erwarten, ein mageres Telegramm und einige UKW-Telefonate. Der Alte kontaktiert nochmal die Inspektion, einige Piepels rufen zuhause an, auch Ehefrauen bedürfen eines ETA's, wenn Papi von großer Fahrt zurückkehrt. Und dieses ETA muss ja nicht so rustikal ausfallen wie in jener Story, die über Jahre an der Küste und ganz besonders in Funkerkreisen die Runde machte. Da meldete so ein Kümo-Schipper über Norddeich ein Grenzwellen-Telefonat an, und als seine Holde in der Leitung war, verkündete der Seemann im breitesten Küstenslang wohlgemut: „Erna, wasch dich mal unten rum, Montagabend sind wir in Emden fest!" Der das Gespräch vermittelnde Norddeich-Funker, der zwangsläufig das Telefonat mitverfolgte, intervenierte zwar noch mit einem mahnenden „Na, na, na, Kollege!", aber der Spruch war nun mal in der Welt.

Wir laufen elbaufwärts. Wir passieren Glückstadt und Stade und schließlich, die Hafenstadt schon voraus, die Schiffsbegrüßungsanlage in Wedel, das berühmte Schulauer Fährhaus mit dem „Willkomm Höft". Alles bereits bei Dunkelheit und damit wird uns auch diese Zeremonie nicht zuteil, mit der seit 1952 Seeschiffe aus aller Welt begrüßt werden, für viele Janmaaten aus fernen Landen eine nicht zu unterschätzende Attraktion. Werden sie doch mit ihrer Nationalhymne empfangen, die aus mächtigen Lautsprechern über die Elbe dröhnt. Sowie dem Spruch „Willkommen in Hamburg, wir freuen uns, sie im Hamburger Hafen begrüßen zu dürfen!" Klar, in erster

Linie ist das 'ne Riesenattraktion für die Touristen, die im Schulauer Fährhaus, das kein Fährhaus, sondern ein Restaurant ist, ihren Kaffee schlürfen. Die kriegen gleichzeitig noch einige Schiffsdaten vermittelt, woher, wohin, wie groß ist der Pott und was hat er geladen. Aber auch wir Seeleute genießen die kleine Schau und dippen dann auch artig die Flagge, um den Flaggengruß der Begrüßungsanlage zu erwidern. Nicht aber heute, wir sind für Zuschauer nur noch an unseren Lichtern zu erkennen. Außerdem weht ein verdammt stürmischer Wind, Hamburg empfängt uns mit richtigem Schietwetter.

Im Trockendock

Am Vormittag sind wir eingedockt. Nach einem Zwischenfall, beim Einfahren des Schiffes reißt eine Leine und haut wie eine Peitsche den Dockmeister von den Beinen. Der Mann wird umgehend in die nächste Klinik verbracht, seine Verletzungen sind Gott sei Dank nicht lebensgefährlich.

Die AQUITANIA liegt nun hoch und trocken in Dock 5, einem der Schwimmdocks bei Blohm & Voss. Eigentlich habe ich kurz erwogen, ein paar Tage Urlaub zu beantragen und mich nach Hause abzuseilen. Andererseits, mein Urlaubsanspruch ist noch recht schwachbrüstig. Außerdem plant die DEBEG die Einrüstung eines Wetterkartenschreibers in der Funkbude, da sollte ich schon anwesend sein. Und dann liegt ja noch ein größerer Crewwechsel an, der sich in diesem speziellen Fall über Tage erstreckt. Ich bleibe mal besser mit meinem Hintern an Bord. Wenn man dazu noch keine feste Partnerin an Land hat, ist es nun weiß Gott nicht so wichtig, bei jeder Chance nach Hause zu toben.

Jens haut unmittelbar nach dem Docken ab. „Ich muss los, daheim brennt die Hütte. Schade, auf dem Scheißdampfer wäre ich gerne noch ein bisschen mitgefahren. Aber was nich`is, is`nich!"

Ja. Schade, der Typ war in Ordnung, mit dem wäre ich gerne noch öfters um die Häuser gezogen. Aber so ist das nun mal bei „Seeleutens", man fährt zusammen und hat oft jede Menge Spaß dabei, wird abgelöst und verliert sich aus den Augen. Mit wenigen Ausnahmen.

Eine der wenigen Ausnahmen werde ich in Kürze wiedersehen. Beim allgemeinen Gelaber in der Messe sind auch Inspektoren von der Reederei anwesend. Und ich erfahre, dass mein Kumpel Manni Huber, der altbewährte Kofferdieb von New York, im Anmarsch ist. Hat er es doch tatsächlich geschafft, den Elektrikerjob hier zu ergattern. Prima.

Wenn das so weiter geht, haben wir bald die alte Crew von der SEATRAIN BENNINGTON hier versammelt. Außer mir sind schon Dirks und bald Manni an Bord. Fehlt nur noch, dass der Dicke aufkreuzt, vielleicht mit einem neuen Gummidödel.

# Verdammte Container – Seefahrt in den 1970er/1980er Jahren

Gummidödel taucht dann doch keiner auf, aber der dritte Offizier Böhm. Ebenfalls auf der BENNINGTON gefahren, drolliger Typ und sehr umgänglich.

Weitere Piepels treten den Dienst an, darunter der neue Schiffsführer. Das Kommando übernimmt Kapitän S., und kurz vor Auslaufen soll auch seine Frau an Bord kommen und mitreisen. Der neue Chief Eberlein trifft ein, dann 3.Ing Wickert. Letzterer ist Abkömmling einer Winzerfamilie aus dem Nahetal, und von dort hat er wohl seinen von Bacchus gesponserten Frohsinn geerbt. Ein neuer Zweiter gesellt sich zu den Nautikern, den haben sie in Jugoslawien eingefangen. Nabojsa Butier heißt er, spricht nur minimal deutsch, aber brauchbar Englisch, und meistens ist er mit finsterer Miene unterwegs. Er stellt sich aber im Verlauf der Reise als ganz leidlicher Bordgenosse heraus. Genosse alleine schon deshalb, weil er zwar des Geldes wegen im Westen die Heuer einfährt, aber ein großer Freund und Anhänger des Marschalls Tito ist. Und überzeugter Kommunist. Was uns nicht die Bohne juckt, solange er nicht beim Essen ununterbrochen die Internationale grölt.

Einen Dicken bekommen wir aber dann doch noch auf die AQUITANIA. Erich Groth, Koch seines Zeichens, eine Wampe wie ein schwangerer Elefant, und mit rund sechzig Jahren wohl der Senior in dieser Crew. Erich besitzt eine Kneipe in Papenburg, die sich, oh Wunder, „Zum dicken Smutje" nennt. Die führt seine Frau, wenn Erich zur See fährt. Smutje sagt man bei der Handelsflotte nicht, das ist so ein beknackter Marineausdruck. Aber Erich darf sich so nennen, der hatte schon bei Adolfs Kriegsmarine gekocht, nach 1945 fuhr er als „Smut" auf den Booten des deutschen Minenräumdienstes *(eine kleine Flotte von Minenräumbooten wurde nach Kriegsende unter britischem Kommando mit deutschen Besatzungen weiterbetrieben, um die Nordsee halbwegs minenfrei zu bekommen)* und selbst beim Zoll ist er mal auf dessen Booten gefahren, bis er zur Handelsmarine wechselte. Dort war er ewig und tausend Tage auf Schiffen der DDG HANSA unterwegs, und das hat ihn irgendwie verdorben. Auf den HANSA-Dampfern fuhren sie nämlich mit 'ner ganzen Schar Pakistanis als Mannschaften, nur etwa ein Drittel der Crew waren Deutsche. Erich hatte alleine vier Pakistanis in der

Kombüse, er war zwar Küchenchef, fuhr aber primär als Purser, außer dem Schreiben der Speisepläne hatte er in der Kombüse nicht mehr viel zu tun. Nun war er unlängst, nach dem Konkurs der HANSA-Linie, bei Krischan gelandet und wird jetzt gleich mit dem neuesten Sparansatz deutscher Reeder konfrontiert. Er ist Alleinkoch, den Kochsmaaten hat man gerade ersatzlos gestrichen. Erich wird die halbe Reise damit verbringen, seinen vier Pakistanis nachzutrauern.

Mittlerweile steht fest, dass auf der bevorstehenden Reise drei Ehefrauen mit auf dem Schiff sein werden. Beziehungsweise eine Ehefreundin, Günter Dirks und seine Cornelia sind nicht verheiratet. Hier steigen noch die Frau des Kapitäns und auch die Gattin des Bootsmannes zu. Und die bringt noch ihren Dackel mit, damit ist die Bootsmannsfamilie komplett eingeschifft. Die zwei letztgenannten Damen und der Dackel werden aber erst zum Auslaufen erwartet, auf das in der Werft übliche Chaos können sie dankend verzichten. Im Übrigen werden mitreisende Ehefrauen und vergleichbare Familienanhängsel ganz korrekt auf der Mannschaftsliste geführt. Damit vermeidet man Komplikationen, sonst müsste für die Frauen eine Passagierliste angelegt werden, Passagiere wiederum verursachen in manchen Häfen oder bei Kanalfahrten Zahlungsforderungen der lokalen Behörden. Somit stehen die Ladys auf den letzten Positionen der „Crew-List", und zwar als „Purser-Assistant" (Verwalter-Assistentin). Leider nur der Form halber, der Verwalter bin ich, aber nie hat mir eine mitreisende Ehefrau bei der Arbeit assistiert.

Cornelia allerdings übernimmt einen Job. Die Verwaltung der Bordbücherei. Eigentlich gibt's da nicht viel zu verwalten, die Bordbücherei besteht meistens aus einem Schrank in irgendeiner Leerkammer, in dem dann ein unsortierter Haufen Bücher vor sich hinschlummert, zumeist Taschenbücher der schlichteren Art, wenig Anspruchsvolles darunter. Western, Krimis, so diese Richtung. Die Gefährtin unseres Chiefmates wird den Laden jetzt mal ein wenig auf Vordermann bringen, die kniet sich richtig in die Aufgabe rein. Vom Sozialwerk für Seeleute besorgt sie noch eine Spielekiste, Würfelbecher und dergleichen, viel mehr an Zerstreuungsmöglichkeiten darf man an Bord nicht erwarten. Und gemeinsam mit mir sucht sie auch die Filme für die bevorstehende Reise aus, nach wie vor gibt es ja an Bord noch die 16mm-Leihfilme von der Firma „Atlas". Falls sich sonst niemand um den Job des Filmvorführers reißt, übernehme ich das.

Der Werftaufenthalt gestaltet sich wie erwartet. Rund ums Schiff, auf und in dem Schiff ist es laut und schmutzig, Heerscharen von Werftarbeitern bevölkern den Kahn. Im Deckshaus sind überall Papierbahnen in den Gängen ausgelegt, um die Verschmutzung etwas im Rahmen zu halten. Angesichts des überall präsenten Drecks droht der 1.Steward Horeis noch die letzten Haare zu verlieren, allzu viele hat er sowieso nicht mehr. In der Kombüse kriegt der dicke Erich gleich zum Dienstantritt die volle Packung, jeden Tag müssen wechselnde Gästezahlen mit bekocht werden. Ich finde das Essen OK, gute alte Schiffshausmannskost. Sieht nicht jeder so, bei über 20 Mann sind immer ein paar Nörgler oder selbsternannte Gourmets an Bord, die dieses oder jenes kritisieren. Mir schmeckts. Eines kann er perfekt, der Erich. Sein Indisches Curry ist ein Traum, so stellt man sich eben ein Festmahl im Palast des Maharadschas von Eschnapur vor. Die Zubereitung dieses auf vielen Schiffen recht verbreiteten Gerichts hat er bei seinen Pakistani-Kochsmaaten gelernt.

Die DEBEG marschiert auf, die für meine Funkstation zuständige Betriebsgesellschaft. Nun wird der versprochene Wetterkartenschreiber installiert. Als ich das Ding zu Gesicht bekomme, entgleist mir selbiges aber sofort. Eine kleine Fitzelkiste, die sie über meinem Hauptempfänger installieren. Und die „Wetterkarte", die beim ersten Testlauf raus läuft, ist ein besserer Zettel, „Karte" sieht anders aus. Das Gerät arbeitet mit einer silbrigen Spezialfolie, hauchdünn, und hauchdünn sind auch die Strichzeichnungen, die bei Aufnahme einer Wettersendung erzeugt werden. Das Spielzeug mag ja für 'ne Segelyacht gerade noch ausreichend sein, hier halte ich es für völlig verfehlt. Da lässt sich aber nichts machen, die Reederei hat die kostengünstigste Variante gewählt, die bei der DEBEG angeboten wird. Danke vielmals.

Der nächste Zwischenfall lässt nicht lange auf sich warten, nachdem der Sturm zunächst abgeflaut war, kehrt er nun mit Macht zurück. Auf einmal reißt sich das Schwimmdock los, zumindest mit einigen Leinen. Die Werftleute haben die Sache aber schnell im Griff, es kommt zu keinen weiteren Schäden, und bald ist die riesige Wanne, in der die AQUITANIA liegt, wieder sicher vertäut.

Weitere Anmusterer treten ihren Dienst an. Manni steht in der Tür und wird von mir begeistert begrüßt. Mexiko ahnt noch gar nicht, welche Heimsuchung da aufs Land zu kommt, jedenfalls sind wir einstimmig dieser Meinung. Und einen OA bekommen wir auch wieder auf den Kahn, ein baumlanger und etwas kantiger Kerl, ein wenig sieht der aus wie der Assistent vom ollen Professor Frankenstein. Falls jemand diesen Gruselfilm kennt.

Überhaupt haben wir eine recht bunte Crewliste, nach den letzten Änderungen befinden sich nun Seeleute aus sieben verschiedenen Nationen an Bord. Mittlerweile ist die Crew auf 25 Leute reduziert worden, ja, im Einsparen von Personal sind unsere Reeder sehr findig.

Da hocken jetzt 17 Deutsche, 2 Österreicher, 2 Spanier und je ein Seemann aus Jugoslawien, Brasilien, Britisch Guayana und Äthiopien auf diesem Kahn. Plus die drei erwähnten Damen.

Abends hängen wir bei mir auf der Kammer, die Werftzeit dauert noch ein paar Tage, und wir müssen nicht ständig „rüber zur Küste". So unser Ausdruck für Ausflüge in die Niederungen von St.Pauli, das liegt ja auf der anderen Elbseite. Die Türme können wir sehen, die Kaschemmen, Pinten, Strip-Clubs und Puffs können wir erahnen. Aber wie gesagt, nicht jeden Tag rennen wir da rüber, so attraktiv kommt uns „St. Liederlich" schon lange nicht mehr vor.

Wir lenzen also ein Bier, und Manni schaut nachdenklich auf meinen Kühlschrank. „Also so ein Ding besorge ich mir hier noch. Ohne Kühlschrank auf Kammer is` doch Scheiße." Wir beschließen für den folgenden Tag eine gemeinsame Expedition in einen Elektro-Shop, die Operation „Kühlschrank für den Blitz" ist jetzt dringlichstes Werftprojekt. Für Manni jedenfalls.

Dass uns dieses Projekt über weite Teile der bevorstehenden Reise beschäftigen wird, können wir da noch nicht wissen.

Am folgenden Tag hauen wir nachmittags ab, ich habe ein Taxi an die Werftpier beordert, und wir starten die Aktion. Manni hat 'ne Adresse von einem größeren Elektromarkt in der Stadt, dort werden wir auch schnell fündig, und ein ganz normaler Haushaltskühlschrank wechselt den Besitzer.

Der Taxifahrer, der uns wieder mit der Beute an Bord fahren soll, macht zunächst mal dicke Backen, wir kriegen den Riesenkarton mit Inhalt nicht ins Auto. Also packen wir den Eumel aus und transportieren in nackt. Das Gerät über die Dockskante die schmale Werftgangway hoch zu balancieren, ist auch ein Akt für sich, um Haaresbreite wäre der Kühlschrank runter ins Schwimmdock geknallt. Zu der Würgerei mit der Kiste kommen noch die blöden Bemerkungen einiger Werftgranties, die grinsend unsere Bemühungen verfolgen. Endlich steht der Kasten in der Elektrikerkammer an seinem Platz, wird von Manni umgehend in Betrieb genommen und mit Bier befrachtet. Mission accomplished, wie ein bekannter texanischer Intellektueller Jahrzehnte später einmal sagen wird.

Am Abend unterziehen wir das Gerät einem kurzen Tauglichkeitstest. Positiv, der Kühlschrank ist klar vorn und achtern, das Bier ist kalt. Danach feiern wir an Land weiter, es geht „rüber zur Küste". Mit den üblichen Begleiterscheinungen, Taxifahrer haben weltweit das Bedürfnis, ihre seemännischen Fahrgäste möglichst zu bescheißen. Auch heute wieder will uns so ein Schlingel die ganz große Hafenrundfahrt andrehen. Nicht mit mir, ich habe einst in Hamburg die Seefahrtschule besucht, bin durchaus ortskundig und Rundreisen durch die norddeutsche Tiefebene verkauft mir keiner mehr, wenn ich mal nur von Blohm & Voss eben rüber nach St.Pauli will. Ich erkläre dem Taxidödel die Funktion und Zweckbestimmung des alten Elbtunnels, und schon verkürzt sich unsere Anreise. Der mault zwar rum, in den engen Fahrspuren des alten Tunnels hätte er schon öfters Schäden am Fahrzeug erlitten, die erachte ich aber immer noch akzeptabler als Schäden in unseren Geldbeuteln.

Unsere Besuche in dem legendären Hamburger Vergnügungsviertel gestalten sich immer nach demselben Muster. Erst mal gut mampfen gehen, Erichs Schiffsküche genießen wir noch lange genug. Entweder beim Chinesen auf der Reeperbahn oder beim Portugiesen Nähe Baumwall. Dann geht's dorthin, wo die bunten Lichter blinken. Es ist ein merkwürdiges Ding mit der Reeperbahn. Faszinierend und abstoßend. Fröhlich und traurig. Bei Nacht eine Meile voller falscher Versprechungen und vorgegaukelter Sinnenfreude. Bei Tage eine von Altbauten gesäumte Pissrinne. Die Varietés in der großen Freiheit bieten jetzt in den Achtzigern völlig tabuloses Sex-Theater, das lockt die Touristen in Scharen. Wir suchen meist die kleineren Kaschemmen in den Seitengassen auf, dort hockt noch echtes St.-Pauli-Publikum herum. Die kleinen Großmäuler, die Loser, aber auch alte St.-Paulianer, die ihr ganzes Leben selbstbewusst in ihrem Kiez verbringen, ohne unbedingt Teil der Sex- und Crime-Szene zu sein. Auch heute landen wir wieder in so einem Schuppen, langer Tresen, zwei drei Tischchen, hinter der Bar eine Kunstblondine unbestimmbaren Alters, die bestimmt schon alle Ferkeleien dieser Welt gehört und erlebt hat. Aber mit 'ner herzlichen Art unterwegs, Kodderschnauze, Haare auf den Zähnen.

Wir sitzen und trinken. Ich erzähle Manni von meinem ersten Besuch auf der sündigen Meile. 19 Jahre jung, bei der Bundeswehr nicht weit von Hamburg stationiert. Wir landeten in einer ähnlichen Kneipe, und da liefen, vorgeführt mit einem billigen Schmalfilmprojektor, Sexfilmchen der harmlosen Art. Softsex, mehr ließ das Gesetz 1968 nicht zu. Für uns aber war's ne Sensation. Und Jahre später wohnte ich anlässlich meines Funkerlehrganges in Hamburg und bekomme Besuch von zu Hause. Ein Kumpel, in Begleitung zweier junger Mädels aus unserem gemeinsamen Freundeskreis, gerade mal 17 waren die Deerns. Und die erinnerten sich daran, dass ich irgendwann mal von diesen „Filmkneipen" geschwafelt hatte. Ob man auch mal so was sehen könne. Klar, warum nicht, und so ein bisschen billige Softsexfilmchen, das können die beiden Mädels aus dem Odenwald sicher ab. Was ich nicht wusste, zu diesem Zeitpunkt hatten sich die diesbezüglichen Gesetze in Deutschland massiv geändert, jetzt galten ausgesprochen freizügige Bestimmungen. Ich selbst hatte in dieser Zeit schon lange keine Bar dieser Art mehr betreten, ich fand's langweilig. Und da landen wir doch am frühen Abend in so einer Spelunke in der Davidstraße, wo ein Projektor flimmerte. Heidewitzka, da ging die Post ab. Nix mehr Softsex, jetzt wurden Großaufnahmen sämtlicher Körperöffnungen in Farbe und Cinemascope geliefert. Auf der Leinwand vögelten sich wechselnde Protagonisten die Seele aus dem Leib, unsere beiden Begleiterinnen erstarrten in Ehrfurcht, und mein Kumpel begann fürchterlich zu schwitzen, das Kinoprogramm in der Heimat sah in der Regel anders aus. Manni erleidet einen Lachkrampf, als ich ihm die Story auftische.

Wieder an Bord, die Tage in der Werft ziehen sich so hin. Draußen kann man sich kaum noch aufhalten, der Rumpf wird jetzt, nach dem Sandstrahlen, mit neuer Farbe versehen. Unterhalb der Plimsoll-Marke rot, darüber grau.

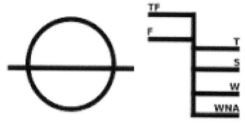

*Die Plimsoll-Marke, oder auch Freibordmarke gibt die Grenze für den durch die Ladung veränderten Freibord des Schiffes an. Diese Freibordmarke ist ein auf halber Rumpflänge nahe dem Hauptrahmenspant beidseitig aufgemalter Kreis mit einem waagerechten Strich. Und rechts davon befindet sich die Lademarke bzw. die Lademarken, es gibt unterschiedliche maximale Eintauchtiefen. Man unterscheidet den Freibord Süßwasser Tropen, Freibord in Süßwasser, Freibord in tropischem Seewasser, die Sommerlademarke in Seewasser (identisch mit der Freibordmarke in dem Kreis), Freibord in Seewasser im Winter und Freibord in Seewasser / Winter Nordatlantik. Die unterschiedliche Dichte des Wassers unter den geschilderten Rahmenbedingungen macht diese Unterscheidung notwendig.*

Noch zwei Tage, dann ist Schicht im Schacht. Unverzüglich nach dem Ausdocken sollen wir an eine Pier verholen und dort mit dem

Laden beginnen. Ein Teil der Ladung geht hier in Hamburg in die Räume, der andere Teil in Antwerpen. Dann wird die AQUITANIA den Atlantik überqueren und zunächst Miami anlaufen. Anschließend mit dem größten Teil der Fracht nach Veracruz und Tampico. Die Daten für die Rückreise nach Europa will man uns später übermitteln. Na gut, von uns aus kann's losgehen, den Hallas in der Werft haben wir alle bis oben stehen.

Das Laden nimmt noch einmal etwas Zeit in Anspruch. Zunächst übernehmen wir eine große Menge Metallrohre. Die Dinger sehen aus wie Teile einer Wasser- oder Hausgasleitung und werden per Kran in Bündeln in die Laderäume gehievt. Dann noch verschiedenes Stückgut. Wir nutzen die Chance für einen letzten Ausflug ins Ramba-Zamba-Viertel. Einfach nur, weil jetzt „last Chance" ist.

Und während die letzten Kollis *(ein in der Logistik üblicher Ausdruck für die einzelnen Komponenten von Stückgut)* an Bord wandern, geht bei uns ein Bunkerboot längsseits, der Begriff „durstig wie ein Schiffsdiesel" kommt ja nicht von ungefähr.

*Bunkern ist der seemännische Ausdruck für die Übernahme von Kraftstoff, Landratten würden es „tanken" nennen. Und da kommt schon einiges zusammen, die Daten für die AQUITANIA mögen das belegen. Das Schiff wurde von einer MAN 16 Zylinder-Maschine mit 8.690 PS angetrieben. Da betrug der Tagesverbrauch bei voller Leistung 30 Tonnen Schweröl und 2 Tonnen Dieselöl (letzteres für die sogenannten Hilfsdieselmotoren, die die Generatoren zur Stromerzeugung antrieben, außerdem wurde Diesel wie schon erläutert in der Revierfahrt auch von der Hauptmaschine benötigt). Die Bunker fassten insgesamt 1.098 Tonnen Schweröl und 126 Tonnen Dieselöl.*

Auslaufen am späten Abend des 22. November. Für diese Jahreszeit ist das Wetter halbwegs akzeptabel, Tagestemperaturen bei 10 Grad, und die Küste meldet keine bedenklichen Wetterkapriolen. Die Nordsee ist in Vorhersagegebiete unterteilt. Wir nageln nach dem Verlassen der Elbe zunächst mal durch „German Bight", dann ein Stück durch „Humber", anschließend „Thames" und „Dover". Die

# Verdammte Container – Seefahrt in den 1970er/1980er Jahren

Meldungen für diese Vorhersagegebiete verfolge ich, der Rest juckt mich nicht. Aber kurz vor Antwerpen ist die Sturmpause schon wieder vorbei, der nächste Ballermann kommt vom Atlantik an die europäische Küste gerollt. Zunächst aber laufen wir Antwerpen an, das verschafft uns eine Atempause.

Dort kommen wir an einer recht zentralen Pier zu liegen, günstig für Landgänger. Und schon beim Festmachen steht Besuch für Manni aufm Kai. Seine Freundin Hisayo ist aus Düsseldorf angereist, und da wir mit drei Tagen Liegezeit planen, wird sie solange an Bord bleiben. Hisayo kommt aber nicht alleine, sie hat auch ihre Freundin Fumiko im Schlepptau. Also, die ist wirklich drollig, eigentlich bedient sie alle Klischees, die man Japanerinnen so nachsagt. Ständig mit kleinen Trippelschritten unterwegs, unentwegt am Grinsen, was man bei Japanerinnen zumeist „Lächeln" nennt. Und jeder Satz, den sie von sich gibt, wird von viel Gekicher begleitet. Da Fumiko auch noch über ein auffallendes Vollmondgesicht verfügt, hat sie ganz schnell bei uns ihren Spitznamen weg: Miss Moonface. Zunächst stellt sich die Frage der Unterbringung von Miss Moonface, die soll ja nicht auf Mannis Sofa liegen, während er mit Hisayo in der Koje fröhliche Paarungsrituale zelebriert. Irgendeine Leerkammer steht nicht zur Verfügung. Da beschließt Manni kurzerhand, dass die mondgesichtige Geisha bei mir übernachtet. Der scheint das auch recht zu sein, ich bin nur mäßig begeistert. Miss Moonface ist zwar 'ne ganz Liebe, aber definitiv nicht mein Typ. Was solls, ich bringe die in meiner Bude unter, nehme mir aber fest vor, den vollendeten Gentleman zu mimen und auf meinem Sofa zu pennen. Die kichernde Kirschblüte kann meine Koje haben. Und so wird's dann auch gemacht.

Abends ziehen wir vier zunächst mal an Land. Für eine ausgiebige Stadtbesichtigung ist es leider zu spät, die frühe winterliche Dunkelheit bremst unsere Aktivitäten. Wir finden aber ein nettes Restaurant, dort verbleiben wir gute zwei Stunden und unterhalten uns prächtig. Danach geht's in eine Bierbar der höheren Preiskategorie, Schlips und Kragen-Publikum dominiert den Laden. Dort fallen wir aber nach kurzer Zeit auf. Manni und ich pfeifen in recht flotter Folge ein Bier nach dem anderen hinter die Kragenknöpfe, und die beiden kleinen Japanerinnen kriegen auf einmal `nen Rappel und versuchen sich auch in dieser Disziplin. Sehr erfolgreich, wir beiden Kerle hocken an der Mahagoni-Bar, und zwischen uns schlafen die beiden Geishas mit dem Kopf auf dem Tresen. Der Barkeeper und einige Gäste gucken etwas indigniert, aber auf Einzelschicksale können wir jetzt keine Rücksicht nehmen.

Als wir nach Mitternacht wieder an der Pier eintreffen, müssen wir die beiden „Damens" fast die Gangway hochtragen. Für Fumiko pflanze ich mal vorsichtshalber einen Eimer vor meine Koje. Ist aber unnötig, die pennt wie ein Stein.

Auch die nächsten zwei Tage verbringen wir hauptsächlich damit, die zwei Japanerinnen zu bespaßen. Mit an Land aber wollen die nicht mehr, die Kollision mit dem belgischen Bier scheint beide Mädels etwas traumatisiert zu haben.

In den geplanten drei Tagen wird die Ladung komplettiert, jede Menge Stückgut in den Räumen, und ja, auch ein paar Container finden den Weg aufs Schiff. Die werden als Decksladung gefahren, Bestimmungshafen für die Dinger ist Miami.

Wir verlassen Antwerpen. Auf der Pier stehen winkend Hisayo und Fumiko, als das Schiff von einem Schlepper in Richtung Schelde gedreht wird. Erneut, und ich überblicke schon gar nicht mehr zum wievielten Male, beginnt eine Reise über den Atlantik.

Die beginnt aber gleich mal mit Hindernissen. Der Sturm hat wieder aufgefrischt, aber sowas von heftig, dass es uns fast von den Beinen holt. Der Wetterbericht, den ich zuvor auf die Brücke legte, hat zwar Winde mit „Gale Force" avisiert, aber dass das Ding so heftig ausfällt, hat keiner erwartet.

Noch in der Scheldemündung laufen hohe Seen quer übers Schiff, die Container an Steuerbordseite reißen sich los. Dieses Mal ist es Chiefmate Dirks, der sich über die „verdammten Container" auslässt. Der Alte lässt beidrehen, und unter Leitung des Chiefmates werden die störrischen Kisten nachgelascht. Der Sturm nimmt aber an Heftigkeit zu, inzwischen rollen wir wie die Bekloppten bei Windstärke 10 über die See. Mit einer Krängung von gut 25

Grad. Jetzt ballern starke Seen von Backbord übers Deck. Morgens um kurz nach fünf Uhr taucht das Deck an Backbord völlig unter und wieder reißen sich Container los, trotz zusätzlicher Laschings. Eine der Boxen geht dabei völlig zu Bruch, die See drückt das Ding zusammen wie Pappe. Wieder lässt der Alte beidrehen, und die Decksgang hat erneut die dankbare Aufgabe, diese Scheißdinger irgendwie fest zu kriegen. Im fahlen Licht der Decksscheinwerfer toben die Maaten an Deck umher und fangen die Kisten wieder ein, weiß Gott kein ungefährlicher Job. Das fängt ja gut an, dieser Trip hier.

Das Dreckswetter bringt noch mehr Probleme mit sich. Gewaltige Probleme für einen der Motorenhelfer, der ist noch ziemlich frisch bei der Seefahrt, sein zweiter Dampfer. Und jetzt ist das arme Schwein sowas von seekrank, der kotzt alles raus, was er je gefressen hat. So, wie es gegenwärtig aussieht, auch das, was er in nächster Zeit zu fressen gedenkt. Als Arbeitskraft fällt der komplett aus, die meiste Zeit kauert er vor der Klobrille und brüllt Verwünschungen in den Fäkalientank. Sehr hilfreich sind natürlich die blöden Kommentare der lieben Kollegen, immer die gleichen dummen Sprüche, auf jedem Dampfer schon mal gehört: „Kotz ruhig alles raus, nur wenn der braune Ring kommt, den musst 'de wieder runterschlucken. Das ist das Arschloch!" So in dieser Art. Irgendwann schleppt sich der arme Hund zu Böhm, dem 3.Offizier und nebenamtlichen Schiffsarzt. Soweit man bei 6 Wochen Ausbildung in Bordmedizin den Begriff „Arzt" verwenden kann. Böhm zuckt mit den Schultern, also Tabletten kann man jetzt vergessen. Die kotzt der schneller wieder raus, als er sie runterschlucken kann. Zäpfchen sind das Einzige, das hier noch helfen mag. Da Böhm gerade im Begriff ist, seine Wache anzutreten, wetzt er hastig zum Hospital, holt die Packung mit 5 von den Anal-Patronen und drückt sie dem „Motorman" in die Flossen. Nimm dir eines und gib mir die Packung später wieder, dann müsste es dir bald besser gehen, so Böhms Ansage. Nachmittags, nach Wachende, fällt dem Dritten die Sache wieder ein, und er trabt zur Kammer des Patienten. Der liegt völlig apathisch auf der Koje, zwar nicht unbedingt mehr seekrank, aber halb weggetreten. „Was is'n mit dir los? Und wo sind die Zäpfchen?" „Wieso, ich hab die alle

genommen. Mir geht's auch besser, aber ich bin so scheißmüde!"
Böhm ist fassungslos. Da hat der Maschinist in seiner Not doch den
ganzen Fünfer-Riegel in seinen Enddarm gepfriemelt. „Der hat sich
den Arsch aufgefüllt wie ein Pistolen-Magazin!" meint Böhm ganz
verdattert, als er uns beim Abendessen die Story erzählt. „Die Dinger schmelzen ja durch die Körpertemperatur, und außerdem enthalten die einen Anteil Beruhigungsmittel, ähnlich Valium. Kein Wunder, dass der jetzt auf der Koje liegt wie dicht gekifft!" – „Meinst du
nicht, dass so 'ne Überdosis gefährlich sein kann?" – „Keine Ahnung", meint Böhm, „ich glaube aber nicht!" So ist das eben an
Bord, medizinische Behandlung ist eine Glaubenssache.

Aus dem Kuhsturm, der gerade über Europas Küste fegt, kommen
wir langsam raus. Es bleibt aber zunächst bei dieser widerlichen
Schaukelei. Winterstürme ziehen weit nördlich aus Kanada herüber.
Deren Dünung haut's aber bis weit runter in den Süden, tagelang
kriegen wir die Roller von der Seite. Und das wird wohl die ganze
Überfahrt so anhalten, wie ich auf den Zettelchen erkenne, die mein
Spielzeug-Wetterkartenschreiber ausspuckt.

Bei nachlassendem Schlechtwetter westwärts. Der zweite Open-Top-
Container an Backbord zeigt noch deutliche Sturmschäden

## Verdammte Container – Seefahrt in den 1970er/1980er Jahren

Wir machen das Beste draus, was bleibt uns übrig. Verrichten unseren Dienst, und die paar freien Stunden am Abend glucken wir zusammen und klönen. Bis eine Schadensmeldung einläuft, und zwar von Manni. Der in Hamburg neu gekaufte Kühlschrank macht dicke Backen, der kühlt nicht mehr. Manni ist völlig aus dem Häuschen, also, eine schwere Panne in einem Atomkraftwerk ist 'ne Bagatelle gegenüber diesem Kühlschrankausfall. In jeder freien Minute murkst er jetzt an dem Gerät herum. Sehr wahrscheinlich auch einen Großteil seiner Arbeitszeit, der Chief heckt das ja auch nicht, was der Blitz so den Tag über in seiner Elektrowerkstatt alles treibt.

Schließlich drückt Manni das Leitungssystem des Kühlschrankes ab und findet ein Leck. Leider ist das Problem damit nicht ganz aus der Welt, wir haben zwar Kühlmittel an Bord, aber eben nicht das für Hauhaltskühlsschränke geeignete Frigen 12, damit kann die Werkstatt nicht dienen. Bis Veracruz gibt es beim Elektriker nur warmes Bier.

Die nächste Schadensmeldung betrifft Manni selbst. Etwa fünf Tage vor Miami hat er plötzlich Fieber, und gleich ganz saftig mit 39 und später über 40 Grad. Und im Hals entdeckt der Nebenbei-Bordmediziner Böhm eitrige Pusteln, ganz merkwürdige Dinger. Sämtliche Nautiker, die ja alle einmal diese obligatorische schiffs-medizinische Ausbildung absolviert haben, sind ratlos. Sie füttern ihn mit Antibiotika, aber sonst hat keiner so recht 'ne Idee, was das sein könnte. Ich frage den Kapitän, ob wir nicht eine funkärztliche Beratung einholen wollen, einen sogenannten „Medico-Call". Nein, meint er, das sei nicht nötig, wegen solcher Bagatellen rufe er nicht den Funkarzt in Cuxhaven an. Wir sind sauer, als wir das hören.

Zwei Tage später wird doch der Funkarzt gerufen. Die Frau des Kapitäns kommt bei dem immer noch stark im Seegang rollenden Schiff ins Schlingern und knallt mit dem Kopf gegen eine Schranktür. Das Ergebnis ist eine Beule im Hühnerei-Format und eine leichte, aber nicht lange anhaltende Kreislaufschwäche. Und schon steht ein aufgeregter Kapitän bei mir in der Funkbude und ordnet einen Medico-Call an. Da solche Anrufe bei den Küstenfunkstellen absoluten Vorrang haben, werde ich umgehend mit einem Bereitschaftsarzt jener Cuxhavener Klinik verbunden, die diesen Dienst anbietet. Das

Gespräch mit dem Arzt führt dann unser Reiseleiter, aus dessen Schilderung kann der Doc wohl eine leichte Gehirnerschütterung erkennen. Der Alte erntet dafür den Ratschlag, seiner besseren Hälfte Bettruhe nahezulegen. Wie dem auch sei, für Manni wird bei der Gelegenheit auch nicht nachgefragt, der ist natürlich entsprechend angefressen, als er davon Wind bekommt. Aber vielleicht haben wir selbst sein Leiden etwas überbewertet. Medizin ist nun mal nicht unser studiertes Hauptfach.

Wir laufen Miami an. Manfreds Befinden hat sich etwas gebessert, immer noch fiebrig bei 38 Grad, aber die Pusteln gehen zurück. Er wird jetzt endlich einem Arzt vorgeführt, der Agent holt ihn an Bord ab.

Da wir nur 12 Stunden hier bleiben sollen, lediglich ein paar Kisten und die Container gehen in Miami an Land, schenke ich mir den Landgang. Ich mache aber ein Geschäft mit einem an Bord auftauchenden Händler, der vertickert Elektronik, Radios, Kassettenrecorder und dergleichen. Und dann hat er noch so ein kleines Kombigerät aus japanischer Fertigung, Radio, Kassettenrecorder und TV. Sehr kleiner Bildschirm, so eine Art Mäusekino, aber das Ding läuft sowohl mit 110 als auch mit 220 Volt Netz und der TV-Teil ist auf europäisches und amerikanisches System umschaltbar. Wie gemacht für Hein Seemann. Der Preis ist verblüffend niedrig, ich habe den leisen Verdacht, dass die Fischkiste irgendwo aus einem Container oder vom Laster gefallen ist, aber das soll mir egal sein. Kurze Zeit später bin ich stolzer Besitzer dieser Anlage.

Nachmittags wird Manni vom Arztbesuch zurück gebracht. Mit 'ner Stinkwut im Bauch. „So viel Dummheit auf einem Haufen habe ich noch nicht erlebt. Erst fragt mich die Sprechstundenhilfe, wo ich her komme. Ich sage Austria. Da sagt die, oh wie schön, bei Euch gibt's doch diese niedlichen Kängurus. Dann glotzt mir der Doktor in den Hals und sagt, sie haben eine Mandelentzündung. Ich sage, das ist aber komisch, meine Mandeln wurden entfernt, als ich 5 Jahre alt war. Dann sagt der, es sieht aber aus wie eine Mandelentzündung. Da habe ich überlegt, ob ich dem eine scheuern soll. Der glotzte dann nochmal gründlich rein, sabbelte irgendwas Unverständliches, und dann haben sie mich mit 'ner Box Tabletten wieder vor die Tür gesetzt. Die spinnen doch komplett!"

„Tja, Manni", sage ich, „so viel zur ärztlichen Versorgung von Seeleuten. Wenn schon zum Arzt, dann zum Preiswertesten. Wahrscheinlich einer mit abgebrochenem Studium."

Wir laufen wieder aus. Nun geht's also nach Veracruz, schon der Name der Stadt assoziiert Mexiko pur, Sonne, Mariachis, glutäugige Señoritas. Ein Film fällt mir ein, den ich als zwölfjähriger Liebhaber von Wildwestfilmen mit Begeisterung gesehen hatte. Der hieß auch „Veracruz", ich kann mich aber an keine Szene erinnern, in der die Stadt eine Rolle gespielt hat. Burt Lancaster und Gary Cooper ritten stundenlang zwischen Kakteen umher und schossen sich irgendwann Löcher ins Fell, Veracruz habe ich nicht gesehen. Da muss ich mich also Jahre später mit 'nem Dampfer auf den Weg machen, um das nachzuholen.

Es sind über 1.000 Seemeilen bis zu diesem Hafen, wir laufen mit reduzierter Geschwindigkeit, häufig Strom gegen an. Ohnehin hat man uns „economic speed" verordnet, wirtschaftliche Geschwindigkeit. Wir laufen nur noch knappe 12 Knoten.

Das führt zu einer Reisedauer von vier Tagen. Inzwischen ist es Dezember geworden, den Winter aber haben wir schon seit Miami völlig vergessen, und im Golf von Mexiko, den wir in voller Länge durchlaufen, sind es konstant 25 bis zu 30 Grad. Shorts und T-Shirts sind die angesagten Klamotten an Bord.

Ankunft vorm Hafen am 20. Dezember. Und dann ist erst mal Ruhe im Schiff. Zwei Tage lassen sie uns auf Reede hängen. Wir bereiten uns innerlich auf ein Weihnachtsfest am Ankerplatz vor, aber dann werden die Mexikaner doch aktiv. Am 22.12. ruft die Hafenbehörde über UKW, ein Lotsenboot hält schon auf uns zu. „Mensch, die holen das Schiff doch noch rein, alle Achtung!" meint der Alte. Dass dies für die kommenden Wochen das Letzte war, das flott ging, ahnt er in diesen Minuten nicht. Wir auch nicht.

Der Lotse sieht sowas von mexikanisch aus, das findet man in keinem Prospekt. Die Völker Zentralamerikas sind ja überwiegend Produkte eines ethnischen Schmelztiegels, Spanier, Indios, aus Afrika verschleppte Sklaven sowie Migranten aus allen Teilen der Welt haben in jedem der Länder dort eine eigene vorherrschende Mischung erzeugt. Schwarze sind in Mexiko eher die Ausnahme, aber das Blut der Mayas, Azteken und sonstiger lokaler Urvölker ist nicht zu leugnen, und auch dieser Lotse ist mehr indigen als ein Latino.

Seinen Job beherrscht der Mann, mit ruhigen Kommandos führt er die AQUITANIA an die Pier. Weniger professionell ist der Kommandant des Schleppers, der uns auf der Backbordseite assistieren soll. Der fegt übertrieben hektisch an uns heran und versetzt dem Dampfer einen Rammstoß, der sich gewaschen hat. Unser Kapitän springt fast aus den Schuhen, der hat sowieso ein leicht cholerisches Temperament und ist mit kurzer Lunte unterwegs. Jetzt hängt er mit halbem Oberkörper aus der Brückennock und brüllt eine Flut von Verwünschungen zum Schlepper runter. Der Schlepper-Käpt`n zofft zurück, letztlich geht die verbale Auseinandersetzung unentschieden aus. Netter Einstand, den wir hier erleben.

Im Hafen von Veracruz

Der Liegeplatz ist ein Volltreffer. Als wir bereits fest sind, gibt der Lotse noch einige Hinweise. Die Plaza de Las Armas, der zentrale

Platz der Stadt, ist nur wenige Gehminuten vom Hafentor entfernt. Überhaupt sei alles sehr easy zu Fuß erreichbar, wir liegen so günstig wie selten. Das Schiff hängt am Kai, die Gangway ist unten, und dann passiert erst mal gar nichts. Wir stehen an der Reling und wundern uns. Wo bleibt der Agent, wo bleiben die Behörden? Ein Agent taucht eine Stunde später auf. „Buenos dias, Capitán, bienvenido a México!" Ja, schön, und wie geht's jetzt weiter? Ja, die Behörden kommen gleich, die sind informiert. Und wann ist Löschbeginn? Bald, Kapitän, sehr bald. Wie lange werden wir hier liegen? Nicht lange, Kapitän, vier, fünf Tage, eine Woche vielleicht. Eine Woche??? Dem Alten treten fast die Augen aus dem Kopf, der hat mit maximal drei Tagen gerechnet, ein großer Teil der Ladung ist ja für Tampico bestimmt.

Mich beschleicht das Gefühl, dass wir hier so schnell nicht wieder wegkommen. Der alte Schnack stimmt tatsächlich, wir haben die Uhren, aber die Mexikaner haben die Zeit. Das berühmte Wörtchen „mañana" ist wohl doch kein Klischee.

Eine weitere Stunde später rücken die Behörden an. Wie in dieser Weltgegend nicht anders zu erwarten eine ganze Schar uniformierter Wichtigtuer, und die machen aus der Einklarierung ein penetrantes Beamten-Kino. Ich werde Crewlisten in rauen Mengen los, jeder dieser „Oficiales" will unbedingt eine haben. Auf denen stempeln sie dann herum, machen hochwichtige Gesichter, und meine Listen verschwinden anschließend in diversen Aktentaschen. Den gleichen Weg gehen dann zahlreiche Stangen Zigaretten und Whiskybuddels, die üblichen Präsente, um den Amtsschimmel milde zu stimmen. Es ist doch immer derselbe Auftritt, den die Beamten dieser Drittweltländer bei uns abliefern, ohne Bestechung geht überhaupt nichts. Und es ist und bleibt Bestechung, auch wenn man es schamhaft als „kleine Geschenke" deklariert.

*Andererseits, gemessen an den Gesamt-Betriebskosten eines Seeschiffes sind die dafür verauslagten Mittel verschwindend gering, so ein Riesenschaden entsteht nicht. Es ist wohl eher die ganze damit verbundene „Schmierigkeit", die uns so abstieß. Und für uns ist nun mal schwer nachvollziehbar, dass in solchen Ländern ein kleines Zusatzeinkommen mittels „Handaufhalten" für die meist mies bezahlten Beamten völlig normal ist.* Alle Seeleute schildern diese Abläufe ähnlich, und nach Berichten noch aktiver Fahrensleute hat sich die Situation nicht nennenswert geändert. *Reedereien und Charterer billigten der Schiffsleitung von vorneherein ein bestimmtes Budget für diese Behördenbestechungen zu, und bei bestimmten Fahrtgebieten fiel das auch mal üppiger aus.* Eine Verweigerung solcher „Präsente" hätte unweigerlich Schikanen und Verzögerungen in der Schiffsabfertigung zur Folge, die dann erheblich kostspieliger ausfallen würden als ein paar Stangen Marlboro. *Nach einigen Jahren in Fahrt als mit der Behördenabfertigung betrauter Funker hatte ich so meinen persönlichen Korruptions-Atlas im Kopf.* Umso weiter nach Süden, umso mehr Marlboros müssen auf die Back.

*Das ging schon in Südeuropa los.* Afrika war heftig, egal wo. Asien war unterschiedlich, bei hohem Lebensstandard aber absolut sauber, japanische Beamte zum Beispiel waren überkorrekt. *Südamerika konnte ich in weiten Teilen mit Afrika gleichsetzen.* Im Ostblock gab man sich korrekt, nutzte aber auch mal gerne die Gelegenheit für ein privates „Monkey-Business". *Höhepunkt war einmal Rumänien, da nahmen die Festmacher erst die Hände aus den Taschen, nachdem wir einige Kippenschachteln auf die Pier geworfen hatten.* Und warum wir Seeleute den Suezkanal als „Marlboro Kanal" bezeichneten, muss ich wohl nicht näher erläutern.

*Bei alledem wollen wir Germanen mal die Nase nicht so hoch tragen.* Nur Träumer glauben noch, dass es in Deutschland keine Korruption gäbe. *Bei uns sind es aber weniger die kleinen Beamten, die die Hand aufhalten.* Hierzulande scheint es ein Privileg der Eliten zu sein...

Das Schiff ist jetzt einklariert, und im Übrigen geschieht überhaupt nichts. Bauernnacht im Hafen, das Löschen soll erst morgen beginnen. Schon sind wir abends unterwegs, Manni, der jugoslawische Steuermann Nabojsa und ich. Ohne lange zu überlegen ergreifen wir natürlich auch die in diesen Breiten gebotenen Vorsichtsmaßnahmen. Armbanduhr bleibt an Bord oder verschwindet zumindest in der Hosentasche, Geld wird zum größten Teil in den Socken verwahrt. Einen gewissen kleineren Betrag sollte man aber grundsätzlich in der Tasche haben. Wird man überfallen und die Täter finden keine Kohle, werden die sonst richtig sauer, und schon hast `de aus lauter Frust `n Messer im Bauch.

Die Plaza de Las Armas, zentraler „Hotspot" von Veracruz

Es sind wirklich nur ein paar Minuten bis zur Plaza, und dort tobt das Leben. Ein großer viereckiger Platz, gesäumt von alten Kolonialbauten mit Arkadengängen. Die Fläche teilweise mit Palmen begrünt. Kneipen, Cafés und Bars bis zum Abwinken. Jung und Alt flaniert um die Plaza, die Tische in den Lokalen sind gut besetzt. Und laut ist es, mehrere Mariachi-Kapellen liefern sich einen Radau-Wettbewerb mit Marimba-Bands. Die Mariachis kennt man ja, ihren Namen haben die Jungs von ihrer ursprünglichen Tätigkeit, das waren Hochzeitsmusikanten. Ihre tongewaltigen Gitarren- und Trompetenklänge, vermischt mit einem trillernden Freudenschrei, schallen immer wieder über den Platz. Toll anzuhören, das ist Mexiko pur. Für uns jedenfalls.

Weniger toll finden wir die Marimbas. Zumeist 6 oder 7 ältere Herren, die schleppen riesige Stand-Xylophone von Kneipe zu Kneipe und unterhalten das Publikum mit einer mehr klirrenden Tonfolge. Uns geht das Geklimper schon nach kurzer Zeit auf die Eier, wir sind eindeutig Freunde der Mariachis. Als wieder mal ein Rudel Marimbas vor dem Straßencafé Aufstellung nimmt, das wir okkupiert haben, reicht es Nabojsa. Er drückt dem „Bandleader" ein Paar Dollars in die Pfote, verbunden mit der Aufforderung, doch zwei Häuser weiterzuziehen. Dass klappt auch zunächst, erweist sich dann aber als Bumerang. In den folgenden Tagen können wir uns der Bande kaum noch erwehren. Wir sitzen gerade mal in einem der Cafés, da erscheint dieser Klimperclub und hält grinsend die Hand auf. Die fordern jetzt Schweigegeld.

Das abendliche Leben und Treiben auf der Plaza de Las Armas ist so faszinierend, dass wir uns gar nicht mehr von der Stelle bewegen. Man sitzt unter den Arkaden auf 'nem Kneipenstuhl und genießt pures Entertainment. Wir schlürfen unsere Drinks, beschäftigen zwischendurch mal die minderjährigen Schuhputzer, spenden reichlich, wenn eine der um den Platz ziehenden Mariachi-Gruppen besonders gut spielt, selbst den umherstreifenden Losverkäufern kaufen wir einige der glücksversprechenden Zettel ab, die sie verhökern. Das Ergebnis der Lotterie werden wir wohl nie erfahren, aber egal, leben und leben lassen heißt das Motto.

## Verdammte Container – Seefahrt in den 1970er/1980er Jahren

Spät in der Nacht kehren wir aufs Schiff zurück. Und stellen fest, dass in den unteren Decks die Party abgeht. Musik, Gegröle, und hoppla, da kreischen doch auch weibliche Wesen durch die Gänge. Eine offene Tür bei einer Assi-Kammer, wir werfen einen Blick rein. Offene Tür auf 'nem Frachter heißt grundsätzlich „Besucher willkommen". Dort werden wir auch fröhlich begrüßt. „Hey, Funker, Blitz, kommt rein, hier tanzt der Papst!". Nun, der tanzt gerade nicht, aber in der engen Bude drängen sich vier Mann der Maschinengang und genauso viele Putas. Dockschwälbchen, Hafennutten, man kann`s nennen, wie man will. Sehr junge Dinger und weiß Gott keine Schönheiten. Trotz ihrer schon jetzt verblühenden Jugend etwas übergewichtig. Was unsere „Maschinesen" nicht stört, die haben sich die Señoritas einfach schön gesoffen. Wir trinken die angebotene Bierbuddel noch mit und verabschieden uns. Für heute reicht`s.

Wenn Seeleute und Nutten sich zusammenschließen, entsteht die größte Gewerkschaft der Welt. ( Ein von Seeleuten gerne erzählter Kalauer)

Am nächsten Tag beginnen die Löscharbeiten. Und das ist nun wirklich eine Lachnummer der besonderen Art, gerade mal zwei Stunden arbeitet eine lustlose Gang in der Luke, und gerade mal eines der Rohrbündel, die wir geladen haben, verlässt das Schiff.

Dann wird die Arbeit aus völlig unersichtlichen Gründen eingestellt. Der Agent ist nicht erreichbar. Unser Alter kämpft zusehends mit Bluthochdruck, und wir sind gerade mal einen Tag hier. Wenn das so weitergeht, überlebt der Veracruz nicht, sage ich zum Chiefmate.

Einen Tag später, am 24. Dezember, wiederholt sich das Schauspiel, kurzer Arbeitseinsatz, zweimal je eine Stunde, Ende der Vorstellung. Der Agent erklärt eine größere „Schaffenspause" wegen Weihnachten, nach den Feiertagen würde aber richtig ran gekeult.

Ran gekeult wurde die ganzen vier Wochen nicht, die wir letztlich in Veracruz liegen sollten. Gelegentlich ein bisschen Ladung aus dem Schiff und aus war's, das ist so in etwa das Tagesprogramm.

AQUITANIA in Veracruz

Jetzt verbringen wir Weihnachten und Neujahr erstmal in weitgehender Ruhe, Arbeiter lassen sich keine blicken. Der dicke Erich zaubert ein üppiges Weihnachtsmenü auf die Back, die Crew feiert wie üblich den Heiligen Abend im Salon. Die obligatorischen Weihnachtstelegramme habe ich in den letzten Tagen empfangen. Nach dem Essen hält es uns aber nicht lange an Bord, mit einem ganzen Trupp toben wir die Gangway runter und ziehen zur Plaza. In der Stammpinte warten sie schon auf uns. Trotz heiliger Nacht ist der Schuppen gut besucht, nur die allgegenwärtigen Mariachis und Marimbas sind heute nicht aktiv. Dafür sind außer uns noch andere

Seeleute aus allen möglichen Ländern unterwegs, und so feiern wir auf der Plaza ein internationales Seemanns-Weihnachtsfest vom allerfeinsten. Mit Drinks und schmutzigen Liedern.

Während der Weihnachtsfeier im Salon. Von links Bootsmann Hoffmann, Funker Schlörit, Elektriker Huber, 1.Offz. Dirks

Das wiederholt sich in der Neujahrsnacht. Dann aber noch etwas exzessiver. Dabei kommt es beinahe zu einer Keilerei, einige Mexikaner machen uns schräg an. Immer wieder hören wir ein gehässig gezischtes „Gringo", gefolgt von unverständlichen Verwünschungen. Da greift aber unser Stammkellner Gonzales ins Geschehen ein. Gonzales ist zwar ein Zwerg, kaum höher als 'ne Parkuhr, aber wenn der giftig wird, mutiert der zum Kampfhahn. Und jetzt ist der verdammt giftig. Er macht seinen Landsleuten keifend klar, dass sie durchweg Idioten sind, jeder Blinde sehe doch, dass wir keine Gringos, sondern Alemanes, also Deutsche seien.

Die eben noch pöbelnden Mexikaner sind wie ausgewechselt. Alemanes? Muy bien, maravilloso.

Jetzt wollen die sich mit uns verbrüdern, wir, so beteuern sie, seien feine Kerle, die Gringos aber durchweg „toda la mierda", eben alle Scheiße. Ja, so richtig beliebt sind sie bei ihren südlichen Nachbarn nicht, die US-Amerikaner.

*Der Begriff „Gringo" wird fast in ganz Mittel- und Südamerika als Schimpfwort gegen die Amis verwendet. Es gibt verschiedene Deutungen über seine Herkunft. Sprachwissenschaftler behaupten, dass es eine Abwandlung des Wortes „Griego" sei, also Grieche. Und damit wird im spanischen Sprachraum jemand bezeichnet, der eine unverständliche Sprache spricht. Was uns nämlich spanisch vorkommt, kommt den Spanier griechisch vor. Lustiger finde ich die Begründung, dass die Mexikaner den grün uniformierten US-Soldaten, die immer wieder mal in Mexiko intervenierend zum Einsatz kamen, angeblich ein wütendes „Green go" hinterherriefen. Jedenfalls hat sich das Wort als äußerst abwertender Sammelbegriff für US-Bürger etabliert. Und der Hinweis, wir seien Alemanes und keine Gringos, hat häufig die Situation deutlich entspannt.*

Nach den Feiertagen wird tatsächlich gelöscht. Aber nur ein ganz kleines bisschen, die Hafenarbeiter sind schneller wieder weg, als sie auftauchten. Manni ist total angefressen. Da die Hafenarbeiter zumeist völlig überraschend auftauchen, weiß man nie, wann denn nun gelöscht wird. Und da die Löscharbeiten mit dem bordeigenen Geschirr durchgeführt werden, muss der Elektriker bis in den Abend Standby an Bord bleiben, Windenwache ist für den Blitz angesagt. Wenn im Betrieb einer der Windenmotoren dicke Backen macht, ist es Mannis Job, das Ding wieder zum Laufen zu bringen. Damit entfällt aber bis auf weiteres für ihn die Möglichkeit, das dringend benötigte Frigen für seinen Kühlschrank zu organisieren. Über die Festtage hatte er das ein wenig aus den Augen verloren, aber nun beklagt er wieder den Mangel an gekühltem Bier. Und da wir inzwischen als dicke Kumpels agieren, wird das meine Aufgabe, dieses Kühlzeugs zu besorgen. Benötigt wird „Frigen zwölf". Wir interviewen unseren Deckschlosser, der stammt aus Spanien und heißt Alvarez-Alvarez. Nein, der stottert nicht, der heißt wirklich so. Spanischkenntnisse sind bei mir zwar rudimentär vorhanden, da hat mir die Bananenfahrt 1976/77 so einiges vermittelt. Seemannsstandard, ein Bier bitte, ich möchte etwas essen, wo ist die Toilette, was kostet die Nachtschicht. Und jetzt marschiere ich in die Stadt, um Kühlmittel zu erwerben. „Frion doce" soll ich erfragen, so Alvarez-Alvarez. Zunächst mal suche ich fast drei Stunden nach einem Laden, der solch technisches Zeug verhökert. Ich werde tatsächlich fündig. Die Frage „tiene usted frion doce?" geht mir locker über die Lippen, zumal ich während der Suchexpedition auch ab und zu eine Bar aufgesucht habe, zwecks Befeuchtung und Schmierung des Sprachsystems. Und heureka, sie haben das Zeug. Zum Abendessen bin ich wieder an Bord, leicht angetrunken, aber mit einer Dose „Frion doce" bewaffnet. Unser Blitz ist glücklich und begibt sich sofort an seine Kühlschrankreparatur.

Der Kapitän versucht schon seit Tagen die Hintergründe für diese zögerlichen Löscharbeiten zu ermitteln. Die Agentur ergeht sich in vagen Andeutungen, wir verstehen aber wenigstens, dass die für das ganze Unternehmen zuständige Firma „Westward Lines" in Bremen wohl nicht den richtigen Leuten hier vor Ort gefällig ist. Im Korruptionsparadies Mexiko ist das richtige Schmiermittel an die richtige Adresse unumgänglich, die Bremer Kaufleute scheinen dies nicht zu wissen. Und so vergeht Tag um Tag, Woche für Woche. Lange hält das „Westward Lines" nicht durch, die Tagescharter fürs Schiff läuft weiter, während wir fast an der Pier festgammeln.

Mir tut diese Gammelei auch nicht gut. Vormittags hänge ich an Bord ab, Frühstück, um zehn Uhr Smoketime, ein bisschen mit dem dicken Erich in der Kombüse schnacken. Nach dem Mittagessen verschwinde ich an Land. Beim Kapitän melde ich mich ab, und dem ist das völlig wurscht, meine Regelarbeitszeit juckt ihn nicht. Außerdem ist er viel zu sehr mit dem ganzen Ärger hier beschäftigt.

Ich streune durch die Stadt, fahre auch mal rüber zur alten Festung San Juan de Ulúa, ein wenig Kulturprogramm soll's ja denn auch sein. Aber die meisten Nachmittage hänge ich schon auf der Plaza ab. Dort ist bei Gonzales mein Stammplatz reserviert, der Camerero hält den Tisch frei, bis ich auftauche.

Die Arbeit habe ich fast komplett eingestellt. Mal zahle ich bei

Bedarf ein wenig „Schuss" aus, und ja, ich schaue auch mal nach meinen Notstrombatterien. Aber für die tägliche Schiffspresse reicht die Energie schon nicht mehr. Bis mich mal der 2.Ing Frotscher anspricht, und zwar leicht sauer. Also Sparks, du hast ja hier überhaupt nix zu tun, 'ne Zeitung müsste ja wohl noch drin sein. Und verdammt, da hat er recht, ich versinke ja allmählich völlig in Lethargie. Ab da gibt's wieder 'ne Zeitung.

Auch andere Kollegen unternehmen inzwischen ausgedehnte Ausflüge. Chiefmate Dirks beschafft sich einen Leihwagen, mit seiner Cornelia will er unbedingt mal die Umgebung von Vera-cruz erkunden. Diese Aktion geht aber sowas von in die Hose, wir können es zunächst kaum glauben. Landen doch die beiden etwa 60 Kilometer vor der Stadt am Badestrand von Chachalacas, hüpfen aus den Klamotten und gehen schwimmen. An den Strand zurückgekehrt dann die freudige Überraschung. Alles war geklaut, Klamotten, Brieftasche mit Kohle und Kreditkarte, eben einfach alles, was die beiden am Strand abgelegt hatten. Das Auto war noch da, aber die Schlüssel waren auch flöten gegangen. Jetzt hampelten die zwei halbnackt am Strand umher und hatten keinen rechten Plan, wie das weitergehen soll. Hier kommt aber ein Wesenszug der Mexikaner ins Spiel, der bei uns schon etwas seltener auffällt. Wildfremde Leute gabeln die beiden auf, fahren sie die 60 Kilometer zurück nach Veracruz, und als sich Guenter einen Ersatzschlüssel fürs Auto besorgt hat, fahren die freundlichen Helfer die beiden wieder zurück zum Wagen. Fazit: Auf jedes Arschloch, das dich in die Scheiße reitet, kommt auch ein netter Mensch, der dich wieder rauszieht. Wenn du Glück hast...

Die Operation „Frion doce" muss wiederholt werden. Manni hat das Zeug eingefüllt, und nach zwei Tagen war es wieder verdampft. Er findet noch eine weitere Leckage im Leitungssystem, lötet erneut fluchend das Rohr, und ich bete in dem Werkzeugladen wieder meinen Spruch runter. Tiene usted Frion doce?

In der zweiten Woche gibt es dicken Ärger wegen der nächtlichen Nuttenbesuche an Bord. Da tauchen wieder so ein paar minderjährige Poller-Ernas auf, werden mit einigen Maaten handelseinig, und plötzlich erscheint die Polizei. Und die marschiert sehr zielstrebig genau in die Kammern, wo die Damen berufsbedingt auf dem Rücken liegen. Merkwürdig. Die Folgen sind aber heftig, Nuttenbesuch an Bord ist behördlich verboten, und die saftige Geldstrafe bei Verstößen trägt der involvierte Seemann. Völlig gelassen erzählt am nächsten Tag der Agent, dass viele der Putas mit der Polizei direkt kooperieren. Einige Nächte „arbeiten" sie an Bord, verdienen ihr Geld und legen sich, wenn möglich, einen Stammkunden zu. Der Polizei aber nennen sie präzise die Kammer, in der diese bei einer „überraschenden" Kontrolle fündig wird. Der Janmaat wird zur Kasse gebeten, die Mädels dürfen den Nuttenlohn behalten, und die Geldbuße kassieren die Polizisten selbst, die landet nicht in einer Staatskasse. Si Hombre, das ist Mexiko.

Marktszene in Veracruz

Ich verbringe wieder einen Nachmittag auf der Plaza de Las Armas. Der kleine Camarero Gonzales serviert kalte Drinks, und ich beobachte das Treiben auf dem Platz. Ein roter Bus rollt gegenüber an die Bordsteinkante, ich schaue träge da rüber und kann kaum glauben, was ich sehe. Der hat ein deutsches Kennzeichen, von Passau. An der Bordwand prangt in großen Lettern ROTEL

TOURS, und Seitenfenster hat der Karren nur in der vorderen Hälfte, die hintere Sektion ist mit merkwürdigen Klappen versehen. Noch mehr staune ich, als zwei Dutzend Insassen aus dem Bus und dann herüber ins Café strömen. Deutscher geht's gar nicht. Überwiegend Generation Rente, einige der Herren in Kniebundhosen, Stöcke mit Stocknägeln fehlen auch nicht. Auch eine ältere Lady im Dirndl darunter, der Rest trägt das komplette Sortiment eines gut sortierten Wanderausrüsters spazieren. Die besetzen umgehend alle Tische um mich herum, und schon geht ein fröhliches Geschnatter in allen deutschen Dialekten los. Ich kann meine Neugier nicht mehr zurückhalten. „Sagt mal, seid ihr mit'm Bus von Passau hierher geschwommen? Habt euch verfahren oder was?" Da werde ich umgehend belehrt. Sie reisen mit ROTEL TOURS durch Mexiko, der Bus ist hier stationiert. Tagsüber fahren sie in dem Ding, und nachts pennen sie darin. Ich kann es kaum glauben, bis mir einer der rüstigen Pensionäre das Fahrzeug zeigt. Hinter den merkwürdigen Klappen im hinteren Bereich verbergen sich sargähnliche Schlafkabinen. Sehen den Kühlschränken in der Pathologie recht ähnlich, eifrige Krimigucker wissen sowas. Und da kriechen die nächtens rein und ratzen einen weg, bis die Tour morgens weitergeht. Sachen gibt's.

Wir unterhalten uns dann noch ein Weilchen, viele dieser Piepels sind Stammkunden bei dem Passauer Unternehmen, die pfeifen auf Komfort und finden es unheimlich toll, mit dieser rollenden Hühnerbox fremde Länder zu erkunden. Na ja, wem's gefällt…

In der dritten Woche werden wir fast an der Pier versenkt. Vor uns, am Ende des Hafenbeckens liegen schon seit unserem Einlaufen zwei betagte Landungsschiffe der mexikanischen Marine. Dicke graue Dinger, wohl noch aus dem 2. Weltkrieg stammend. Und jetzt läuft da so ein Kasten aus, wird im Hafenbecken gedreht und verschwindet durch die Hafeneinfahrt. Nachmittags kommt der Kahn wieder zurück, und beim Vorbeimarsch an unserer Backbordseite driftet der gefährlich nahe an unsere Bordwand, wir entgehen nur um Haaresbreite einem Rammstoß. Unser Käpt'n ist dem Herztod mal wieder nahe, von der Brücke keift er auf UKW-Kanal 16 hinter den Mexikanern her. Die sind aber vor uns mit ihrem Festmachen befasst und reagieren nicht. Eine Stunde später aber tauchen zwei Marineoffiziere in blütenweißen Uniformen auf und bitten in höflichem Englisch um ein Gespräch mit dem Kapitän. Die Herren wollen sich für die Beinahe-Kollision entschuldigen, die sie verursacht haben. Wieder zwei Stunden später verlassen die Seekrieger die AQUITANIA, und die sind erkennbar besoffen. Nachdem sie dem Alten ihr Bedauern über den Vorfall übermittelt haben, hat der sie zu einem Drink eingeladen und erfolgreich abgefüllt.

Da wir jetzt nicht nur einen neuen Monat, sondern auch ein neues Jahr begonnen haben, bekomme ich wieder etwas zu tun. Neben den fälligen Monatsabrechnungen für Funk und Heuerwesen ist auch die Proviantabrechnung fällig, einmal pro Quartal wünscht die Reederei den Proviantverbrauch zu ermitteln. Mit dem dicken Erich ist das eine recht kurzweilige Angelegenheit, wir beginnen zunächst mit einer ausgedehnten abendlichen Sitzung in der Kombüse und verbrauchen dabei, weil sich noch einige Maaten dazugesellen, eine Kiste Becks Bier. In den folgenden Tagen verschwinden wir nach Dienstschluss in den Providenträumen und zählen Erbsen. Natürlich nicht nur die, auch den anderen Schmodder erfassen wir nach Stückzahl und Gewicht. Mehr oder weniger genau, aber im Großen und Ganzen korrekt. Und nach dem Besuch der Provianträume serviert Erich zur Aufwärmung einige Runden „Korn Schwanz". Das ist ein Gläschen Korn, und überm Glasrand hängt 'ne Sardelle. Korn mag ich nicht, aber wenn er nach Fisch und nicht nach Korn schmeckt, krieg ich ihn klaglos runter. Bemerkenswert dabei ist, dass Erich auch auf die Aufwärmung besteht, wenn wir im Trockenproviantraum zählen. Im auf minus 20 Grad runtergekühlten Fleischraum macht das ja Sinn, aber Aufwärmen nach dem Besuch des 27 Grad warmen Trockenproviantraums?

Nach der Zählerei sitze ich noch einen Tag am Proviantjournal und rechne. Wie meistens, landen wir bei einem Tagesproviantsatz von 8,50 DM pro Nase, Krischan kann wieder ruhig schlafen.

In der vierten Woche kreuzt ein verzweifelter Vertreter von Westward Lines an Bord auf. Die Bremer haben sich wohl völlig im mexikanischen Korruptionssumpf verheddert, angeblich wurden

# Verdammte Container – Seefahrt in den 1970er/1980er Jahren

Schmiergelder kassiert, aber von Leuten, die keinen Einfluss auf die Abfertigung der AQUITANIA haben. Das Löschen der Ladung ist inzwischen völlig zur Lachnummer verkommen, ab und zu mal ein zwei Stündchen Arbeit am Schiff, dann ist wieder Ausscheiden.

Ein Wunder ist geschehen, am 16. Januar sollen wir auslaufen. Etwa zwei Drittel der Ladung ist draußen, der Rest geht nun nach Tampico. Abschied von Veracruz, eine letzte große Party auf der Plaza de Las Armas.

Unmittelbar nach dem Auslaufen gehen einige Telegramme raus, darunter auch eines an die Reederei mit einem Ziehscheinstopp für etliche Kollegen. Die haben doch heftig Kohle rausgehauen in diesem vergangenen Monat, da muss die regelmäßige Heuerüberweisung aufs Heimatkonto mal ausgesetzt werden.

Bis Tampico fahren wir nur einen Tag, aber den Abend auf See feiern wir bei Manni eine Party unter dem Motto „Der Kühlschrank lebt". Endlich ist es ihm gelungen, die Kiste erfolgreich und dauerhaft zum Laufen zu bringen.

Ankunft vorm Hafen von Tampico. Das war's dann mal wieder, für zweieinhalb Tage lassen sie uns draußen vor Anker warten. Dann dürfen wir an die Pier, und schon gibt es wieder Zoff mit der mexikanischen Marine. Während des Einlaufens passiert uns in der Einfahrt ein Marineschiff. Ein mickriger Hochseeschlepper nur, aber eben ein Kriegsschiff. Und die waren tödlich beleidigt, dass die AQUTANIA den Kahn nicht grüßte.

*Der traditionelle Flaggengruß zwischen Schiffen heißt „Dippen". Das Schiff grüßt beim Passieren durch Niederholen und Wiedervorhissen der Nationalflagge. Handelsschiffe sind gehalten, alle Kriegsschiffe weltweit zuerst zu grüßen. Handelsschiffe grüßen sich untereinander eher selten, zum Beispiel nur, wenn sie zur gleichen Reederei zählen. Die Grußpflicht gegenüber Kriegsschiffen wurde bereits in meiner Fahrtzeit in unseren Breiten eher schlampig gehandhabt, die alten Bräuche verloren damals schon an Bedeutung. In den Ländern der Dritten Welt aber mit ihren nationalen Empfindsamkeiten war es ratsam, solche Rituale zu beachten.*

# Verdammte Container – Seefahrt in den 1970er/1980er Jahren

Kaum sind wir fest und einklariert, hocken auch schon ein Vertreter des Hafenkapitäns und ein Marineoffizier beim Alten auf der Kammer und protestieren vehement gegen den Verstoß wider die Grußpflicht, das sei eine eklatante Missachtung der mexikanischen Flagge. Ob unser Kapitän ihnen auch harte Dollars durchschob, weiß ich nicht, aber einige Tüten mit Whisky und Zigaretten schleppen sie von Bord, nachdem sie Dampf abgelassen hatten.

Die Nummer mit den lahmen Löscharbeiten wiederholt sich. Auch hier murksen die Mexikaner nur sporadisch und desinteressiert in den Laderäumen herum, wir richten uns mal auf mindestens eine Woche ein. Und so kommt's auch.

Abends marschieren wir wieder los. Manni, der 3.Ing Hartmut, Nabojsa und ich. In Hafennähe das Übliche, Bars, Kaschemmen, ein paar Nuttenkneipen. Nichts aber, was zur Euphorie Anlass gibt.

Hartmut will irgendwohin, wo man tanzen kann. Der will eigentlich immer irgendwohin, wo man tanzen kann. Tanzen betrachtet er wohl als ideale Anbahnung von zwischengeschlechtlichen Kontakten. Das sehen wir anders, mit Nutten muss man nicht zwingend vorher tanzen und mit den „anständigen" Damen kommt Hein Seemann nach dem Tanzen auch nicht unbedingt weiter. Hartmut allerdings läuft an Bord schon unter dem Spitznamen „Tanzen-Tanzen". In Anlehnung an unseren Deckschlosser Alvarez-Alvarez.

Mit besagtem Schlosser gehe ich einmal in ein Restaurant. Als spanischer Muttersprachler wird er wohl sicherstellen, dass der Funker nicht irgendeinen Mist bestellt, weil er die Menükarte falsch interpretiert.

Alvarez-Alvarez ordert für uns beide das gleiche Gericht, das nennt sich „Pollo fuego". Ich verstehe Feuerhuhn, und mit dieser Übersetzung liege ich verdammt richtig. Also, so was Scharfes habe ich selten zwischen die Kiemen geschoben, außer vielleicht in Südindien. Nach jedem Bissen verfalle ich hektisch in unkontrollierte Schnappatmung. Der doppelte Alvarez amüsiert sich köstlich, dem macht das gar nichts aus. Ich frage ihn, ob er sich in seiner andalusischen Heimat von Napalm oder Lavasüppchen ernährt, aber der grinst nur.

Auch Tampico weist diverse Plätze und Straßen mit einer lebhaften Kneipenszene auf, aber schnell landet man auch in üblen Gassen, und das ist, wie in vielen Häfen, ein heißes Pflaster. Zwei Matrosen werden Opfer eines Überfalls, glücklicherweise ohne Schäden an Leib und Leben. Nur der Zaster ist weg. Solche Dinge geschehen immer wieder mal. Und zwar in allen Häfen weltweit.

Am 20. Januar wird in den USA ein neuer Präsident vereidigt. Ein gewisser Ronald Reagan, etlichen Janmaaten als Westerndarsteller aus billigen Hollywoodfilmchen bekannt. Als ich die Schiffspresse mit dieser Meldung in die Messe lege, ist die Heiterkeit groß. Der 2.Ing sagt den Niedergang der amerikanischen Epoche voraus. Weil in zwei oder drei Amtsperioden der dann amtierende Präsident der Vereinigten Staaten vermutlich Donald Duck heißen wird.

Mit dem Ende der Löscharbeiten ist auch das Ende der Westward-Charter gekommen. Der Agent bringt ein Fernschreiben an Bord, das Bremer Handelsunternehmen ist insolvent. Wir waren das zweite Schiff, welches diesen hoffnungsvoll gestarteten Liniendienst nach Mexiko fuhr, ein anderer Frachter hatte ebenfalls eine Rundreise absolviert und war mit wochenlanger Verspätung wieder in Europa eingetroffen. Was sich genau hinter den Kulissen abspielte, erfuhren wir nie, aber dass da ein linkes Spiel ablief, steht fest. Vielleicht haben auch Konkurrenten anständig Schmiergeld bezahlt, um den neuen Mitbewerber in dieser Fahrt abzuwürgen, wer weiß. Jedenfalls ist jetzt Daddeldu für Westward-Lines. Ahrenkiel aber mit seinen weitreichenden Verbindungen hat bereits einen Charterer für die Rückreise nach Europa gefunden. Ein sowjetisches Handelsunternehmen mit Sitz in Leningrad befrachtet die AQUITANIA mit einer Ladung Phosphatdünger. Laden werden wir auch in Mexiko, und zwar in Coatzacoalcos. Ein bedeutender Port westlich der Yukatan-Halbinsel, an der Mündung des Rio Coatzacoalcos gelegen. Na, so denken wir, mal 15.000 Tonnen Dünger in die Räume schütten, das kann ja nicht sehr lange dauern. Von wegen…

Am 22. Januar verlässt unser Dampfer Tampico. Noch so 'ne Liegezeit, und wir haben alle Anspruch auf die mexikanische Staatsbürgerschaft. Wenn wir sowieso ewig hier herumhängen. Zunächst aber fahren wir guten Mutes die Küste runter nach Coatzacoalcos. Im ersten Moment ein echter Zungenbrecher, aber nach den folgenden dreieinhalb Wochen Liegezeit geht uns der Name wie geschmiert über die Lippen. Richtig, auch in Coatzacoalcos bleiben wir wieder eine gefühlte Ewigkeit hängen. Irgendwie ist die AQUITANIA ein Schiff, das nicht so recht fahren will.

Ankunft vor der Stadt. Einige hektische UKW-Telefonate mit der Agentur und der Hafenbehörde, dann liegen wir an der Küste vor Anker. Wie lange? Das können wir nicht sagen, Capitán, vielleicht morgen. Vielleicht übermorgen. Kapitän S. neigt wieder zu Bluthochdruck. Vermuten wir, gemessen haben wir den nicht.

Wir nutzen die Zeit auf Reede für eine abendliche Grillparty. Ein hochgelegenes Decksareal ist bestens geeignet dafür, es dient mit seinen installierten Bänken und Tischen ohnehin als gelegentliche Partyzone. Zur Dekoration werden alle möglichen Flaggen aufgehängt, ein zum Grill umgebautes Ölfass wird mit Holzkohle bestückt, und nach kurzer Zeit riecht es mächtig nach Steaks, Fisch und diversen Beilagen. Und ja, es riecht auch mächtig nach Bier. Bis auf die Brückenwache ist die ganze Crew versammelt, Kapitän, Offiziere und Ings, Funker, Assis, OA, Bootsmann, Storekeeper, Matrosen, Schmierer, Koch, Stewards, alle sitzen bunt durcheinander und genießen den Abend. Und selbstverständlich auch die drei mitreisenden Damen. Sowie der Dackel des Bootsmannes, der über den anhaltenden Fleischgeruch fast den Verstand verliert.

Der folgende Tag bringt wieder nur einige ergebnislose Funkkontakte mit der Agentur. Und schließlich taucht ein Boot auf, der Agent und zwei Beamte erscheinen persönlich an Bord. Dabei tut sich ein immer deutlicher zutage tretendes Problem auf, unserem Kapitän mit seinem heftigen Temperament fehlt es an der nötigen Gelassenheit im Umgang mit den notorisch unzuverlässigen Mexikanern. Nachdem der Agent wieder den landestypischen Nichts-genaues-weiß-man-nicht-Sermon zu Besten gibt, wird der Alte richtig wütend. Der zofft den Agenten an, dass die Salontür wackelt. Und das ist das

Falscheste, was man mit einem stolzen Mexikaner machen kann. Genauso groß wie ihre Ineffizienz ist nämlich ihre Empfindlichkeit, wenn man auf Missstände hinweist. Dass sie nur mühsam was auf die Reihe kriegen, wissen sie selbst. Aber schon die leiseste Kritik an den Verhältnissen wird als überhebliche Arroganz verstanden und empört zurückgewiesen. Unser Reiseleiter beschränkt sich aber nicht auf „leiseste" Kritik, der bevorzugt die lautstarke Variante. Mit dem Ergebnis, dass Agent und „Officiales" empört von Bord rauschen, und dann hören wir eine ganze Zeit lang überhaupt nichts mehr. Sieht so aus, als ob wir die nächsten Tage nur mit Grillpartys auf dem Ankerplatz verbringen.

Grillparty an Bord. Egal wie, Hauptsache laut...

Der nächste Besuch der Agentur. Dieses Mal mit einem anderen Mitarbeiter, der vorher erschienene Agent ist noch beleidigt. Unserem Alten dämmert inzwischen, dass sein Auftreten kontraproduktiv ist, er bemüht sich um Zurückhaltung. In einem entspannteren Gespräch erfahren wir dann Genaueres über die hier herrschenden Umstände. Der Platzhirsch hier in Coatzacoalcos heißt Petróleos Mexicanos, kurz PEMEX. Der staatliche Mineralölkonzern besitzt das Monopol für Treibstoffe in Lande und vergibt auch als einziges Unternehmen Tankstellenkonzessionen. Die Umgebung der Stadt

# Verdammte Container – Seefahrt in den 1970er/1980er Jahren

wird von Raffinerien und anderen Betrieben der Petroindustrie geprägt, die Verschiffung von Phosphatdünger spielt nur eine untergeordnete Rolle. Coatzacoalcos selbst verfügt nur noch über einen kleineren und bedeutungslosen Hafen, die meisten Industrieanlagen und auch Schiffsliegeplätze befinden sich in Minatitlán, am Ostufer des Flusses. Dort gibt es auch eine Pier für den Umschlag von Phosphatprodukten, sowohl Dünger als auch Phosphorsäure werden da verladen. An dieser Pier befindet sich auch der für uns vorgesehene Liegeplatz.

Das eigentliche Problem ist der Mangel an Liegeplätzen. Das Land ist aktuell von einem Ölboom erfasst, Coatzacoalcos ist der einzige nennenswerte Öl-Exporthafen des Landes. Dort draußen auf Reede stauen sich die Schiffe. Nicht nur Tanker, auch jede Menge Frachter hängen hier herum.
Der neue Agenturmensch verbreitet aber Optimismus. Morgen würden wir einlaufen. Morgen. Das Wörtchen ‚morgen' bedeutet in Mexiko etwa das Gleiche wie ‚irgendwann'.

Den Abend verbringen wir auf dem Palaverdeck, Bierbuddel auf dem Tisch, und labern einen aus. Erheiternd sind immer wieder die Diskussionen mit Nabojsa, dem erzkommunistischen Steuermann aus Titos Reich. Ständig preist er uns die Vorzüge des sozialistischen Paradieses. Gefragt, warum er dann wie viele seiner Landsleute auf Devisenjagd im kapitalistischen Ausland arbeiten muss, reagiert er regelmäßig stocksauer, ihm fallen einfach keine Argumente ein. Schnell beruhigt er sich aber wieder, der allgemein lockeren Stimmung kann er sich auch nicht entziehen.

Wir fassen es nicht, das ‚Morgen' war eine korrekte Ansage, am nächsten Tag holen sie uns Hals über Kopf an die Pier. Geladen wird der Dünger an einer langgestreckten, parallel zum Ufer verlaufenden Steganlage, die nur alle 100 Meter eine Brücke zum Ufer aufweist. Die Ladestation ist fest eingebaut, soll ein anderer Laderaum befrachtet werden, muss das Schiff längs des Steges verholt werden. Nicht mittels Motorkraft, sondern durch Trossen und Verholleinen wird das Schiff am Steg bewegt, bis die gewünschte Luke unter dem „Loader" zu liegen kommt. Scheißarbeit, brummt der Bootsmann.

Kaum sind wir fest, tauchen neue Probleme auf. Der Dünger wird mit einem endlos langen Laufband von irgendwelchen im Hinterland befindlichen Halden an die Ladestation herangeführt. Diese Laufbandanlage kackt aber ständig ab, muchos problemas, wie der Agent gelassen verkündet.

Und Dünger wäre auch nicht immer verfügbar, das könne sich schon in die Länge ziehen, unser Aufenthalt hier. Inzwischen würde es mich schon wundern, wenn hier überhaupt etwas schnell ginge.

Ein weiteres, wenn auch sekundäres Problem, ist die Pier selbst. Auf der Wasserseite befinden sich jede Menge massiver Dalben, dadurch hat das Schiff einen gewissen Abstand zur Pierkante. Und entlang der Pierkante verläuft eine recht dicke Rohrleitung. Ein Ausbringen der Gangway ist so nicht möglich. Also wird eine Lotsenleiter über die Reling gehängt, die endet aber unten über dem Wasser, der absteigende Maat muss mit einem gewaltigen Ausfallschritt nach hinten den Landkontakt herstellen und sich dann mit Macht von der Lotsenleiter abstoßen, sonst haut's ihn in die ölversiffte Hafenbrühe. Nichts für Unsportliche, es ist eine Frage der Zeit, bis einer baden geht.

Auf der AQUITANIA zieht ein Supercargo ein. Er wird während der kompletten Ladezeit auf dem Schiff wohnen und die Schiffsführung fachlich unterstützen.

*Mit „Supercargo" bezeichnet man in der Frachtschifffahrt einen Stau- oder Ladungsexperten, der über weitergehendes Fachwissen bezüglich der zu ladenden Güter verfügt und den Kapitän oder Ladungsoffizier in Ladungsangelegenheiten berät. Er gehört üblicherweise nicht zur Schiffbesatzung, sondern wird vom Befrachter gestellt, also jenem Unternehmen, das über die Ladung verfügt und das Schiff nur als Transportmittel angemietet hat. Supercargos kommen in den Lade- und Löschhäfen zum Einsatz, die Seereise begleiten sie eher selten. Ohnehin sieht man sie an Bord nur, wenn die Fracht einer besonderen Behandlung bedarf und diese Behandlung nicht im Standardwissen eines Ladungsoffiziers enthalten ist.*

## Verdammte Container – Seefahrt in den 1970er/1980er Jahren

*In zehn Jahren kann ich mich an vielleicht 4 oder 5 Fälle erinnern, wo ein Supercargo an Bord tätig wurde.*

Unser Supercargo ist Deutscher, Mitarbeiter der Hamburger Niederlassung des sowjetischen Düngemittelimporteurs, der uns gechartert hat, und heißt Johann K. Und da er am ersten Tag an Bord dadurch auffällig wird, dass er am Loader    Qualitätsproben des Düngers nimmt und diese mittels eines kleinen Handsiebes prüft, hat er schon seinen Spitznamen weg. Sieb-Hannes.

Gesprächsrunde auf dem Palaverdeck. Von links: Tanzen-Tanzen, 2.Offz. Böhm, der dicke Erich, Sieb-Hannes und der Autor

Tatsächlich beginnen die Mexikaner verzugslos mit der Beladung. Ein Laufbandarm ragt über einer Luke, und in dünnem Strom rieselt Phosphatdünger in den Laderaum. Mann oh Mann, in dem Tempo kann das aber dauern. Achselzuckend fügen wir uns ins Unvermeidliche, vor Mitte oder Ende Februar kommen wir wohl hier auch nicht weg. Fuck it, schauen wir uns mal Coatzacoalcos und Umgebung an.

Ein erster Trupp von Schmierern und Matrosen tobt an Land. Die geraten doch schon am ersten Abend in einen Puff, ein Campo im

Hinterland. Matrose Finnen unterhält am nächsten Morgen die ganze Crewmesse mit seinen Pufferlebnissen. `Ne halbe Stunde dort, und schon das erste Mal eingetörnt. So seine Ansage. Da ich gerade wieder einmal eine weitere Vorschussliste in der Mannschaftsmesse ablege, kriege ich seinen Nuttenreport weitgehend mit. Und erzeuge gewaltige Heiterkeit, als ich den Janmaaten mal erkläre, was Coatzacoalcos eigentlich bedeutet. Das Wort entstammt der Sprache indianischer Ureinwohner und bedeutet: „Der Ort, an dem die Schlange verschwunden ist". Na, wenn das nicht zum Puffbesuch passt!

Schon einen Tag später geht der Hallas mit dem Verholen los. Das Laden wird unterbrochen, das Schiff mit Leinen und Winden nach achtern bewegt. Bis wir wieder mit der nächsten zu befrachtenden Luke unterm Loader liegen. Immer wieder hüpft Sieb-Hannes an Deck umher, um seine zahlreichen Düngertests durchzuführen. Wenn's aber mal nix zu testen gibt, schiebt er auch `ne ruhige Kugel. Und die Abende verbringt er mit den Piepels beim Bier.

Für mich ist es wieder mal Zeit, an Land zu kommen. Auch Manni scharrt schon mit den Hufen und Hartmut alias Tanzen-Tanzen sowieso. Wir beschließen am Samstagabend die erste Expedition in die Niederungen der Stadt. Eine etwas umständliche Angelegenheit. Nach der Turnübung an der Lotsenleiter latschen wir zunächst mal einige hundert Meter an dem Laufband längs. Dann erreichen wir einen Zaun mit Schranke und Wachlokal. Eigentlich eher ein Schlaflokal, der Uniformierte da drin pennt wie `ne Leiche. Egal, der wird gnadenlos geweckt, wir benötigen ein Taxi. Der Schlafwächter telefoniert, nachdem wir ihn mittels einer kleinen Dollarnote überzeugen können. Eine halbe Stunde Wartezeit, dann schaukelt ein Taxi vor die Schranke, ein VW Käfer. Kaum hocken wir in der Kiste, verkündet Hartmut seine Zielvorstellung in kärglichem Spanisch. „Bailar bailar" nölt er immer wieder. Und das heißt? Richtig, tanzen, tanzen. Der Fahrer kapiert aber schnell, eine weitere halbe Stunde später krabbeln wir vor einem Flachbau mit Leuchtreklame aus dem Käfer, schon draußen hört man Musik, Gelächter, Stimmung. Wir rein den Schuppen. Dort geht gewaltig die Post ab, auf einem Podium lärmt eine kleine Combo, und auf einer größeren Bühne wirbelt eine halbnackte Tänzerin umher. Das Lokal ist proppenvoll, überwiegend von Paaren besucht, und die beklatschen jetzt rhythmisch diesen Tanzauftritt. Wir besorgen uns einen Tisch in landestypischer Art und Weise, wir bestechen einen Kellner. Und siehe da, auf einmal ist doch noch Platz an einem kleinen Rundtischchen in der Ecke. Wir ordern Bier plus Tequilla und schauen uns den Trubel mal an.

In dem Tanzschuppen wurde schon einiges geboten

235

Hartmut ist zwar am Ziel seiner Wünsche, aber hier wird nicht nur getanzt, in gewissen Zeitabständen treten auch Vortragskünstler auf. Ein Sänger, wieder zwei Tänzerinnen, später eine Sängerin, die den Saal in Ekstase versetzt, als sie in einem herzergreifenden Solo ihre Heimat besingt und den Vortrag mit dem Ruf „Viva Mexiko" beendet, der Ruf schallt hundertfach vom Publikum zurück. Da fallen wir zum ersten Mal auf, Manni, schon reichlich mit Tequilla betankt, brüllt völlig entfesselt mit, und zwar so laut, dass die umliegenden Tische auf uns aufmerksam werden. Prompt werden wir von den Tischnachbarn befragt, wo wir wohl herkämen. Die Antwort „Alemana" löst allenthalben positive Reaktionen aus, Gringos mögen sie nicht, aber Deutsche, das sei in Ordnung. Mannis Einwand, er sei eigentlich „Austriaco", wird gar nicht mehr zur Kenntnis genommen.

*Ich wundere mich immer wieder, dass wir Teutonen in manchen Breiten so positiv gesehen werden. Einerseits recht angenehm, andererseits beruht diese Wertschätzung oft auf einem etwas unzulänglichen Kenntnisstand oder diffusen Ansichten über die so viel gepriesene deutsche Gründlichkeit und Effizienz. Das tollste Volk der Welt sind wir weiß Gott nicht. Und immer wieder begegnen wir im Ausland auch Landsleuten, die das durch ihr anmaßendes Auftreten nachhaltig beweisen. Mit dem Begriff „Nationalstolz" konnte ich noch nie viel anfangen, stolz kann ich nach meinem Verständnis nur auf meine eigenen individuellen Leistungen sein. Den Dieselmotor habe ich aber nicht erfunden und den „Faust" auch nicht geschrieben. Daher bin ich nicht stolz, Deutscher zu sein. Das war nämlich das Werk eines Zufallsgenerators. Ich bin aber glücklich, Deutscher zu sein. Weil mich das Schicksal damit auf einen Sonnenplatz katapultiert hat, wenn man Deutschland zum Beispiel mit Bangladesch vergleicht. Das „überlegene" Deutschtum wird merkwürdigerweise oft auch von vielen Auslandsdeutschen wie eine Monstranz vor sich her getragen, Beispiele in Südamerika oder Namibia sind mir da noch gut in Erinnerung. Nicht umsonst gab es auf den Schiffen den schönen Schnack: „Gott behüte mich vor Sturm und Wind – und vor Deutschen, die im Ausland sind!"*

Unser „Outing" als Alemanes hat Folgen. Ständig tauchen angeheiterte Mexikaner an unserem Tisch auf und prosten uns zu. Und da Manni in seinem Suff immer wieder mal „Viva Mexiko" schreit, tönt es irgendwann von anderen Tischen zurück „Viva Alemana". Ungewollt werden wir hier zu einem Bestandteil des abendlichen Unterhaltungsprogramms.

Auch Hartmut kommt jetzt auf seine Kosten, wenigstens, was die Tanzerei betrifft. Die meisten der Gäste sind Paare, aber auch etliche Familien mit mutmaßlich noch minderjährigen Töchtern hocken hier herum. Und die steuert Tanzen-Tanzen zielsicher an, inzwischen hat ja die Combo auf dem Podium ihren Einsatz. Und da Tanzen-Tanzen wirklich gut tanzt, sind die Landestöchter dem Schwof mit ihm nicht abgeneigt. Groß und blond, wie er ist, hat er mächtig „Schlach" bei den Señoritas. Diese werden jedoch luchsäugig von ihren Eltern überwacht, wenn sie mit Tanzen-Tanzen ihre Runden drehen. Auch die Mexikaner nehmen wohl wahr, dass unserem Hartmut der Pimmel aus den Augen guckt, wenn er die Fräuleins durch die Manege schiebt.

Manni ist nicht so ein großer Tänzer, aber dann gräbt er doch eine der Damen an und dreht `ne Runde. Ich, von jeher tanzfaul, palavere mit der Familie am Nebentisch. In einem Gemisch von Spanisch und Englisch tauschen wir uns aus. Die geben ihre gerade erworbenen Erkenntnisse wieder an andere Tische weiter, und bald weiß der halbe Saal, dass wir deutsche „marineros" (Seeleute) sind. Dass Manni den „Electricista", Hartmut einen „Maquinista" und ich den „Telegrafista" des „Barco alemán" darstellen, welches aus „Hamburgo" übers weite Meer nach Coatzacoalcos kam. Und wieder lauthals „Viva Mexiko", dann „Viva Alemana". Allmählich werden wir richtig besoffen.

Manni hat mit seinem Tanz eine kritische Situation heraufbeschworen. Er sieht selbst wie ein Latino aus, die Damen sind ihm grundsätzlich sehr zugetan. Jene Muchacha, die er auf die Tanzfläche bat, war etwas angetrunken und findet unseren Blitz, der auch leidlich spanisch spricht, höchst interessant. Ihr Begleiter jedoch, der dem Tanz mit Argusaugen folgt, kocht langsam seine Körpertemperatur hoch. Nach dem Tanz bringt Manni das Fräulein wieder an ihren und sich an unseren Tisch. Die Mexikanerin aber ist nun angetörnt und interpretiert den nächsten Song als Aufforderung zur Damenwahl. Schon steht sie vor uns und krallt sich Manni. Ihr Macker geht hoch wie das früher so populäre HB-Männchen, stürzt sich auf die Tanzfläche und zerrt seine Angebetete dort runter. Dazu nimmt er gegenüber unserem Blitz eine recht bedrohliche Haltung ein, wird aber von seinen Kumpanen beschwichtigt. Manni ist viel zu breit, um der Sache mehr Beachtung zu schenken, der hockt sich zu uns und krakeelt wieder im 5-Minuten-Takt „Viva Mexiko". Gefolgt vom trillernden Kampfschrei der Mariachis, die Einheimischen sind begeistert.

Wir beenden unseren Einsatz weit nach Mitternacht. Tanzen-Tanzen hat seinem Namen alle Ehre gemacht, einem mexikanischen Lotterbett ist er aber nicht näher gekommen. Manni ist völlig entfesselt, auch im Taxi lässt er immer wieder mal einen Mariachischrei los, der Fahrer beendet die Reise mit einer Art Knalltrauma. Wir haben uns auf jeden Fall prächtig unterhalten und werden diesen Remmidemmi-Laden wieder aufsuchen.

Einen Tag später ist Remmidemmi an Bord. Der Agent verkündet, dass wir für ein oder zwei Tage die Pier räumen müssten, damit ein kleinerer Produktentanker dort Phosphorsäure laden kann. Also wieder raus auf den Ankerplatz vor der Hafenmole. Prompt wird der Alte wieder wütend, die Debatte ist im ganzen Oberdeck zu hören, und der Agent verlässt mit hochrotem Kopf das Schiff.

Was nichts an den Fakten ändert, wir müssen raus.

Vier Tage werden es letztlich, dann liegen wir wieder an der Pier. Sieb-Hannes, der an Land geblieben war, nutzt die Gelegenheit und fotografiert das Schiff an der Mole, wie es einläuft. Somit bekommen wir später ein nettes Bildchen von der AQUITANIA in Fahrt. Erneut beginnt die mühsame und zähe Ladeprozedur, mit dem Dünger-Rinnsal richten wir uns auf weitere zwei Wochen ein.

An Land ziehen wir nicht täglich, aber drei- bis viermal pro Woche machen wir uns auf die Socken. Der Tanzschuppen unseres ersten Besuches an der Küste hat nur am Wochenende geöffnet, wir finden aber immer mal wieder eine Bar, in der wir einen lustigen Abend verbringen.

Von Sieb-Hannes fotografiert: AQUITANIA läuft zum zweiten Mal in Coatzacoalcos ein.

Der dicke Erich ist kein eifriger Landgänger, sowohl sein Alter als auch seine Leibesfülle schränken ihn etwas ein. Durch unsere Erzählungen ist er aber doch interessiert, gerne würde er uns einmal ins Nachtleben von Coatzacoalcos begleiten. Klar, Erich, no problem, das machen wir doch. Wir schleppen unseren Koch mit an Land, als die nächste samstägliche Expedition ansteht.

Das Hauptproblem ist der erschwerte Weg über die Lotsenleiter und dann auf die Pier, wobei ja wegen der Dalben eine gefährliche Lücke zwischen Bordwand und Pierkante klafft. Manni weiß Rat, nicht umsonst ist unser Blitz auch ein begeisterter Bergsteiger. Erich wird angeleint. Und da Sicherheit oberstes Gebot ist, hat Erich letztlich fast mehr Taue um den Wanst als unser Dampfer. Vorleine, Achterleine, Vorspring, Achterspring, an unserem Küchenmeister könnte ein Matrosenanwärter schön üben, wie's geht. Zunächst steige ich mit Hartmut und Manni runter auf die Pier, dort übernehmen wir die ersten „Ropes". Dann kriecht Erich die Holzstufen der Lotsenleiter runter, und das dauert 'ne Weile. Von oben sichern Bootsmann und Wachmatrose. Da Erich wirklich gewaltig fett ist, befürchte ich aber ein Desaster, wenn er den Halt verliert. Die beiden da oben halten den nicht, die fliegen dann hinterher, denke ich. Als Erich auf Pierhöhe ist, tastet er mittels unserer Einweisung mit seinem Backbord-Bein nach achtern, bis er Land spürt. Und auf Kommando reißen wir drei an der Leine, und der Koch fällt klatschend auf den Rücken. Er ist aber heil auf der Pier. Wir zollen uns gehörigen Beifall für diese Operation und betrachten uns nun als Spezialisten für Schwergut-Transporte aller Art.

Zu viert unternehmen wir einen Zug durch die Gemeinde, der sich gewaschen hat. Benötigt werden dabei zwei Taxen, wenn Erich in einem der landestypischen VW Käfer hockt, ist der halb voll. Morgens gegen fünf Uhr landen wir wieder an der Pier. Ungünstige Zeit, als Helfer für Erichs Wiederaufstieg steht nur der Wachmatrose zur Verfügung. Und wir sind alles andere als nüchtern.

Rückblickend erscheint es mir heute noch mysteriös, wie wir das Küchenmonster wieder heil an Deck kriegten. Jedenfalls veranstalteten wir dabei so einen Klamauk, dass im Deckshaus einige Lichter angingen. Wir aber ziehen mit Erich umgehend in seine Kombüse, nehmen dort einen Absacker und, da es glücklicherweise Sonntag ist, verschwinden wir in unseren Kojen. Erich aber beginnt unverzüglich mit seinem Tagwerk, das Frühstück war vorzubereiten. Knochenhart war er wirklich, der Dicke.

Nach knapp zwei Wochen Liegezeit sind wir erst zur Hälfte beladen. Häufige Unterbrechungen des Ladebetriebes, mal eine technische Panne, mal Personalausfälle am „Loader", es sind viele Gründe, die unseren Aufenthalt immer mehr in die Länge ziehen. Unser Kummer darüber hält sich allerdings in Grenzen, wir haben `ne Menge Spaß mit den Mexikanern. Nette und freundliche Menschen, ihren lockeren Umgang mit der Zeit anderer Leute muss man eben akzeptieren. Und die allgegenwärtige Korruption berührt uns als Individuen eher selten, das sind Probleme des Charterers. Wobei es durchaus jeden treffen kann, Sieb-Hannes hat da so seine Erfahrungen. Beruflich häufig hier an der Küste unterwegs wurde er einmal mit seinem Leihwagen von der Polizei gestoppt. Er habe da soeben eine rote Ampel überfahren, das koste „mucho Pesos". Sieb-Hannes verwies vergeblich darauf, dass an der Kreuzung gar keine Ampel existiere. Ungerührt hielten die Polizisten die Hand auf, weitere Diskussionen hätten die Sache nur kompliziert. Sieb-Hannes löhnte und durfte weiterfahren.

Dritte Woche an der Pier, wieder einmal muss die AQUITANIA verholt werden, 50 Meter voraus werden angeordnet. Ich sitze in der Messe bei einer Tasse Kaffee und plaudere mit Hartmut, als plötzlich Tumult in den Gängen zu vernehmen ist. Hastige Schritte, entferntes Geschrei. Was ist denn nun wieder los? Unmittelbar danach die Aufklärung, und da bleibt uns wirklich die Luft weg. Als das Schiff längs der Pier bewegt wurde, schrammte es an einer bis zur Pierkante führenden Rohrleitung vorbei und riss den Verschlusskopf des Rohres ab. Und bei dieser Leitung handelt es sich um die Pipeline, mit der Phosphorsäure in Produktentanker verladen wird. Außer dem Materialschaden hätte das normalerweise keine Konsequenzen, solche Leitungen dürfen grundsätzlich nur bei Ladebetrieb unter Druck stehen, sonst müssen sie abgeriegelt sein. Diese Leitung stand aber unter Druck, Sicherheitsvorschriften sind in Mexiko offenbar so relevant wie vereinbarte Uhrzeiten. Ein dicker Strahl Phosphorsäure schoss übers Deck. Und zwar nicht mitten drin, aber im peripheren Sprühregen steht unser Bootsmann mit seinem Dackel, und beide bekommen eine satte Ladung dieser hochgradig ätzenden Brühe ab. Der Bootsmann brüllte wie am Spieß, beherzte Matrosen schnappten ihren „Scheich" und schleppten ihn umgehend unter die nächste Dusche. Und Alvarez-Alvarez schnappte sich den jaulenden Dackel, der einige qualmende Löcher im Fell aufwies, und schleuderte den ebenfalls unter den kalten Strahl. Diese Maßnahmen verhinderten Schlimmeres, beide Opfer kommen mit minder schweren Verätzungen davon, Bootsmann und Dackel werden anschließend noch einem Arzt vorgeführt und mit lindernden Salben wieder entlassen.

Die Matrosen sind anschließend voller Hochachtung über ihren Chef. Matrose Finnens Aussage erklärt das Warum: „Mensch, wir haben gedacht, der überlebt das nicht. Der steht da in dem Säureregen und brüllt wie ein Ochse, und gleichzeitig gibt der uns Weisungen. Schnell unter die Dusche und so. Wir haben den in die nächste Mannschaftsdusche Höhe Hauptdeck geschleppt und abgespritzt. Da zieht der doch auf einma` seine Turnhose ab, glotzt rein, und sagt `Schwein gehabt, die Klöten sind noch dran`. Mann, wir grölten alle los, sogar der Scheich!"

Der Zwischenfall löst noch am gleichen Tag einen wilden Disput zwischen Kapitän, Hafenleitung und Agentur aus. Die Mexikaner krakeelen nach Schadenersatz für die beschädigte Rohrleitung, der Alte pocht auf die nicht eingehaltenen Sicherheitsregularien, die unter Säuredruck stehende Leitung habe Schiff und Besatzung erheblich gefährdet, schließlich sei ein Schwerverletzter zu beklagen. Während im Kapitänsoffice die Debatte hin und her wogt, steht der vom Arztbesuch zurückgekehrte „Schwerverletzte" mit `ner Bierbuddel in der Hand an der Reling und kloppt fröhliche Sprüche. Und auch der Dackel findet in der nächsten Zeit zu alter Form zurück, die Bootsmannsgattin behandelt hingebungsvoll seine Wunden, und schon nach einigen Tagen wackelt er wieder schweifwedelnd an Deck umher.

Sieb-Hannes ist glücklich, nach zahlreichen Pannen und Unterbrechungen laden sie mal zwei Tage durch. Nur das Rinnsal, welches in die Räume rieselt, ist doch sehr kläglich. Vielleicht schaffen wir es in vier oder fünf Tagen.

Kaum haben wir den Schrecken des im Säureregen stehenden Bootsmann-Dackel-Gespannes überwunden, ereilt uns der nächste Unfall. Dieses Mal trifft es den OA. Der Offiziersanwärter, aus bereits angedeuteten Gründen vielfach als „Frankenstein" bezeichnet, stürzt in einen der Laderäume. Nicht lustig, so ein Raum ist mehrere Stockwerke hoch, um es mal mit Landrattenbegriffen darzustellen. Da kannst `de auch von einer hohen Straßenbrücke springen.
Ich bekomme den Tumult an Deck zunächst gar nicht mit. Erst als Dirks bei mir auftaucht und wir mittels UKW einen Krankenwagen ordern, erfahre ich von dem Geschehen. Frankenstein hat den Absturz selbst herbeigeführt. Der balancierte auf der Lukenkumming von Luke 3 längs und versuchte dabei, einen Draht auf die andere Seite der Luke zu ziehen.(*Lukenkumming = der baulich erhöhte Rand einer Ladeluke*) Der Draht glitt teilweise in den Laderaum und wurde damit immer schwerer, Frankenstein hielt das Ding krampfhaft

fest, anstatt loszulassen – und segelte in den Laderaum. Sein Riesenglück war aber, dass Raum 3 schon zu zwei Dritteln mit Dünger befüllt ist und er nach einigen Metern genau auf dem steilen Hang des Schüttkegels landete. Dort glitt er dann stark abgebremst weiter zu Tal, überlebte den Sturz aber ohne allzu schlimme Blessuren. Abgesehen von massiven Hautabschürfungen und einem Schock kommt er glimpflich davon, eine anschließende Untersuchung in einer lokalen Klinik bestätigt diesen Befund. Der Alte ist stocksauer. Zumal er dieses Mal keine Mexikaner für den Vorfall verantwortlich machen kann.

Manni und ich haben eine Expedition ins Hinterland beschlossen. Bevor wir in Hamburg ausliefen, habe ich mir einen Reiseführer für Mexiko zugelegt. Eines dieser bunten Taschenbücher mit Informationen über Land, Leute und touristische Highlights. Ich wollte mich lediglich ein wenig informieren, mit einer solchen Marathon-Liegezeit in drei Häfen des Landes hatte da noch keiner gerechnet. Inzwischen habe ich festgestellt, dass wir etwa 310 Kilometer von Palenque entfernt sind. Palenque ist eine der bedeutendsten archäologischen Fundstätten des Landes, dort befinden sich die Ruinen einer alten Maya-Metropole, und zwar in einem recht guten Erhaltungszustand. Solche Dinge haben mich schon immer interessiert, dass Buch „Götter, Gräber und Gelehrte" von C. W. Ceram habe ich als Schüler geradezu verschlungen. Jetzt habe ich mich in die Idee verbohrt, nach Palenque zu fahren. Manni ist sofort Feuer und Flamme, Tanzen-Tanzen, ein Matrose und ein Assi zeigen sich auch sehr interessiert, und nun planen wir einen Tagesausflug zu dieser Ruinenstadt. Dass wir uns damit eine Fahrt von über 600 km aufhalsen, nur um einige Stunden diese Ausgrabungen zu besichtigen, war uns eigentlich egal.

Ich interviewe den Agenten in dieser Angelegenheit. Wobei dort nicht mehr allzu viel Unterstützung zu erwarten ist, der ständige Zoff mit unserer Schiffsleitung hat die Kooperationsbereitschaft bei der Agentur deutlich gedämpft. Überraschenderweise ist der Mitarbeiter des Agenturbüros aber sehr entgegenkommend, Ärger hat er nur mit dem Alten, nicht mit den sonstigen „Marineros". Sagt er.

Zunächst weist der Mexikaner darauf hin, dass wir überhaupt kein Visum für eine solche Tour ins Landesinnere haben. Das Landgangsvisum, beim Einlaufen im ersten mexikanischen Hafen mit dem Langangsausweis erteilt, berechtigt nur zum Aufenthalt in der jeweiligen Hafenstadt. Das aber, so der Agent, sei nicht so schlimm, eine eventuelle Polizei-Kontrolle sei mit einigen Dollars schnell in die gewünschte Richtung zu lenken.

Das nächste Problem stellt die Beschaffung eines Leihwagens dar. Es gibt Verleiher in der Stadt, aber dort sind teilweise keine Fahrzeuge verfügbar, oder die verlangen Mondpreise. Auch hier schaltet sich der Agent vermittelnd ein, für den Reisetag wird ein VW Käfer reserviert.

Frühmorgens um 08:00 Uhr tauchen wir Fünf vor der Mietwagenfiliale auf. Zu früh für mexikanische Verhältnisse, kein Schwein da. Eine Stunde später kreuzt ein verschlafener Angestellter auf und übergibt uns die Karre, die einzige, die verfügbar ist. Wir quetschen uns in das Fahrzeug, ich habe das Ding auf meinen Namen angemietet und fahre. Bei Fahrtbeginn stelle ich fest, dass der Außenspiegel fehlt. Scheiß drauf, fahren wir eben ohne. Der Innenspiegel ist aber auch nicht so nützlich, da sehe ich hauptsächlich die Köpfe der Rücksitz-Passagiere. Also fahren wir jetzt im Teamwork, bevor ich überhole, dreht sich hinten einer um und meldet die Verkehrssituation auf der Überholspur. Wir sind noch in den Vororten von Coatzacoalcos, und mir stehen schon die Haare zu Berge.

Die Reise Richtung Palenque findet weitgehend auf einer zweispurigen Überlandstraße statt. Und nach dem Verlassen der Hafenstadt geht es Stunden nur geradeaus. Eine schnurgerade Piste, endlos. Nach eineinhalb Stunden sage ich zu meinen Mitfahrern: Sagt mir bloß Bescheid, wenn 'ne Kurve kommt. Ich brackere sonst geradeaus weiter!" Nach zwei Dritteln der Fahrt stellen wir fest, dass die Tankuhr im Arsch ist. Bei Abfahrt zeigte die noch auf „Voll", jetzt hängt die auf „fast leer". Tankstelle ist weit und breit keine in Sicht, unsere Rettung ist dann aber eine Straßenbaustelle. Wir halten dort, Manni, das beste Spanisch von uns allen sprechend, quatscht die Arbeiter an, und die verhökern uns etwas Sprit, eine Tankstelle sei dann 80 Kilometer vor uns. Für die paar Liter verlangen die Mexikaner aber einen irren Preis, die zocken uns richtig ab. Wobei Sprit in Mexiko nur Pfennige kostet, gegenüber den heimatlichen Benzinpreisen kriegst du das Zeug hier fast geschenkt. An der Tankstelle jedenfalls.

Die Quittung für den Wucherpreis präsentiert das Schicksal aber umgehend. Den Sprit für uns zapft der Bauleiter aus einem kleinen Fass ab, wir fahren den Wagen daneben, der steckt 'nen Schlauch in das Fässchen, das andere Schlauchende in seinen Schnabel und zieht mal heftig an. Mit dem Ergebnis, das er einen gewaltigen Schluck Benzin inhaliert. Fluchend und spuckend hüpft der in der Gegend herum, während wir den Betankungsvorgang fortsetzen. Und dabei auch die Menge etwas übers vereinbarte Limit mogeln, lässt sich eh kaum kontrollieren.

Manni übernimmt das Steuer, kurz vor Palenque erreichen wir die ersehnte Tankstelle und hauen rein, was rein geht. Jetzt sind wir sicher, auch wieder „nach Hause" zu kommen.

Die alte Maya-Stadt ist wirklich sehenswert. Wobei mich besonders anspricht, dass man das Gelände nicht mit Werbetafeln und sonstigem bunten Klamauk zugepflastert hat, sonst eine beliebtes Verfahren hierzulande. Das fehlt gerade noch, ein Maya-Tempel mit 'ner Coca-Cola-Reklame am Haupteingang. Und überlaufen ist das Gelände auch nicht, nur wenige Touristen irren zwischen den Tempeln umher.

In einer nahegelegenen „Cantina" ziehen wir uns zunächst ein landestypisches Essen rein. Huhn, Reis, Maisbrot, ein kaltes „Aqua mineral con gas" dazu, und jetzt geht's zur Sache. Bewaffnet mit meinem Reiseführer kraxeln wir auf den „Tempel der Inschriften", eine Stufenpyramide. Dann den Sonnentempel, schließlich den Kreuztempel. Beeindruckende Bauten.

Besonders, wenn man die Epoche berücksichtigt, in der sie entstanden. Siebtes Jahrhundert. Ohne Maschinen, Baukran, Bagger. Eine Schar halbnackter Indios erstellte diese wuchtigen Pyramiden mit den einfachen Mitteln ihrer Zeit, zahlreiche Reliefs sowie Wandzeichnungen in den Bauten legen Zeugnis ab darüber. Wobei es in der Forschung auch zu recht eigenwilligen Deutungen dieser Zeichnungen kam. Erich von Däniken behauptet in einem seiner Bücher steif und fest, dass in den Tempeln die Darstellungen frühzeitlicher Astronauten mit Helm und allem Pipapo zu erkennen sind. Womit die Existenz von Außerirdischen hinreichend bewiesen sei. Vielleicht mit ein Grund, dass viele Jahre später die „Gesellschaft für kritisches Denken" dem Herrn von Däniken einen besonderen Preis verlieh, nämlich „das goldene Brett vorm Kopf".

Wir streifen weiter durch die Ausgrabungsstätte. Den aufgestellten Hinweistafeln lassen sich viele Erläuterungen entnehmen. Faszinierend die Erklärung zum Ballspiel der Mayas, auch in Palenque wurden die Reste eines solchen Spielfeldes gefunden. Demnach waren die Mayas ziemlich „ballspielbegeistert", wobei die genauen Regeln dieser Wettkämpfe bis heute nicht genau ermittelt wurden. Jedenfalls spielten sie schon mit richtigen Kautschuk-Gummibällen, als unsere Vorfahren noch mit Steinen oder Schweinsblasen kickten. Wenn sie überhaupt kickten. Falsch scheint aber die Behauptung mancher Forscher zu sein, dass die unterlegenen Spieler nach dem Spiel hingerichtet wurden. Tanzen-Tanzen findet diese Deutung gar nicht so schlecht. Er hat auch gleich eine Reihe von Bundesligamannschaften parat, die er umgehend hinrichten würde.

Wir verbringen Stunden in den Ruinen von Palenque, und dem Zauber dieser jahrhundertealten Monumente kann sich keiner so recht entziehen. Eine Hochkultur ihrer Zeit, bis schließlich das Ende in Gestalt der Spanier kam. Bei der Eroberung Mexikos durch die spanischen Konquistadoren war die Mayakultur bereits weitgehend untergegangen, aber Hernando Cortés und seine Schar von Strauchdieben und Glücksrittern bereiteten ohnehin den mittelamerikanischen Kulturen ein gewaltsames Ende. Die wurden umgehend durch europäische „Kultur" ersetzt. Feuer, Schwert und Masern. Natürlich unter dem Zeichen des Kreuzes...

Am späten Abend machen wir uns auf den Rückweg. Ich fahre die ganze Strecke durch, ein letzter Besuch in der Cantina hat die Kollegen noch zu einigen kalten Bieren verleitet. Und diese Rückfahrt nach Coatzacoalcos war wirklich das Letzte, was man sich vorstellen kann. Die Lichtanlage des alten Käfers ist kurz vorm Abkacken, die Scheinwerfer funzeln nur noch müde vor sich hin. Schneller als 80 km/h fahre ich nicht, allerlei Merkwürdigkeiten sind auf der Fernstraße unterwegs. Mal ein Eselgespann, dann wieder Nachkommen der Mayas auf Fahrrädern. Weniger rücksichtsvoll verhalten sich, was die Geschwindigkeit betrifft, die mexikanischen Trucker. Unterwegs mit riesigen Lastwagen aus US-amerikanischer

Fertigung donnern die mit Volldampf über die Piste, immer wieder werde ich mit gewaltigen Lampenbatterien von hinten angeblinkt und dann mit dröhnender Sirene überholt. Und immer wieder mal 'ne Vollbremsung, wenn eine ganze Fußgängergruppe auf der Fahrbahn flaniert. Als wir endlich nach Mitternacht in Coatzacoalcos auf die Pier rollen, bin ich mit den Nerven ziemlich am Ende. Wir stellen die Karre am Schiff ab, die bringe ich morgen zurück. Jetzt haben wir uns noch ein Bier verdient, wir klemmen uns alle zusammen in meine Kammer und plündern meinen Kühlschrank. Ich blättere noch einmal gedankenverloren in meinem Reiseführer und finde plötzlich einen kleinen Satz in den allgemeinen Erläuterungen, den ich vorher überlesen hatte. „Vor Nachtfahrten auf Mexikos Fernstraßen wird dringend gewarnt". Ach ja? Wie kommen die denn auf sowas?

Am folgenden Abend erst bringen wir das Auto zurück. Meinen Hinweis auf den fehlenden Außenspiegel quittiert der Verleiher mit einem desinteressierten Grinsen. Wozu um alles in der Welt brauchen diese Alemanes einen Rückspiegel, die meiste Zeit fährt man doch vorwärts? Ich bin heute sicher, der alte VW fuhr ohne Spiegel weiter, bis er verschrottet wurde.

Den nächsten freien Tag nutzen Manni und ich für einen Strandausflug. Ein Taxi karrt uns an die „Playa", dort wimmelt es von Mexikanern, ganze Familien mit Kind und Kegel bevölkern das nicht gerade sehr saubere Ufer. Wir suchen uns einen halbwegs brauchbar aussehenden Strandabschnitt und lagern zwischen den einheimischen Familien, eine Tasche mit Bier und ein wenig Verpflegung führen wir mit uns. Ich gehe mal kurz ins Wasser, die Brühe ist aber pisswarm und auch nicht sehr einladend, selbst hier finden sich Ölspuren. Die PEMEX pfeift auf die Umwelt, die Abwässer der umliegenden Raffinerien laufen ungereinigt ins Meer. Und als ich das Wasser gerade wieder verlasse, klappt mir wirklich der Kiefer runter. Der Badestrand wird auch von Schweinen besucht, ein paar ganz normale Hausschweine stöbern grunzend am Beach umher. Keiner der Einheimischen stört sich dran, im Gegenteil, die verfüttern ihre Speisereste an die Viecher. Hatte ich auch noch nicht, Baden mit Säuen. Also mit tierischen, meine ich. Aber irgendwie passen die hierher, der Strand sieht fast durchgehend wie `ne Müllhalde aus. Und neben uns waschen einige Mexikaner ihr Auto, in dem sie die Karre ins seichte Wasser schieben und abspülen. Mit Salzwasser!

Schweinerei am Badestrand

Letzte Tage an der Pier von Coatzacoalcos. Fast 23 Tage haben wir benötigt, um 15.000 Tonnen Dünger in die Räume zu kriegen. Unglaublich teuer für den Charterer, der täglich 7.000 Dollars Charterrate an Krischan abdrückt. Auch nicht gerade billig für uns, wir haben mächtig Kohle rausgehauen in den zwei Monaten hier an der Küste. Ein letztes Mal toben wir an Land, Manni, Hartmut und ich. Besuchen die eine oder andere Bar, in der wir in den vergangenen Wochen heimisch wurden. Schließlich entern wir noch einen großen Klamottenladen und kaufen uns drei gewaltige Sombreros, und zwar von dieser reich verzierten Art, wie sie die Mariachis tragen. In einem anderen Schuppen stolpere ich über einige Tonfiguren, Darstellungen alter Mayagötter. Nichts „Echtes", vermutlich Touristen-Nippes, aber die Dinger sehen sehr authentisch aus und wandern in meinen Rucksack. Die Nachbildung eines Maya-Kalenders wandert ebenfalls da rein, das sogenannte „Haab", eine runde Steinscheibe mit rätselhaften Logogrammen und Zeichnungen.

Auch dieser Kalender sagt vieles über das Wissen dieser uralten Kultur, er kennt bereits das Jahr mit 365 Tagen. Wenn auch mit 18 Monaten zu je 20 Tagen. Und einem 19. Monat mit 5 „Unglückstagen". Na ja, denke ich grinsend, die Unglückstage haben wir verstreut in unseren 12 Monaten untergebracht, da braucht`s keinen besonderen Monat für.

Morgen laufen wir aus. Ich hocke in der Funkbude und nehme eine Presse auf, Sieb-Hannes sitzt dabei und schaut fasziniert zu, wie ich einer flotten Folge von Morsezeichen lausche und den Text direkt in die Schreibmaschine hacke. Für Nichtfunker immer wieder ein Mysterium, für Funker Routine. Nach einer „Durchhängephase" in Veracruz habe ich die Crew täglich mit Nachrichten versorgt, dazu mit gelegentlichem Vorschuss. Ich habe den Telegrammempfang über den „einseitigen Funkdienst" sichergestellt und im Übrigen den lieben Gott einen guten Mann sein lassen. Ich schob keine ruhige Kugel, ich ließ die Kugel sich selber schieben, das beschreibt ungefähr den Umfang meiner Auslastung. Und jetzt bin ich froh, dass die Gammelei bald ein Ende hat.

Die lange Liegezeit hat der Mannschaft auch nicht gerade gut getan. In den vergangenen Tagen verschlechterte sich zusehends die Stimmung. Dieses wochenlange Herumhängen fängt an zu nerven, und nicht jeder Seemann ist so stabil, dass er locker damit umgehen kann. Höchste Zeit, dass wir wieder auslaufen.

Am 16. Februar verlässt die AQUITANIA den Hafen von Coatzacoalcos. Ich stehe an der Reling und schaue noch einmal über die wenig einladende Küste. Die Rauchwolken über den Raffinerien und Industrieanlagen, das ölige Wasser ringsumher. Also, schön ist anders. Ob den Mexikanern bewusst ist, was sie sich mit dieser völligen Missachtung ihrer Umwelt antun? Andererseits, auch bei uns sind es noch relativ neue Erkenntnisse, dass man die Natur nicht unbedingt als flächendeckende Müllkippe nutzen soll. Ich sollte mir da jegliche Herablassung verkneifen, wenn ich die Zustände hier bewerte.

Hinterland des Hafens von Coatzacoalcos, Umweltschutz sieht anders aus...

17 Tage, 8 Stunden und 12 Minuten benötigen wir für die Reise von Mexiko zum ersten deutschen Löschhafen. Ja, so kleinlich genau findet sich das später im Schiffstagebuch wieder. Noch vor dem Auslaufen hat uns Sieb-Hannes über die Löschhäfen informiert. Ursprünglich waren wir von einer Reise in die Sowjetunion ausgegangen, dort sitzt ja unser Charterer. Wir bringen die Ladung jedoch nach Deutschland, und zwar nach Brunsbüttel und Brake. Ist uns auch ganz recht, eine weitere Marathon-Liegezeit in einem Ostblockhafen ist nicht gerade das, was wir jetzt noch brauchen.

Schon zwei Tage nach Auslaufen Coatzacoalcos empfange ich aber ein längeres Telegramm, das wie eine Bombe einschlägt. Für uns alle ist in Deutschland die Reise zu Ende. Die Reederei hat das Schiff an die COSCO verkauft, die „China Ocean Shipping Company". Nach dem Löschen der Düngerladung geht der Kahn erneut in die Werft, man hat ein Dock in Bremerhaven für uns reserviert. Dort werden noch einige kleinere Reparaturen durchgeführt und das Schiff von den Chinesen noch einmal gründlich überprüft, anschließend übernimmt eine Crew im Mao-Anzug unseren Dampfer. Ende der Fahnenstange.

Wir sitzen in der Messe und belabern die Situation. Einerseits habe ich mit fünfeinhalb Monaten dann schon fast die Regelfahrtzeit absolviert. Im Interesse meines Urlaubsanspruchs wäre ich aber gerne noch 'ne Reise gefahren. Und Manni auch, der ist ja einen guten Monat weniger an Bord. Außerdem ist der sauer wegen seinem Kühlschrank. Baut man selbst so ein Ding in die Kammer ein, wird es bei Ablösung an den Nachfolger mit Preisnachlass weiterverscherbelt. Das kann er bei den Chinesen vergessen, die haben kaum Geld in der Tasche, jedenfalls keine Devisen, aber herschenken will er ihn auch nicht. Tanzen-Tanzen ist auch sauer, seine Urlaubsplanung war ebenfalls eine ganz andere. Dieser Schiffsverkauf hat uns irgendwie alle kalt erwischt.

Die halbe Überfahrt haben wir bewältigt, da steht mein Geburtstag an. Der zweiunddreißigste, wieder ist ein Jahr vorübergerauscht. Erich verspricht mir, eine besonders gehaltvolle Bowle zu fabrizieren, ich erwerbe beim Steward die benötigten Spirituosen, Erich steuert das zur Herstellung benötigte Dosenobst und den Kujambel bei. Was er dann herstellt, ist wirklich schon beinahe waffenscheinpflichtig. Bei einer ersten abendlichen Probe in der Kombüse nehmen wir ein, zwei Gläschen und beginnen unwillkürlich zu schielen. Am Geburtstag schleppen wir einen Suppenpott mit dem Zeug in meine Kammer und stauen den im Kühlschrank, der ist damit auch voll. Bier gibt's dann nur noch ungekühlt.

Gefeiert wird nach der Devise „Wer kommt, ist da". Kapitän S. und seine Frau schauen mal vorbei, Günter Dirks mit seiner Cornelia, der eine oder andere Matrose, ein Assi, meine Kerntruppe mit Manni und Tanzen-Tanzen sowieso. Die Party wird leicht durch Seegang erschwert, wir rollen in einer achterlichen atlantischen Dünung easy vor uns hin, im Kühlschrank schwappt die Bowle gelegentlich über und rinnt dann durch die geschlossene Kühlschranktür. Woraufhin die Bude penetrant nach Sprit stinkt. Stört aber keinen, die Stimmung ist Bestens.

Besoffen ist fast niemand, bevorstehende Wachen und überhaupt das Bewusstsein, auf See nicht den völligen Blackout zu fahren, verhindern jegliche Exzesse. Allerdings nicht bei Alvarez-Alvarez, der ist wirklich nach kurzer Zeit voll wie ein Eimer, landet irgendwann auf dem Teppich und pennt ein. Auch als Manni, mittlerweile mit dem gewaltigen Sombrero auf der Rübe, immer wieder mal seinen Mariachi-Schrei zu Besten gibt, wacht er nicht auf.

Sparkys Geburtstag – Blitz und Decksschlosser singen im Duett

Am 5. März liegt die AQUITANIA an der Pier im Brunsbütteler Elbehafen. Ein Teil der Ladung geht hier an Land, und Sieb-Hannes ist auch wieder dabei. Er war von Mexiko nach Deutschland zurückgeflogen und nimmt hier wieder die Aufgaben des Supercargo wahr. Wobei er kaum was zu tun hat, das Zeug wird gelöscht, und Hannes beschränkt sich aufs Zuschauen. Mit ihm und Manni ziehe ich einen Abend an Land, wir landen in einer dörfliche Umgebung in unmittelbarer Nähe des Liegeplatzes in einer Bierkneipe, trinken Astra-Bier, knabbern Frikadellen und schnacken über Mexiko. Mein Gott, war das wirklich erst vor zweieinhalb Wochen?

Vier Tage später verholt das Schiff nach Brake. Kleines Hafenstädtchen an der Unterweser, hinter der Pier Reihen von Silos. Hier werden vorwiegend Getreide, Futter- und Düngemittel umgeschlagen, und hier löschen wir unsere gesamte Restladung. Auch wieder ein abendlicher Landgang, eine kleine Kneipe, in der wir uns an der

Theke einfinden. An einem Tisch hinter uns gewaltiger Lärm, Bundesmariner feiern dort ab. Junge Kerlchen in Zivil und mit raspelkurzem Haarschnitt geben den kernigen Seemann, die schmeißen mit seemännischen Begriffen nur so um sich, wenn auch mit häufig durchklingendem bayrischem und rheinischem Akzent. Ich komme mit einem der Seehelden kurz ins Gespräch und erfahre, dass das Rekruten in der Grundausbildung sind, in Brake liegt ein Marineausbildungsbataillon. Ein Schiff hat keiner von denen bisher betreten, und einige werden es auch in der weiteren Dienstzeit nicht tun.

Die Löscharbeiten verlaufen nicht allzu hektisch, und bei Regen lässt Sieb-Hannes, der dem Schiff hinterher reist, die Luken zufahren. So wird es der 13. März, bis wir die restlichen paar Meter nach Bremerhaven hochrutschen. Und hier endet für uns die wundersame Reise des Schiffes, das nicht so recht fahren wollte.

Die Übergabe an die Chinesen folgt einem strikten Zeitplan. Unmittelbar nach Ankunft in Bremerhaven machen wir an einer Werftpier fest. Und schon am Folgetag wird die Mannschaft nach Hause geschickt. Nur die Mannschaftsgrade reisen ab, Offiziere bleiben länger an Bord, so die Weisung der Reederei. Ich sitze einen ganzen Vormittag in der Funkbude, stempele und unterschreibe Seefahrtbücher und schüttele verabschiedend Hände. Die Heuerabrechnungen habe ich schon in der Nacht zuvor erstellt. Die ersten Chinesen treffen ein, sehr zurückhaltende Menschen, und wirklich ausnahmslos im sogenannten Mao-Anzug gewandet, einheitliches, bis zum Hals geschlossenes Blau-grau. Die verschwinden zunächst im Büro des Kapitäns.

Auch Inspektoren der Reederei sind nun anwesend. Und eine ihrer Weisungen bringt Erich und mich umgehend ins Schleudern. Der gesamte Proviantbestand ist genau zu erfassen, noch verwertbare Teile werden von Bord geholt. „Genau zu erfassen" bedeutet dieses Mal eine akribische Zählung, wir verbringen zwei halbe Nächte in den Provianträumen. Dann ist der Bestand ermittelt und die Legende von den 8,50 DM Proviantsatz geplatzt. Im Verlauf der Jahre unter Ahrenkiel-Flagge wurde von zahllosen Funkern und Köchen der

Proviant immer wieder mal nur grob gezählt, Gewichte auch mal geschätzt und höchstwahrscheinlich hat man auch einiges „schön" gerechnet. Jetzt aber, wo das Zeug von einem Inspektor übernommen wird, ist es Essig mit der Schönrechnerei. Wir ermitteln so ganz nebenbei einen Proviantsatz von über 11 Mark. Was die Inspektion aber offensichtlich nicht interessiert, später höre ich nie wieder etwas davon.

Die chinesische Crew ist noch nicht an Bord, lediglich einige Vertreter von COSCO sowie der Kapitän und ein Politoffizier sind jetzt auf dem Schiff. Mit dem Begriff „Politoffizier" können wir zunächst mal überhaupt nichts anfangen, wir wissen allerdings, dass solche Typen auf Schiffen kommunistischer Länder mitfahren. Dieser Vogel hat die Aufgabe, die Crew ideologisch bei der Stange zu halten und immer wieder auf Linientreue einzuschwören. Schon sein erster Auftritt auf der AQUITANIA ist bemerkenswert, kaum sind unsere Mannschaftsdienstgrade abgemustert, durchsucht er deren Kammern und entfernt alle dort noch herumliegenden Zeitungen, Magazine und dergleichen, auch alle von den Maaten angebrachten Bilder werden konfisziert. Besonders empört reagiert er auf Porno-Magazine, die sich in den Kammern finden, die krallt er zuerst und schleppt sie davon. Wahrscheinlich in seine Unterkunft, wo er sie dann nochmals genauer auf unsozialistische Perversionen überprüft. Die Kammern sind jedenfalls jetzt sittenstreng sauber. Allerdings nur für einen Tag, als Manni die Sache mitkriegt, besorgt er umgehend ein Dutzend dieser Schmuddelheftchen, organisiert sich einen Hauptschlüssel und verteilt die Schweinelektüre in den bereits überprüften Kammern. Die später einziehenden chinesischen Janmaaten werden darüber hochbeglückt sein.

Seinen Kühlschrank nimmt unser Blitz mit von Bord. Er hat Klaus Bergmann verständigt, jenen OA, der mit uns gemeinsam auf der BENNINGTON fuhr und jetzt in Leer die Seefahrtschule besucht. Klaus fährt am Schiff vor und holt das Ding ab.

Die chinesischen Offiziere sind nun auch an Bord und sollen von uns in ihre jeweiligen Ressorts eingewiesen werden. Ich bin natürlich für den Funker zuständig, und das erweist sich als schwieriges Geschäft. Zu meinem Erstaunen spricht der Mann ein verheerendes Englisch, wir können uns nur mühsam verständigen. Ich versuche, ihm die Funktion der einzelnen Geräte zu verklickern, er schaut nur wortlos zu, macht aber keinerlei Anstalten, selbst mal die Bedienungsschritte durchzuführen. Wohl wieder mal Schiss, vor mir das Gesicht zu verlieren.

Dann wird er auf einmal doch aktiv und fummelt eine gefühlte Ewigkeit am Empfänger herum. Bis ganz hauchdünn ein schwaches Signal aus dem Lautsprecher zu hören ist. Immer wieder VVV VVV DE XSG. Die Endlosschleife einer chinesischen Küstenfunkstelle. Der Chinafunker strahlt wie Fritzchen unterm Weihnachtsbaum, deutet auf den Empfänger und verkündet „Sanghai Ladio!" Ach Gottchen, der hat seine heimatliche Küstenfunkstelle Shanghai Radio gesucht und gefunden. Ich vermute mal, dass der ausschließlich mit dieser Station arbeitet, der hängt wohl an Shanghai Radio wie ein Fötus an der Nabelschnur.

Würdige Vertreter aus dem „Land des Lächelns", und Tanzen-Tanzen lächelt solidarisch mit

Diese Sprachprobleme sind es, die die Einweisung der Chinesen so problematisch machen. Eigentlich ist nur eine der Blaujacken von der Besatzung in der Lage, in verständlichem Englisch zu kommunizieren. Ganz anders als die ebenfalls angereisten Hongkong-Chinesen, die als Sachwalter von COSCO tätig sind, die schnacken sehr gut Englisch, halten sich aber aus den profanen Dingen der Schiffsübergabe raus. Der am besten englisch lispelnde Mao ist angeblich einer der nautischen Offiziere. Und der muss nun ständig hinzugezogen werden, wenn irgendwo im Schiff den Asiaten was erklärt werden soll. Er übersetzt dann die Erklärung vom Englischen ins Chinesische, und jener Mensch, dem dies eigentlich verklickert werden soll, malt anschließend einige chinesische Schriftzeichen an die Anlage, die gerade Gesprächsthema ist. Allmählich finden sich überall im Schiff solche Schriftzeichen, die ganze AQUITANIA mutiert zu einem schwimmenden Spickzettel.

Mich beschleicht der Verdacht, dass dieser Typ, der als Übersetzer für Alles und Jedes dient, auch nur die Hälfte unserer Erklärungen versteht. Und einen Tag später beweist der mir das sehr eindrucksvoll. Vormittags gehe ich rüber zur Brücke, den Funker lasse ich in der Station mal alleine, der hockt ganz versunken an den Empfängern und hört glückselig grinsend „Sanghai Ladio" zu. Auf der Brücke erklärt Chiefmate Dirks einigen Maos diverse Gerätschaften, dabei wieder dieser ominöse Dolmetscher. Und wie sich die Brückenversammlung gerade auflöst, nimmt der mich zur Seite und bittet mich um die Übersetzung der Telefonnummern-Tafel, die am Fahrpult neben dem Bordtelefon angebracht ist. Wir haben etwa 15 Telefone auf dem Schiff, Brücke, MKR, Funkbude und die Offizierskammern sind an das Telefonnetz angeschlossen. Ich übersetze brav der Reihe nach: „Captain – 01, Chief-Engineer – 02, Radio-Station – 03" und so weiter. Der Chinamann nickt eifrig und malt seine Schriftzeichen zu den Anschlussnummern. Irgendwie beschleicht mich das Gefühl, dass der Typ nicht alles versteht. Und gerade, als wir beim MKR, dem Maschinenkontrollraum sind, fällt mein Blick auf eine herumliegende Broschüre der Seemannsmission Bremerhaven. Und ich übersetze „MKR" mit „Protestant Church". Der Chinese nickt wieder und malt sein Schriftzeichen daneben, der hat mich nicht die Bohne verstanden. Es gelingt mir nur mühsam, mit ernster Haltung die Brücke zu verlassen, bis zum heutigen Tage würde ich gerne wissen, was der da hingepinselt hat. Beim späteren

Mittagessen ist der Vorfall das Gesprächs-Highlight an der Back.

Da hat aber „Tanzen-Tanzen" auch ein Erlebnis beizusteuern. „Ich habe denen die Instrumente am Fahrstand erklärt. Unter jedes Teil malten die ihre Schriftzeichen. Dazwischen eingebaut ist auch 'ne Uhr. 'Ne Uhr, Mensch, die erkennt doch jeder, zwei Zeiger, zwölf Zahlen. Der lässt sich von mir erklären, dass das 'ne Uhr ist und malt seine Zeichen drunter. Also, die haben doch echt was an der Latte!"

Letzter Tag an Bord. Eine Woche lang haben wir die neue Crew eingewiesen, nun ist Flaggenwechsel. Eine richtige Zeremonie auf dem Achterdeck, die Chinesen sind feierlich angetreten, von uns haben sich auch drei oder vier Hanseln dazu bequemt. Unser Bootsmann holt die deutsche Flagge ein, sein chinesischer Pedant hisst die rote Fahne der Volksrepublik. Die AQUITANIA ist nicht mehr, der Zossen fährt nun unter dem Namen „JIN JIANG". Ich stehe ein Deck höher und fotografiere den Vorgang.

Flaggenwechsel- Aus AQUITANIA wird JIN JIANG

Und in Gedanken wünsche ich den gelben Kollegen auch eine gute Reise auf diesem Kahn, letztlich sind es Seeleute wie wir.

Mein Urlaubsbeginn unterscheidet sich aber wesentlich von den vorangegangenen Abmusterungen. Manni, Tanzen-Tanzen und ich haben nämlich beschlossen, die nächsten Wochen gemeinsam zu urlauben. Wir haben einen Wagen angemietet, den fahre ich jetzt an die Pier, und wir schmeißen unser Gepäck rein. Staunend beobachtet von einem Rudel Chinesen, die können es offensichtlich nicht fassen, dass Seeleute mit einem Auto abreisen, wenn sie abmustern. In Maos Reich von 1980 wohl ein unfassbarer Luxus.

So toben wir drei also los, zunächst Richtung Odenwald. Dort feiern wir drei Tage ab, bis die Augen tränen. Dann Weiterreise mit meinem VW-Campingbus, nächste Station ist die Heimat unseres Tanzsportlers im Nahetal. Den Weinkeller seiner Eltern verlassen wir nur zur Nahrungsaufnahme und für einen Friseurbesuch. Und schließlich dringen wir zum eigentlichen Ziel vor, der österreichischen Heimat von Manni. Zwei Wochen wilder Skiurlaub in Obertauern. Wobei Tanzen-Tanzen das Skifahren erst noch erlernen muss, aber das geht der mit gewaltigem Elan und Hilfe eines Skilehrers an. Allerdings erwägen wir kurzeitig eine Namensänderung in Stürzen-Stürzen.

Erst nach drei gemeinsamen Wochen trennen sich unsere Wege, danach bin ich wirklich urlaubsreif.

# Wind von vorn

Die AQUITANIA war das letzte Schiff dieser herkömmlichen Bauweise, das ich jemals betreten sollte, Stückgutschiffe verschwanden in dieser Zeit mehr und mehr aus dem Schiffsbestand deutscher Reeder. Ahrenkiel betrieb auch in den nächsten Jahren eine bunt gemischte Flotte, zahlreiche Bulker und Containerschiffe darunter. Die Welt deutscher Seeleute geriet aber in den Achtzigern mehr und mehr aus den Fugen, ja, wir hatten zunehmend „Wind von vorn". Schiffsverkäufe wie im geschilderten Fall sind durchaus übliche Vorgänge, immer wieder mal wird alternde Tonnage verkauft und durch Neubauten ersetzt. Was uns beunruhigte, war der wachsende

Trend zur Ausflaggung. Kaum war die mit Neubau-Subventionen verknüpfte Flaggenbindungsfrist abgelaufen, wehte bei einer wachsenden Zahl von Pötten ein Monrovia-Feudel oder eine sonstige „Billig-Flagge" am Heck. Ebenfalls beunruhigend waren die Turbulenzen auf den Schifffahrtsmärkten. Brach zum Beispiel der Markt für Bulker ein, wurden die Schiffe aufgelegt. Eine befristete Stilllegung war allemal günstiger als ein Betrieb zu nicht kostendeckenden Frachtraten. Aufgrund eines gewissen Personalüberhanges kam es häufig zu vorzeitigen Ablösungen, die Fahrtzeiten stimmten nicht mehr. So wurde ich auf meinem nächsten Schiff nach der AQUITANIA, dem Bulk-Carrier „HANS SACHS", nach viereinhalb Monaten wieder abgelöst. Ein anderer Pott, der OBO-Carrier SAXONIA, wurde aufgelegt, als ich gerade mal 5 Monate an Bord war. Es folgte meine kürzeste Fahrzeit, wahrscheinlich einsamer Rekord. Ganze 14 Tage war ich auf dem LNG-Tanker „RHENANIA" im Einsatz, wir holten den Zossen in seiner Bauwerft in Malmö ab, führten die „Sea-Trials", (*Werftprobefahrt*) durch, liefen mal kurz Hamburg an und brachten den Kahn anschließend wieder nach Malmö, wo er mangels Beschäftigungsmöglichkeit erneut aufgelegt wurde. Allmählich machte ich mir Gedanken über meine seemännische Zukunft.

Bereits Ende der Siebziger Jahre hatte Ahrenkiel eine erste Dreierserie von sogenannten „C-Klasse Schiffen" geordert und in Dienst gestellt, es handelte sich dabei um Mehrzweckfrachter mit eigenen Bordkränen, die sowohl in der Containerfahrt als auch in sonstiger Trockenfrachtfahrt verwendbar waren. Im Januar 1983 wurde ich auf einem dieser Pötte eingesetzt, meine erste Containerfahrt nach der SEATRAIN BENNINGTON. Ich war richtig happy, als Kapitän Martens mir den Dampfer unterjubelte, das Schiff fuhr zu der Zeit in holländischer Charter unter dem Namen „NEDLLOYD CALEDONIA" auf der Route Europa-Pakistan-Indien-Sri Lanka. Ein interessantes Fahrtgebiet, und die Liegezeiten in Südasien waren noch gediegen. Auf dem Kahn lässt`s sich `ne Weile aushalten, dachte ich. Falsch gedacht, nach der Rückkehr von der ersten Reise wurde der Dampfer auch an die COSCO verkauft, ich erzählte wieder einmal einem chinesischen Kollegen, wo der Hammer hängt, und durfte nach Hause fahren. Im Seefahrtbuch stehen knappe 2 Monate und 24 Tage

Fahrtzeit, beschissener geht's kaum noch.

Es folgte mal wieder eine Regelfahrtzeit von 6 Monaten auf der „FUERTE VENTURA", Bulkfahrt weltweit. Nicht sehr abwechslungsreich, aber ich gewöhnte mich daran, kleine Brötchen zu backen.

Allerdings wurde ich danach bei Martens vorstellig. Man möge mir doch nicht immer diese „Never-come-back Liner" verkaufen, ich hätte ja wohl inzwischen auch mal was Attraktiveres verdient. Das Ergebnis war etwas „Attraktives", aber, wie konnte es anders sein, nach drei Monaten wurde der Zossen ausgeflaggt, und ich saß wieder im Flugzeug Richtung Frankfurt. Diese drei Monate sind es aber wert, näher beleuchtet zu werden. Ich fuhr ein weiteres Mal Container. Auf einem Feeder-Schiff, das im Zubringer-Dienst zwischen den Inseln der Karibik pendelte. Und das war schon eine besondere Geschichte…

# Die Sunshine-RIENZI

Genauso hat mir Kapitän Martens den Dampfer am Telefon verkauft: „Herr Schlörit, ich habe wieder einen Leckerbissen für sie. Sie steigen auf unserer Sunshine-RIENZI ein, Feederdienst in der Karibik". Sunshine-RIENZI! Schiffe kann der anbieten wie ein Staubsaugervertreter, das muss man ihm lassen. Also fliege ich guten Mutes am 28. Februar 1984 nach Port of Spain, Hauptstadt von Trinidad und sowas wie der Haupthafen des Fahrplanes von MS „RIENZI".

Ein Taxi spuckt mich an der Pier aus, vor mir liegt ein 139 Meter langer Frachter mit zwei Bordkränen.

Die RIENZI ist schon 11 Jahre alt und war ursprünglich als Kühlcontainerschiff in Dienst gestellt worden. Und zwar zum Transport von Conair-Containern, die nicht wie sonst üblich mit eigenem Kühlaggregat ausgestattet sind, sondern von einer zentralen Schiffskühlanlage temperiert werden. Ein Verfahren, dass sich nicht maßgeblich durchsetzte, letztlich dominierten die Behälter mit Eigenkühlung den Markt. So wurde das Schiff schließlich mehr und mehr als normaler Containerfrachter eingesetzt, allerdings nur mit eingeschränkter Nutzbarkeit, der Zossen konnte bei 8.413 BRT gerade mal 385 TEU transportieren. Diese Kapazität haben in den Achtzigern schon moderne Kümos, mit deutlich geringeren Betriebskosten. Und jetzt hat es den Schlorren in die Karibik verschlagen, als Zubringer. Hapag-Lloyd, Nedlloyd und einige andere Linienreedereien transportieren Container über den Atlantik nach Ponce / Puerto Rico. Dort werden die Frachtbehälter, die für den karibischen Raum bestimmt sind, gelöscht und von kleineren Zubringern, sogenannten Feedern, auf die Inseln verteilt. Für diese Verteilung sind wir zuständig, neben einigen anderen Feedern. Wobei unser Schwerpunkt in der Fahrt nach Trinidad und Barbados sowie gelegentlich zum venezolanischen Hafen La Guaira liegt. Das sind so die Informationen, die ich bereits vorab von Martens bekommen habe.

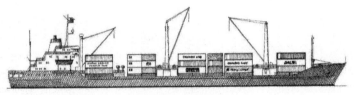

Riss der RIENZI

Ich betrete ein Schiff, auf dem Hektik ein Fremdwort zu sein scheint. Schon während meinem Antrittsbesuch bei Kapitän Schlichting erfahre ich, dass der Kahn meistens eine Woche hier in Port of Spain liegt. Mein abzulösender Kollege versichert mir, dass man hier schon einiges an Phantasie aufwenden muss, um nicht völlig zu vergammeln. Und in der Messe erzählen mir die Kollegen grinsend, dass man eigentlich im Seefahrtbuch nicht „Fahrtzeit", sondern „Liegezeit" beglaubigen müsse. Wird das hier eine ähnliche Nummer wie auf AQUITANIA?

Meine Kammer ist recht komfortabel, und auch der Funkraum ist mit durchaus gutem Equipment ausgestattet. Ich blättere im Funktagebuch und sehe schnell, dass hier wieder einmal die ruhigere Variante der Seefahrt auf mich wartet. Vergleichsweise geringes Telegrammaufkommen, kaum Telefonate. Und überhaupt nur sehr kurze Seereisen.

# Verdammte Container – Seefahrt in den 1970er/1980er Jahren

Von den Piepels an Bord kenne ich außer dem Blitz niemanden. Der fuhr mit mir schon mal auf der FUERTE VENTURA, Ronacher heißt er und stammt auch aus süddeutschen Landen. Sofort einen guten Draht habe ich zu Martin, dem 2.Ing und Dieter, dem 3.Ing. Lustige Vögel, die ganz offensichtlich für jeden Blödsinn zu haben sind. Auf Anhieb sympathisch ist auch der Chiefmate, der heißt ,von Morgenstern' und ist ein ehemaliger HANSA-Fahrer. Auf der „STURMFELS", die dieser Reederei auch als Ausbildungsschiff diente, war er der verantwortliche Ausbildungsoffizier gewesen, nach dem Exitus von HANSA hat es ihn zu Krischan verschlagen. Na ja, die anderen Maaten werde ich noch näher kennenlernen.

In der Offiziersmesse fällt mir ein Bild auf, so ein bajuwarisches Alpenmotiv. Klar, der Dampfer gehört zur früheren Cosima-Flotte. Ein Schiffahrtsunternehmen, 1970 gegründet und eigentlich in München ansässig, wobei das Schiffsmanagement an Hamburger Reedereien übertragen wurde. Die Initiatoren dieser Company waren wohl bayrische Lokalpatrioten, bajuwarische Motive fanden sich überall auf den Pötten, auch auf den Schornsteinen der Schiffe prangte ursprünglich ein weißes „C" auf blauem Grund. Und nicht nur das, die Gründer der Cosima-Reederei hatten es mit dem ollen Wagner. Mit Richard Wagner, dem Komponisten. Und deshalb nannten sie den Laden auch „Cosima", nach der Gattin Richards. Die ersten beiden Schiffe hießen dann konsequenterweise „PARZIVAL" und „LOHENGRIN". Später ging die Bereederung eines Großteils der Flotte an Krischan über, mit der „HANS SACHS" hatte ich bereits zuvor einen dieser Operndampfer kennen gelernt. Ein guter Teil des Musikwerkes Wagners fuhr über die Meere, außer der RIENZI und der HANS SACHS waren auch die „ADRIANO", die „MEISTERSINGER", die „TANNHÄUSER" unter Ahrenkielflagge im Einsatz, dazu noch die „RHEINGOLD", die „TRISTAN" und die „WALKÜRE". Fehlt nur noch, dass man die Offiziere verpflichtet hätte, mit 'nem alten Germanenhelm, so ganz zünftig mit Habichtschwingen oder Hörnern, auf der Brücke zu stehen.

Auf Trinidad tobt gerade der Karneval. Während dieser Zeit kocht hier das Leben, das kann sich der dröge Germane kaum vorstellen. Überall in der Stadt dröhnen die Klänge der Steelbands aus allen Lautsprechern, und fast jeden Abend finden im Queens Park Savannah, einem großen Platz mitten in der Stadt, opulente Tanz- und Musikdarbietungen statt. Prompt finde ich mich mit drei oder vier Maaten ebenfalls an dieser Arena ein und erlebe einen unvergesslichen Abend. Gut, die Steelbands sind eine Sache. Oft riesige Orchester, Dutzende von diesen aus Fässern gebauten „Drums" klirren um die Wette. Das Publikum in permanenter Bewegung, wohin man schaut, nur wackelnde Hintern. Unsere Hintern geraten nach kurzer Zeit ebenfalls in Bewegung, den aufpeitschenden Rhythmen kann sich keiner entziehen. Richtig heftig wird es bei den Tanzdarbietungen. Halbnackte „Damens" toben wild swingend über die Bühne, mit riesigen Federbüschen gekrönt. Überhaupt, die Kostüme. Gewaltige Kreationen, ich beobachte neben der Bühne, wie einer dieser gigantischen Reifröcke der Trägerin mittels eines kleinen Krans übergestülpt wird. Und viel bejubelter Höhepunkt des Abends ist der Auftritt von „Mighty Sparrow". Der „mächtige Spatz" ist ein Sänger, der auch gut auf die Bühne des Sextheaters „Salambo" auf der großen Freiheit gepasst hätte. Hüpft der doch halbnackt auf der Bühne umher, singt einen äußerst zweideutigen Gassenhauer und begleitet seinen Gesang mit eindeutigen Koitusbewegungen. Das Publikum gerät außer Rand und Band. Eine unglaubliche Atmosphäre herrscht hier, Hitze, Schweiß, Alkohol, fast nackte Körper auf der Bühne, hier brennt die Luft. Einen heißeren Empfang hätte mir Trinidad nicht bieten können. Als wir nachts zurückkehren, sitzen wir noch länger auf dem Palaverdeck beim Bier, aus der nächtlichen Stadt sind immer noch Klänge der Steelbands zu vernehmen.

*Der Karneval ist zweifellos das wichtigste Ereignis des Jahres auf der Insel. Hier, am südlichsten Ende der kleinen Antillen, ist man stolz auf den zweitgrößten Karneval der Welt. Zumindest behaupten dies die Einheimischen, an der Vormachtstellung von Rio wollen sie nicht rütteln.*

*Eine zentrale Rolle bei den Umzügen und Abendveranstaltungen spielen diese aufwendig gestalteten Kostüme, die sind eine der Grundvoraussetzungen, um überhaupt in die Nähe des begehrten*

Titels *„King of Carnival"* oder *„Queen of Carnival"* zu kommen. Zunächst mal ist viel Farbe angesagt, und alle diese Gewänder zeichnen sich durch meterhohe Schmetterlingsschwingen oder sonstige Riesen-Federschweife aus, kein Mensch kommt mit diesen Klamotten durch eine Tür, selbst unter `ner Straßenbrücke wird's eng.

Auf Trinidad befindet sich außerdem die Wiege der Calypso-Musik. Diese Klänge dominieren die ganzen Festlichkeiten, und vorzugsweise werden sie von Steelbands vorgetragen. Auch die Steelbands haben ihre Wurzeln auf diesen Inseln, in den dreißiger Jahren bildeten sich die ersten Ensembles, die ihre rhythmische Musik mit Stöcken auf allerlei unterschiedlichen Metallbehältern zelebrierten. Einfach, weil die britischen Kolonialbehörden das Spielen auf afrikanischen Trommeln verboten hatten. Daraus entwickelten sich dann die noch heute populären Erscheinungsformen mit den *„Steel-Pans"*, angeblich waren es zuerst alte Ölfässer, die zu diesen Instrumenten führten. Es gibt Formationen mit über hundert Musikern, die bei den jährlich auch zum Karneval gehörenden Steelband-Wettbewerben antreten. Ein Rhythmus, der ins Blut geht. Aber nach der Übersättigung durch den allgegenwärtigen Karneval konnten wir die Dinger eine Zeit lang nicht mehr hören. Während des Festes war es jedoch unmöglich, diesem Sound zu entrinnen. Die überwiegende Zahl der Passanten ist dann mehr swingend als gehend unterwegs, ja selbst ein den Verkehr regelnder Polizist an einer Kreuzung tanzte ganz cool vor sich hin, während er mit lässigem Gewedel das Verkehrschaos zu entwirren versuchte.

Zu tun gibt es für mich so gut wie nichts, eine Schiffspresse am Tag, mal bei Norddeich reinhören, das war`s. Wieder an Land, und wieder fährt uns die Hitze ins Blut. Aber schnell erkenne ich auch eine andere Seite dieses karibischen Traums. Alles auf der Insel ist schweineteuer. Trinidad verfügt über gewisse Ölvorkommen, Geld kam unter die Leute. Die Preise explodierten, und selbst für uns gewiss nicht schlecht verdienenden Seeleute ist es schon heftig, was wir da so für die Drinks und sonstige Vergnügungen abdrücken dürfen. Wenn das so weitergeht, werde ich wohl zum ersten Mal in meiner Seefahrtzeit meinen Ziehschein stoppen oder wenigstens reduzieren müssen. Schauen wir mal.

Sieben Tage Liegezeit. Sieben Tage bin ich an Bord und die meiste Zeit in Sachen Freizeitgestaltung unterwegs. Ich weiß echt nicht, wie ich hier die Zeit totschlagen soll. Meine Notstrombatterien zu Tode pflegen? Den Notsendertest vom Vormittag abends wiederholen? Ich könnte ja mal 'ne außerordentliche Proviantzählung anordnen. Und würde dann vom Koch mit der Suppenkelle erschlagen. Nein, es gibt ums Verrecken nichts zu tun für mich. Also wieder an Land.

Der Ladebetrieb ist ein Witz. Ein paar Tage passiert überhaupt nichts, dann kommen ein paar Leercontainer an Bord. Anschließend erneut große Ladepause. Ob sich das rechnet?

Endlich, nach einer Woche, machen wir seeklar. Von Morgenstern meint dazu nur lakonisch: „Lohnt sich kaum, mit 'm Hintern sind wir noch in Port of Spain, da geht in Ponce schon die erste Leine an Land!" Ganz so ist es nicht, wir fahren immerhin 36 Stunden bis Ponce. Seereise kann man es kaum nennen, dieses Herumgegurke zwischen den Inseln. Aber wenigstens habe ich mal sowas wie normalen Betrieb in der Funkstation, sende einige Telegramme, empfange 'nen Wetterbericht, vermittele ein Funktelefonat über Norddeich Radio. Und schon hängen wir in Ponce an der Pier.

*Ponce ist die viertgrößte Stadt auf Puerto Rico. De facto sind wir damit auf US-Territorium, die Insel ist ein „nichtkorporierter" Bestandteil der USA, ohne ein eigener Bundesstaat zu sein. Somit besitzen die Puerto Ricaner auch die amerikanische Staatsbürgerschaft, mit gewissen Einschränkungen, an den Präsidentenwahlen dürfen sie zum Beispiel nicht teilnehmen. Während ist der US-Dollar, die Bewohner der Insel sprechen allerdings ganz überwiegend Spanisch.*

Wir gehen abends an Land und landen prompt im nächsten Karneval. Auch die Puerto-Ricaner feiern, bis die Lichter im Hirn ausgehen. Zu Fuß erreicht man vom Liegeplatz eine Plaza, wo der Bär steppt. Wir gehen dort in einem Straßencafé in Position und beobachten das Treiben. Heiße Mädels haben die hier, da hält man schon beim Hingucken die Luft an.  Es empfiehlt sich aber, diskret hinzugucken, die Damen sind zumeist in männlicher Begleitung, und die Señores gucken sofort wie gereizte Dobermänner, wenn sie unsere Blicke bemerken.

Für jene Maaten, die trotzdem den Kontakt zum weiblichen Teil der Inselbevölkerung suchen, gibt es die Schweinegasse.  So nennen die Piepels eine kleine Seitenstraße unweit des Hafens.  Das Übliche dort, was man immer so in Hafennähe findet.  Bars, kleine Fressbuden, Puffkneipen.  Der eine oder andere Seemann wird dort seine Kohle auch los, und da die Preise deutlich unter denen von Trinidad liegen, sind RIENZI-Maaten immer wieder in der Schweinegasse unterwegs.  Einmal streife ich auch durch das Gelände, halte mich aber den dort laufenden Vergnügungen weitgehend fern.  In Deutschland wartet jemand auf mich, eine etwas andere Situation als in den zurückliegenden Jahren unbeschwerter Seereisen als Junggeselle.

Der Containerumschlag in Ponce läuft schon deutlich schneller ab als in Port of Spain.  Zwei Tage an der Pier, dann haben wir überwiegend Leercontainer gelöscht und eine Anzahl Boxen geladen.  Auf den Containerwänden stehen die Namen mehrerer Linienreedereien, Kuddel Hapag ist stark vertreten.  Und wieder steckt die RIENZI ihre Nase in See, 36 Stunden bis Port of Spain.  Ich darf wieder ein bisschen funken, und die freie Zeit verbringe ich auf der Back und schaue den mitreisenden Delfinen und den fliegenden Fischen zu.  Dabei kommt auch meine unlängst erst gekaufte Video-Kamera zum Einsatz, ein Riesenklopper, die wuchtige Kamera hat man in der Hand, in einem separaten umgehängten Recorder läuft die VHS-Kassette.  Technik von 1984.  Leider etwas zu auffällig und unhandlich für tropische Häfen, an Land filme ich so gut wie nie.

Erneut an der Pier von Port of Spain.  Es ist regelmäßig eine Woche, die wir dort verbringen, und mein Vorgänger hatte recht mit seiner Warnung.  Man muss wirklich aufpassen, dass man nicht vergammelt.  Für jede Abwechslung bin ich dankbar, also auch für den Besuch bei der deutschen Botschaft, den der Alte für mich anordnet.

267

# Verdammte Container – Seefahrt in den 1970er/1980er Jahren

Die Musterrolle ist wieder mal auf den aktuellen Stand zu bringen, es hat in jüngster Zeit einige Änderungen bei der Besatzung gegeben. Botschaften und Konsulate nehmen im Ausland die Aufgaben des Seemannsamtes wahr, und nun darf ich hier wieder in dieser Angelegenheit tätig werden.

Der zuständige Mensch in der Botschaft ist ein Legationsrat Winkler. Ein netter älterer Herr, der mich umgehend in sein Büro bittet und zunächst die Gelegenheit für einen ausgiebigen Kaffeeplausch nutzt. Die RIENZI ist ihm bestens bekannt, unter anderem befördern wir auch die amtliche Botschaftspost in versiegelten Postsäcken von Ponce hierher. Und Herr Winkler sieht sich als Kollege, der ist in dieser vergleichsweise kleinen Auslandsvertretung auch für den Funk zuständig. Die Botschaften verfügen alle über eine mehr oder minder umfangreiche Funkausttatung, um bei Bedarf mit dem Auswärtigen Amt zu kommunizieren. Hier in Port of Spain steht ein kleines, aber leistungsstarkes Amateurfunkgerät zur Verfügung, in regelmäßigen Abständen kontaktiert Winkler mittels Sprechfunk andere Botschaften in der Region und natürlich auch seine Bonner Zentrale. Wir fachsimpeln eine Weile, und gerne nimmt er meine Einladung an, bei Gelegenheit die Funkstation der RIENZI zu besichtigen. So ganz nebenbei aktualisiert er auch die Musterrolle.

Abends hänge ich in einer Bar des nahegelegenen Yachtclubs ab. Pina Colada heißt der bevorzugte Drink, den wir bei jeder Gelegenheit in uns reinschütten. Ein etwas süßlicher Cocktail, mit weißem Rum, Ananassaft und Coconut Cream zusammengerührt und natürlich hier auch teuer wie Hund. Aber der Bursche an der Yachtclub-Bar fabriziert die härtesten Mischungen, nach drei „Pinas" tritt bereits eine partielle Zungenlähmung ein. Ein vierter Drink lähmt dann den ganzen Seemann.

Typen trifft man hier, das ist kaum zu glauben. Ich komme mit einem kanadischen Pärchen ins Gespräch, die haben sich bei einem betuchten Landsmann, der mit seiner 16-m-Yacht die Welt umsegeln will, als Crew verdingt. Beide sind Segler und beherrschen das Boot, der Eigner von dem Kahn hat keine Ahnung von Tuten und

Blasen. Und die meiste Zeit ist der besoffen, Hauptaufgabe der beiden Crewmitglieder ist es, aufzupassen, dass er in seinem Brausebrand nicht über Bord fällt. Hier stecken sie jetzt seit drei Wochen fest, weil dem Bootseigner die Cocktails so schmecken.

Dann hängt noch so ein Faktotum an der Bar ab, ein richtiger Rastaman. Im Yachtclub macht der so gelegentliche Hausmeisterjobs, und die restliche Zeit lungert er an der Bar herum und lässt sich zu Drinks einladen. Gespräche mit ihm sind höchst erheiternd, soweit man ihn mit seinem breiten Karibik-Slang überhaupt versteht. Mir verklickert er nach einigen Hammerdrinks die Hintergrundgeschichte der Rastas, bis dahin hatte ich keine Ahnung, was diese merkwürdigen Kiffer-Typen mit ihren auffälligen Draht-Locken überhaupt für ein Anliegen verfolgen. Außer zu kiffen.

*Entgegen meiner vorgefassten Meinung handelt es sich bei den „Rastas" nicht um einen arbeitsscheuen Drogenclub, sondern um eine vom Christentum beeinflusste Religionsgruppe, die besonders auf Jamaika, aber auch auf anderen Inseln in der Region zahlreiche Anhänger findet. Eigentlich nennen sie sich „Rastafaris", dahinter steht der etwas merkwürdige Glaube, dass der frühere äthiopische Kaiser Haile Selassie der wiedergeborene Messias ist. Und dessen Fürstentitel vor der Krönung zum Kaiser lautete Ras Tafari. Kerngedanke dieser Bewegung ist die Anerkennung des Kaisers als Messias, die Ablehnung westlicher Weltanschauung und der Kampf gegen die Benachteiligung der Schwarzen. Ebenfalls eine Forderung der „Drahtlocken" ist die baldige Repatriierung der Schwarzen in die Heimat ihrer Vorfahren, nach Afrika. Eine sehr theoretische Forderung, nennenswerte Rückwanderungen aus der Karibik nach Afrika wurden noch nicht beobachtet. Die sind ja nicht völlig bescheuert.*

Die Woche im Hafen von Port of Spain wird wieder verdammt teuer. Wir hängen abends draußen auf den Bänken des Palaverdecks und beratschlagen Alternativen. Mit dabei Frau von Morgenstern, die ist jetzt auch an Bord und wird ihren Mann einige Rundreisen begleiten. Übrigens die zweite mitreisende Ehefrau, auch die aus Finnland stammende Gattin des Kapitäns fährt mit.

Eigentlich, so stellen wir fest, könnten wir doch in Ponce die ganzen Cocktail-Zutaten günstig erwerben und hin und wieder mal an Bord abfeiern. Jou, das könnten wir. In unseren Köpfen reift ein Plan.

Dieses Mal fahren wir nicht direkt nach Ponce, wir laufen vorher kurz Bridgetown an. Hauptstadt und Haupthafen des Inselstaates Barbados. Einige Dutzend Container sollen dort gelöscht werden, dann geht's wieder hoch nach Puerto Rico.

RIENZI vor Anker (Foto: Jürgen Coprian)

Einlaufen in Bridgetown kurz nach dem Frühstück. Die lausigen 200 Meilen dorthin haben wir auf einer Arschbacke abgeritten, große Seereisen gehören hier wirklich nicht zum Programm.

Wir sind gerade fest, und ein erster Containertransporter dieselt an die Pier, da läuft an unserer Steuerbordseite ein merkwürdiges Fahrzeug vorbei. Ein nicht sehr authentischer Nachbau einer alten Piraten-Galeone, als Touristenkahn unterwegs, am Bug prangt der Name „JOLLY ROGER". Und ein Haufen Ami-Touristen steht an Deck, die winken uns zu und haben jetzt, am frühen Morgen, schon die ersten Drinks in der Hand. Wir liegen nur zehn Stunden im Hafen, am späten Nachmittag kehrt „JOLLY ROGER" wieder in den Port zurück. Fröhliche Steelband-Klänge wehen herüber, aber an Deck von der Schaluppe herrscht das blanke Chaos. Die Passagiere sind in der Mehrzahl sturzbesoffen, einige hängen speiend über der Kante. Netter Job für das eingeschiffte Personal, welches mit Eimern und Feudeln auf Deck herumhampelt.

Und schon liegen wir wieder in Ponce. Großeinkauf ist angesagt, für Hein Seemann gilt die Devise: Nicht kleckern, sondern klotzen. Wir erwerben einige Kisten weißen Rum, palettenweise Coconut-Cream und Ananassaft in Dosen bis zum Abwinken. Und schon einen Tag später, wir liegen noch im Hafen, laufen die ersten Experimente in der Sache „Pina Colada Marke Eigenbau".

Chiefmate von Morgenstern haut die Zutaten in den Eimer

Das Fertigungsverfahren ist „seamanlike", mit Cocktail-Mixern halten wir uns gar nicht erst auf. Rum in einen Plastikeimer (zwei Flaschen), Kokoscreme dazu (ausreichend), Ananassaft hinterher (genug) und eine Fuhre zerstoßenes Eis. Zum Mixen dient die Bohrmaschine aus der Elektrikerwerkstatt, dort wird ein Quirl aus der Kombüse eingespannt. Dann „Voll voraus" mit allen Umdrehungen. Mit dem Ergebnis, dass die Zutaten in hohem Bogen aus dem Eimer fliegen. Neuer Anlauf, der Eimer wird mit Plastikfolie abgedeckt,

Loch rein, Quirl hindurch und Vollgas. Jetzt bleibt das Zeug drinnen. Dieses Fertigungsverfahren haben wir später noch ein wenig verfeinert, aber im Großen und Ganzen bleibt es bei dieser Methode. Nur unsere Mischungen, die sind, was den Rumanteil betrifft, wirklich kriminell.

Zurück nach Port of Spain. Kurzer Seetörn, ein bisschen Funkerei, Licht aus. Wieder eine Woche Daddeldu. Beim Einlaufen aber eine betrübliche Nachricht. Herr Winkler, der nette Botschaftsmensch, den ich mal zur Besichtigung der Station eingeladen hatte, ist verstorben. Spielt mit irgendwelchen Kollegen Tennis und fällt tot um. Schade, war ein sympathischer Zeitgenosse.

An der Pier in Port of Spain

Wir tun noch eine weitere Möglichkeit zur Freizeitgestaltung auf. Im Interconti-Hotel, einem der großen Übernachtungshäuser in der Stadt, können auch Nicht-Hotelgäste gegen einen Obolus den Swimmingpool benutzen. Dieter hat das ausbaldowert, das wäre ganz prima dort, und mit ein bisschen Glück könne man da eine der Airline-Stewardessen anbaggern, die angeblich während ihres „Stop-

Overs" massenhaft den Pool bevölkern würden. Es ist recht nett am Hotelpool, die massenhaft auftretenden Stewardessen werden aber nicht gesichtet, und Dieter versackt an der Poolbar.

Abends wieder große Eimerparty auf dem Palaverdeck. Das Surren der Bohrmaschine ist das Signal, und schon kriechen wir aus allen Löchern, um die immer wieder erstaunlichen Kreationen unseres Chefmixers zu verkosten. Chiefmate von Morgenstern hat diesen Job übernommen, der garantiert für hochwirksame Mischungen.

Schönwetterreisen in der Karibik

Auch die nächste Rundreise bringt uns nach Bridgetown. Die Nummer mit diesem ollen Piratensegler scheint hier zum Standardprogramm zu gehören, wieder läuft der Kahn mit nüchternen Touris aus und karrt später Besoffene zurück. Für uns springt mal gerade genug Zeit für 'nen kleinen Landgang raus, zwei drei Drinks in einer Bar, für 7 Dollars pro Cocktail. Mann, ich wollte doch nicht die ganze Bude kaufen.

Ponce bringt wieder zwei Tage, wir besorgen uns einen Mietwagen und starten eine Rundreise. Von Morgenstern nebst Gattin, Dieter und ich. Unser Ziel heißt San Juan, Hauptstadt der Insel. Der Trip lohnt sich wirklich, wir streifen durch eine wunderschöne Altstadt im spanischen Kolonialstil, klettern ausgiebig auf den Mauern des alten Forts herum, das die alte Hafeneinfahrt bewacht, finden dann noch ein sehr ansprechendes Restaurant und verbringen einen rundherum gelungenen Tag. In der „normalen" Containerfahrt, besonders auf Feedern, ist sowas eigentlich unvorstellbar. Aber für uns gehen die Uhren anders.

Fahrplanänderung. Statt nach Port of Spain werden wir zuerst nach La Guaira beordert. Ein Hafen in Venezuela, in unmittelbarer Nähe der Hauptstadt Caracas. Prima, jede Abwechslung ist willkommen. 'Ne Riesenreise wird das auch nicht, eineinhalb Tage. Wie alle unsere kurzen Trips hier verläuft auch dieser kurze Sprung wieder bei bestem Karibikwetter, blauer Himmel, blaues, über weite Strecken spiegelglattes Meer. Delfine sind unsere ständigen Begleiter, man gewöhnt sich daran und schaut kaum noch hin. Und schon laufen wir durch die Hafeneinfahrt von La Guaira.

Unmittelbar hinter dem Hafenbecken ist die Gegend sehr hügelig, aber dicht bebaut. Die in Südamerika so verbreiteten bunt bemalten Holzhütten dominieren das Bild auf den Hügeln. Wir sollen eine Nacht hier liegen, ein Landgang ist zwingend geboten. Hier war ich noch nie, und der Geier weiß, ob ich noch mal herkomme.

Der Landgang gerät zum Kontrastprogramm, was die Verhältnisse in Port of Spain betrifft. Wo Trinidad zu teuer ist, ist Venezuela zu billig. Die haben hier gerade eine massive Währungsabwertung hinter sich, der Umtauschkurs US-Dollar zum einheimischen Bolivar schoss dramatisch nach oben, die Preise sind aber noch unverändert. Für 'nen US-Taler kriegt man 14 Bolivar, und ein Bolivar entspricht 19 Pfennigen. Wir kutschieren mit dem Bus eine halbe Stunde durch die Gegend, 30 Pfennige. Trinken in einer durchaus gehobenen Bar ein Bier, 90 Pfennige. Für einen hochkarätigen Cuba Libre wollen sie 2,50 DM. Gerd, einer der Matrosen, ermittelt auch umgehend den Preis für sonstige Vergnügungen, der gabelt eine Nutte auf, verschwindet mit ihr in einer Absteige und wird alles in allem 25

DM los. Martin und ich sitzen derweil in einem Restaurant und nageln uns eine Riesenportion Gambas rein. 8 DM inklusive Bier. In Port of Spain kannst du da vorher dein Haus verkaufen, um dir solche Genüsse zu leisten. OK, leicht übertrieben, aber so kommt es uns vor.

Wir strolchen noch 'ne Weile in der Stadt umher. Eine ganz andere Bevölkerung als auf den Inseln. Trinidad wird überwiegend von negroiden Menschen bewohnt. Und einem hohen Anteil an Indern, die dereinst von der früheren britischen Kolonialmacht auf die Insel geholt wurden. Hier, in Venezuela, sind auch viele Schwarze unterwegs, es dominieren aber die Latinos. Andere Sprache, andere Musik. Keine Steelband-Klänge dringen mehr aus der Musikbox, südamerikanische Salsa-Laute plärren durch die Nacht.

Es bleibt bei dem einen Besuch in La Guaira, das Schiff läuft in den folgenden Wochen diesen Hafen nicht mehr an. Zurück nach Port of Spain.

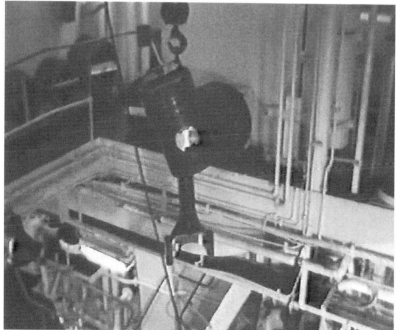

„Kolbenziehen" - Ein Kolben der Hauptmaschine wir gewechselt. Echte Maloche für die Maschinisten

# Verdammte Container – Seefahrt in den 1970er/1980er Jahren

Erneut eine Woche in Trinidad. Der Alte verkündet in der Messe seine Idee, das Personal der deutschen Botschaft zu einem abendlichen Dinner an Bord einzuladen. Mit unserer Musterrolle sind wir regelmäßiger Kunde bei der diplomatischen Vertretung vor Ort, da kann eine solche Maßnahme zur Beziehungspflege nichts schaden. Er nimmt Kontakt zur Botschaft auf, und die Piepels dort dürfen sich sogar wünschen, was sie essen möchten, es soll ja mal richtig deutsche Küche sein. Und was wünschen sich deutsche Diplomaten auf einer tropischen Insel, fern heimatlicher Genüsse? Richtig, es soll Eisbein mit Sauerkraut sein. Absolut passend bei 30 Grad im Schatten und hoher Luftfeuchtigkeit. Dem Koch stehen die Haare zu Berge, aber glücklicherweise haben wir tatsächlich Eisbein im Tiefkühlraum. Schon etwas älter, das Schiff ist bereits geraume Zeit in der Karibik stationiert und er hat sich bisher nicht getraut, das Zeug auf die Back zu stellen. Jetzt wird es ans diplomatische Korps verfüttert, und wir müssen halt auch da durch.

Die Einladung wird der Botschaft zugestellt und begeistert angenommen. Rund zwanzig Mitarbeiter nebst Gemahlinnen werden angemeldet. Kapitän Schlichting kann sich nicht verkneifen, uns vorher mit Verhaltensmaßregeln zu traktieren, der hat wohl Angst, dass wir bei Tisch furzen und mit den Fingern essen. Besonders inbrünstig bittet er uns, den hohen Herrschaften nicht nach dem Dinner etwa unseren hochwirksamen Eimer-Pina Colada-Atomdrink anzudienen. „Genau das werden wir tun!" raunt mir von Morgenstern ins Ohr, der bei der Belehrung gerade neben mir sitzt.

Vier Tage später rückt der Stab der Botschaft an, die Herrschaften sind alle gewaltig aufgebrezelt, besonders die Damen haben sich heftig in Schale geworfen. Wir tragen Uniform, da legte der Alte besonderen Wert drauf. Und ganz gesittet hocken wir zusammen in der Offiziersmesse, umgeben von Legationsräten, Sekretären und weiß Gott was noch für Sesselfurzern und verzehren andächtig die gewünschten Schweineschenkel nebst Kraut. Und bis auf weiteres benehmen wir uns auch nicht daneben, also entspannen Sie sich, Herr Kapitän. Nach dem Essen angeregtes Geplauder, Zigaretten werden angezündet, kaltes Beck`s Bier dient der weiteren Erbauung.

# Verdammte Container – Seefahrt in den 1970er/1980er Jahren

Da posaunt Martin in den Raum „Haben Sie eigentlich schon von unserem phänomenalen Eimer-Cocktail gehört?" Dem Alten schlafen die Gesichtszüge ein, aber jetzt ist die Katze aus dem Sack, sofort äußern die Herrschaften lebhaftes Interesse. Ein Großteil der Gesellschaft folgt uns aufs Palaverdeck, eine viertel Stunde später hört man das Sirren der Bohrmaschine. Und es ist schon eine nukleare Mischung, die der Chiefmate in den Eimer gehauen hat.

Es war mir in meinem Leben nicht oft vergönnt, mit den Repräsentanten der Bundesrepublik Deutschland eine Party zu feiern. Genau genommen ist das hier in Port of Spain das einzige Mal. Und es ist auch das einzige Mal, dass ich so viele angesoffene Diplomaten gesehen habe. Mal ganz abgesehen von einigen Diplomatengattinen, die ebenfalls gewaltig einen im Tee hatten. Wir haben die Mitarbeiter unserer Botschaft dermaßen abgebuddelt, das kannst du keinem erzählen. Bis auf einige höhere Chargen, die tapfer mit dem Kapitän in der Offiziersmesse ausharrten. Während wir draußen Eimer auf Eimer präparierten. Und wir selbst langen ja auch reichlich zu, das ist man seinen Gästen schuldig. Lediglich eine der Damen, eine Holländerin und Gattin eines Angestellten, sitzt mit eisiger Miene dabei und rührt keinen Tropfen an. Und genau ihr gegenüber sitzt Dieter, voll wie ein Strumpf, stiert der Lady in den Ausschnitt und lallte immer wieder: „Schau sie dir an. Da sitzt sie – und ist nur schön!" Und nach einer Weile wieder „– nur schön, hicks!"
Lange nach Mitternacht tritt das Botschaftspersonal den Rückweg an. Viel Arbeit für den Wachmatrosen, der aus Sicherheitsgründen die schwankenden Gestalten einzeln die Gangway runterführen muss.

Tage später liegen wir wieder an der Pier in Bridgetown. Dann Ponce. Und wieder zurück nach Port of Spain. Der gesamte Umlauf dauert immer zwei Wochen, eine Woche davon hängen wir aber in Port of Spain herum. Mittlerweile bin ich überzeugt, einen der besseren Jobs bei Krischan abgestaubt zu haben. Was will man mehr, stressfreie kurze Rundreisen bei bestem Karibikwetter, die Hurrikan Saison ist noch lange nicht in Sicht. Eine vernünftige Crew, eine gute, wenn auch selten benötigte Funkanlage, hier stimmt alles.

277

# Verdammte Container – Seefahrt in den 1970er/1980er Jahren

Die regelmäßigen zwei Tage in Ponce werden zur Versorgung genutzt. In Port of Spain haben wir einen beachtlichen Verbrauch an Pina-Colada-Zutaten, die werden auf Puerto Rico wieder ergänzt.

Bei diesen Gelegenheiten erproben wir immer wieder mal eine andere Rumsorte, das Angebot ist üppig auf den Inseln. Rum war nie ein Getränk, das ich für besonders trinkenswert erachtete. Hier, in der karibischen Heimat dieses Zuckerrohrprodukts, habe ich diesen Sprit schätzen gelernt. Es gibt unglaublich gut schmeckende Stöffchen, weit entfernt von diesem verschnittenen Fusel, der in deutschen Ladenregalen steht. Produziert wird das Zeug hier überall, in Ponce befindet sich eine Rumfabrik in Sichtweite unseres Liegeplatzes. Steht der Wind günstig, hat man 'ne gute Chance, schon beim Einatmen besoffen zu werden, der ganze Port riecht dann nach Alkohol.

In Bridgetown kommen wir bei der nächsten Rundreise hinter einem Passagierschiff zu liegen. Ein sowjetisches Kreuzfahrtschiff, ziemlich großer Zossen älterer Bauart. Zu unserem Erstaunen sind fast nur deutsche Passagiere an Bord, der Kahn transportiert eine ganze Schiffsladung „Neckermänner". Deutsche Reiseunternehmen buchen in diesen Jahren häufig Schiffe aus dem Ostblock, die sind billiger. Und die deutschen Fahrgäste, die wir an Land in einer Kneipe interviewen, sind des Lobes voll über den Russenkahn. Wobei es einige der mitreisenden Rentner, und das sind die meisten der Urlauber, besonders erfreut, dass man dort keine Trinkgelder zahlen muss. Auch ein Kriterium, ich kann mir ein Grinsen nicht verkneifen.

Trotz bordeigenem Partybetrieb zieht es uns auch in Port of Spain immer wieder an Land. Mal in den Yachtclub, mal ins Interconti, wo Dieter immer noch auf ausgehungerte Airline-Stewardessen lauert, die wir aber nie zu Gesicht kriegen. Gelegentlich unternehmen wir Badeausflüge, ein Mietwagen wird beschafft und wir karren an einen der außerhalb gelegenen Strände. Ein solcher Trip bringt mich dann auch in eine missliche Lage, man sollte halt das Meer nicht unterschätzen. Nirgendwo. Hängen wir doch eines Tages an so einem idyllischen Palmenstrand ab. Fünf Mann hoch, Kühltasche dabei, Hintern im Sand, Seemann, lass die Seele baumeln. Sonst keine

## Verdammte Container – Seefahrt in den 1970er/1980er Jahren

Sau am Beach, wir sind alleine. Ich will 'ne Runde schwimmen und hüpfe ins Wasser. Etwas Brandung, die Brühe ist warm, alles bestens. Irgendwie kriege ich nicht mit, dass ich ein wenig zu weit raustreibe. Tja, und als ich mich auf den Rückweg machen will, haut das nicht so recht hin. Ablandiger Wind, ablandige Strömung, ich gewinne keinen Meter Richtung Ufer. Meine Kumpels liegen auf dem Bauch und pennen, außerdem hätte mich bei der Brandung und dem Wind eh keiner gehört. Binnen Minuten weicht die entspannte Freizeithaltung blankem Entsetzen. Verfluchte Scheiße, ich drifte immer weiter ab, soll ich jetzt hier an einem karibischen Strand zwar nicht ins Gras, aber ins Wasser beißen? Schwimmen kann ich so durchschnittlich, ein Froschmann bin ich nicht gerade. Nach einer Weile erfolgloser Bemühungen finde ich heraus, dass ich ein wenig vorankomme, wenn ich unter den Wellen der Brandung durchtauche. Zentimeterweise, aber es funktioniert. Als ich eine halbe Stunde später auf den Strand falle, bin ich restlos platt. Meine Kumpane hatten gar nichts mitbekommen, die pennen immer noch. Seit diesem Tage schwimme ich nur noch im Meer, wenn's spiegelglatt ist. Also fast spiegelglatt.

In diesen Wochen lernen wir einen holländischen Seemann kennen. Der läuft Port of Spain genauso regelmäßig an wie wir. Unterwegs ist der Steuermann mit einem Kühlschiff, einer kleinen Nussschale, etwa so groß wie die in der Nordsee so verbreiteten 499er Kümos.

*Nach dem zweiten Weltkrieg gestatteten die Alliierten nur schrittweise den Wiederaufbau einer deutschen Handelsflotte. Es gab zahlreiche Beschränkungen, die häufig an die Tonnage der Schiffe geknüpft waren, der Begriff „Paragraphenschiff" wurde in dieser Zeit geboren. Diese immer weiter nach oben korrigierten Tonnenbegrenzungen führten zum Bau von Schiffen, die diese einzelnen Tonnagegrenzen bis zum Äußersten ausreizten, so gab es dann in großer Zahl Schiffe mit 499, 999 oder auch 1.599 BRT. Dieses Vermessungsmuster hat dann die inzwischen wieder „unbegrenzte" deutsche Handelsflotte bis in die 1980er Jahre beibehalten. Die Schiffe in diesen Klassen fuhren mit unterschiedlichen Beman-*

*nungsvorschriften, es machte daher wenig Sinn, beim Bau das Limit von zum Beispiel 499 BRT um 100 BRT zu überschreiten, wenn dann für einige Tonnen mehr Ladekapazität auch mehr Personal gefahren werden musste. Telegrafieanlagen und die dazugehörenden Funkoffiziere waren nur bei einer Vermessung von über 1.599 BRT vorgeschrieben. Auch die Zahl der erforderlichen Nautiker und Maschinisten war gemäß der Schiffsgröße bzw. der Maschinenleistung geregelt.*

Der Holländer ist uns im Yachtclub zugelaufen, nach ein paar Drinks lädt er uns auf seinen Kahn ein. Die sind gerade mal 6 Mann an Bord, unser Gastgeber ist sogenannter Alleinsteuermann, außer ihm und dem Käpt'n kein Nautiker mehr dabei. Dann haben sie noch einen Maschinisten und drei Decksleute, von denen einer nebenbei auch kocht. Der Zarochel fährt unter der Flagge der niederländischen Antillen und gurkt schon seit Jahr und Tag in der Karibik umher. Ich frage: „Was habt ihr denn geladen?" „Kartoffeln", lautet die Antwort. „Warum fahrt ihr nicht Pommes?" fragt Dieter. „Lassen sich doch besser stauen!" Ein Maschinist als Ladungsexperte, da kann ja nix Gescheites bei rauskommen, sage ich.

Tage später liegen wir erneut in Ponce. Ein kleiner Spaziergang durch die Stadt, ein wenig Abhängen auf der Plaza. Da in der Knallhitze Alkoholgenuss nicht unbedingt das Wohlbefinden steigert, lassen wir mal schön die Finger von dem allgegenwärtigen Rum und besetzen einen Tisch in einer „Jugeria". Bedeutet schlicht und ergreifend „Saftladen". Ein Hochgenuss, die pressen dort vor den Augen des Gastes alle gewünschten Südfrüchte und servieren frische Fruchtsäfte, eisgekühlt.

Das üppig beigefügte Eis ist es vermutlich, dass uns später in Scharen auf die Toilettenschüssel zwingt. Eine immer wieder auftretende Begleiterscheinung bei Reisen in diese Region. Natürlich wissen wir um die Risiken bei dem zumeist verunreinigten Eis, dass häufig in den Drinks landet. Unser Umgang mit den entsprechenden Warnungen entspricht eins zu eins der Konsequenz, die wir dann zu tragen haben. Wir scheißen drauf...

# Verdammte Container – Seefahrt in den 1970er/1980er Jahren

Eine weitere Liegezeit in Bridgetown beschert uns ausnahmsweise eine Bauernnacht im Hafen.

Wir laufen erst am späten Nachmittag ein, die unvermeidliche Touristen-Dschunke JOLLY ROGER passiert uns während des Festmachens, die obligatorischen Saufleichen hängen wieder über der Reling. Erst am folgenden Morgen sollen einige Container von Bord gehen und eine Anzahl leerer Boxen geladen werden. Endlich mal Zeit, die Stadt ein wenig zu beschnüffeln.

Stadt und die Insel Barbados stehen auf zwei wirtschaftlichen Hauptsäulen: Tourismus und Rum-Produktion. Führt man beide Komponenten zusammen, ist das Erfolgsmodell vorprogrammiert.

Wir schlendern durch die Gassen, besuchen verschiedene Bars und treffen so gut wie keinen nüchternen Menschen an. Außer dem Servicepersonal, welches die Inselbesucher konsequent abfüllt. Zu den länger auf der Insel weilenden Touristen gesellen sich noch Scharen von Kreuzfahrtgästen, wenn wieder mal so ein Musikdampfer im Hafen liegt. Die Passagierschiffe liegen tagsüber hier, nachts gehen die wieder raus. Gute Auslastung für die Bars, tagsüber werden die Musikdampfer-Touris befüllt, nachts die Langzeiturlauber. Die Mehrzahl der Kreuzfahrt-Gäste wird aber im Schweinsgalopp einem Stadtrundgang ausgesetzt, dann noch geschickt durch eine Vielzahl von Souvenir-Shops geschleust und anschließend wieder an Bord getrieben. So erzählt es uns breit grinsend ein amerikanischer Kneipenwirt, der in der Altstadt eine ganz nette Bar betreibt und von mir und dem Blitz heimgesucht wird. Den Schuppen hat der Ami „Tripoli" genannt. Ich frage den, ob er etwa libyscher Abstammung sei. Verständnisloser Blick, dann die Aufklärung. Nix Libyer, er ist waschechter Italo-Amerikaner. Und hat 25 Jahre bei den US Marines gedient. Diese „Ledernacken" haben eine Hymne, und die beginnt mit „From the Halls of Montezuma, to the shores of Tripoli..." und damit wir's begreifen, grölt der den ganzen Song auch gleich vor. Eigentlich hätten wir uns denken können, dass sowas dahinter steckt, die Wände der Spelunke erinnern an ein Militärmuseum.

Zwei Bars später können wir unsere Englischkenntnisse vergessen. Ausschließlich Einheimische dort drin, fast nur Schwarze, und deren Englisch ist wohl mehr eine außerirdische Version der Sprache von Dickens und Shakespeare. Erst später sollte ich erfahren, dass die Barbadier zum großen Teil einen kreolischen, dem Englischen verwandten Dialekt sprechen, das „Bajan".

Zunächst ignorieren die uns weitgehend, dann interviewt uns der Barkeeper über das Woher und Wohin mit dem Ergebnis, dass sich einige besonders betrunkene „Locals" mit uns verbrüdern wollen. Wir ziehen weiter.

Zahlreiche alte Kolonialgebäude aus der Zeit der Engländer sind zu sehen, schon eine interessante Innenstadt. Und im Zentrum, direkt an der Mündung des Constitution River, steht ein wuchtiges Denkmal. Steinblock und oben drauf Nelson, der englische Seeheld. Auf dass die einheimische Bevölkerung auch künftig dran erinnert wird, wer hier über 300 Jahre das Sagen hatte.

*Die Kolonialgeschichte der Insel ging mit den Portugiesen los. 1536 okkupierten die Barbados, versklavten, wie es guter Kolonialistenbrauch war, die Einwohner, und wer nicht von den Portugiesen zur Plantagenarbeit gezwungen wurde, machte sich tunlichst vom Acker. Somit war die Insel menschenleer, als 1625 die Engländer dort landeten. Da es nix mehr zu versklaven gab, schleppten die ihre menschlichen Arbeitstiere von anderen Küsten auf die Insel. Die ersten importierten Sklaven waren keine Afrikaner, sondern…Iren. Nicht unbedingt soo erstaunlich, dass ein Engländer heute noch in Dublin eine aufs Maul kriegt, wenn er sich im falschen Pub als Engländer outet. Später wurden, wie in der ganzen Karibik, Afrikaner „eingeführt" und so ist die Bevölkerung zu weit über 90 Prozent negroid.*

Wir lassen uns weiter treiben. Ein kleines Restaurant, Kohldampf hat sich bereits länger bemerkbar gemacht, und schon hocken wir an einem einfachen Holztisch auf einer Miniveranda. Und futtern die wohl besten Langusten, die je in meine Eingeweide vordrangen. Große Viecher, appetitlich auf einer Früchteplatte serviert, dazu eine Sauce, die nur in kleinen Dosierungen genießbar ist. Wegen dem hohen Anteil an Chili, oder was immer das Zeug so scharf macht. Dass der Hochgenuss auch schweineteuer ist, nehmen wir mal so hin, die Karibik ist überwiegend schweineteuer. Wobei ich mich immer wieder frage, wie die Einheimischen hier zurechtkommen, so wohlhabend sehen die gar nicht aus. Oder die haben ein duales Preissystem, erschwinglich für „Eingeborene", aber Fremdlinge werden abgekocht. Wer weiß?

Hubert und ich stellen übereinstimmend fest, dass das Verhalten der schwarzen Bevölkerung uns gegenüber nicht übermäßig freundlich ist. Sowohl auf Trinidad als auch hier. Es ist zwar Bestandteil des hiesigen Lebensstils, dass man jegliche Hast vermeidet und alle Verrichtungen des Alltags gemächlich tätigt. Wenn uns aber eine schwarze Kellnerin bedient, schläft die beim Anmarsch zum Tisch fast ein. Bestellungen werden mit trägem Nicken quittiert, dann Rückmarsch zur Küche mit der Geschwindigkeit einer toskanischen Rennschnecke. Natürlich erleben wir Ausnahmen, aber Regel ist ein distanziertes und teilweise richtig arrogantes Auftreten uns gegenüber. Mich beschleicht das Gefühl, dass man jedem Weißen die unsägliche Geschichte von Verschleppung, Versklavung und jahrhundertelanger Diskriminierung bis heute anlastet und dies eben durch unterschwellige Verachtung auch zeigt. Deshalb nehme ich es auch stoisch hin und kommuniziere mit diesen Menschen in gelassener Freundlichkeit. Solange mich keiner auf allzu dreiste Art und Weise übers Ohr hauen will.

Den folgenden Aufenthalt in Port of Spain nutze ich für einen erneuten Landausflug. Zu dritt chartern wir uns einen Wagen mit Fahrer und fahren zur Maracas Bay. Ein wunderschöner Badestrand unweit der Inselhauptstadt. Es ist ein Arbeitstag, somit ist der Strand nicht überlaufen. An Wochenenden steppt hier der Bär, wie uns das Oberhaupt einer indischen Familie versichert, mit der wir ins Gespräch kommen. Bei der Gelegenheit erfahre ich ein wenig mehr über den Hintergrund dieses auffallend hohen indischstämmigen Bevölkerungsanteils.

*Es war die übliche Geschichte, die Engländer benötigten billige Arbeitskräfte. Zunächst mal wurde die indianische Urbevölkerung in die Plantagen gezwungen. Diese „Arawak" hielten der Fronarbeit und den eingeschleppten Krankheiten der Europäer nicht stand und starben dahin. Es folgte der Massenimport verschleppter Afrikaner. Schon 1834 beendet ein Gesetz die Sklaverei in den englischen Kolonien (bemerkenswert, in den USA, dem „Land der Freien", wurde erst 1865 die Sklaverei per Gesetz verboten). Die Engländer auf Trinidad benötigten aber weiterhin billige Arbeitskräfte, also holte man indische Kontraktarbeiter auf die Insel. Die unter derart miesen Bedingungen malochten, dass ein Unterschied zur Sklaverei für die Betroffenen nicht erkennbar war. Ja, es waren traumhafte Zeiten für Arbeitgeber in jenen Jahren.*

Der freundliche Inder, mit dem ich ins Gespräch komme, hat noch mehr Interessantes zu berichten. Das Verhältnis zwischen den Schwarzen und den Indern ist nicht frei von Spannungen. Beide Ethnien treten bei den Wahlen mit eigenen Parteien an, somit wird das Ergebnis weitgehend durch den prozentualen Anteil jeder Gruppe an der Gesamtbevölkerung bestimmt. Die Inder beherrschen aufgrund ihrer kulturellen Prägung weite Teile des Geschäftslebens, die darin weniger erfolgreichen Afro-Insulaner schieben einen entsprechenden Hals. Manche Dinge trifft man doch weltweit an, geschäftstüchtige Bevölkerungsgruppen laufen überall Gefahr, sich den Hass und Neid der lieben Nachbarn zuzuziehen. In Tansania sprach ich mit Indern, die exakt in der gleichen Situation waren.

Den Kontakt hier am Strand der Maracas Bay hat der indische Familienvater selbst hergestellt. Wir hatten uns gerade unter einer Palme bequem abgelegt, da stand er plötzlich vor uns und zeigte mahnend nach oben. Ja, klar, wir doofen Europäer hatten uns genau unter einen Baum mit einer ganzen Traube von Kokosnüssen gelegt. Kaum hatten wir den Platz geräumt, donnerte schon so eine braune Kugel wie ein Geschoss dorthin, wo eben noch die Wampe eines deutschen Seemanns ruhte.

Eine Woche später hängen wir erneut in Ponce an der Pier, ich plane eine Ergänzung der Freizeit-Ausrüstung. Wir haben zwei oder drei mickrige Sonnenliegen an Bord, die gammeln in einem Schapp am Palaverdeck vor sich hin. Altersschwach, wie sie sind, kann man die Dinger kaum noch benutzen, wenn man in der Wachpause mal ein wenig Karibiksonne tanken will. „Ich tigere nachher mal in die Stadt und besorge so ein Ding", sage ich zum Chiefmate. Von Morgenstern guckt ganz komisch, als er das hört, sagt aber nichts. „Soll ich Ihnen auch sowas mitbringen, ihre Frau hat bestimmt Verwendung dafür?" Von Morgenstern sagt immer noch nichts, was hat der denn? Da nimmt er mich zur Seite, guckt ganz konspirativ über die Schulter und raunt: „Ich darf's ja gar nicht sagen, ist noch streng vertraulich. Der Alte war in Port of Spain in der Agentur und hat mit Hamburg telefoniert. Die flaggen den Dampfer aus, die deutsche Crew geht in Port of Spain von Bord, bis auf den Alten, mich, den Chief, den 2.Ing und den Blitz schicken die alle nach Hause. Ich würde mir weiß Gott keinen Liegestuhl mehr kaufen. Da liegt dann der Filipino drauf, der sie ablöst. Aber Klappe halten, das ist noch nicht offiziell verkündet!" Mir schlafen umgehend die Gesichtszüge ein. Himmel, Arsch und Wolkenbruch nochmal, da hat man mal `nen guten Dampfer, `ne gute Crew und ein Fahrtgebiet wie im Kreuzfahrtprospekt – und dann so was. Zunächst bin ich fassungslos. Und in diesem Moment wird mir klar, dass das erst der Anfang einer Entwicklung sein dürfte, die über kurz oder lang das Ende meiner Seefahrtzeit bedeutet. Es ist so ein Gefühl, dass mich da beschleicht, als ich an diesem Tag, im Mai 1984, auf dem Deck der AQUITANIA stehe.

Den Chiefmate konnte ich nun wirklich nicht in die Pfanne hauen, also halte ich auch das Maul. Natürlich steckt Kalkül dahinter, dass man diese Neuigkeit nicht an die Mannschaft weitergibt. Ein Seemann, dem man sein Schiff unter dem Hintern weg zieht, ist nicht mehr gerade hochmotiviert, der lässt mal geistig sofort den Hammer fallen. Also schön die Klappe halten und den Seeleuten erst dann in den Arsch treten, wenn der Bus schon an der Pier steht. So ungefähr die Überlegungen von Reeder und Schiffsleitung. Zähneknirschend füge ich mich ins Unvermeidliche, was bleibt mir auch übrig. Ich schweige, als Blitz Hubert Ronacher beim abendlichen Dämmerschoppen erzählt, dass er noch drei Rundreisen mitfährt und dann den wohlverdienten Urlaub antritt. Ich schweige auch, als Dieter verkündet, dass er bis September durchfahren will, dann läge eine große Familienfeier zuhause an. Hein Seemann denkt, und der Reeder lenkt. Von Morgenstern und ich schauen uns über die Gläser hinweg an, als wir den Gesprächen beiwohnen. Alles Scheiße!

Wir sind kurz vor Port of Spain, und der Alte lässt kein Sterbenswörtchen verlauten. Also, so langsam wird das eng, die können doch die Leute nicht erst informieren, wenn auf einmal zwei Dutzend „Fipse" die Gangway hochstürmen. Fipse, so spricht der deutsche Seemann geringschätzig über die philippinischen Kollegen, die in dieser Zeit in aller Regel den Job übernehmen, wenn Schwarz-Rot-Senf am Flaggenstock verschwindet und der Panama-Feudel hochgezogen wird.

Aber kein Wort von der Schiffsleitung, unsere Janmaaten machen weiter ihren Job, und keiner ahnt was von dem Damoklesschwert, das über uns baumelt.

Ich frage direkt den Chiefmate. Der zuckt mit den Schultern, man habe den Flaggenwechsel und damit den Besatzungsaustausch noch um eine Reise verschoben. Dann sei aber endgültig Schicht im Schacht. Na gut, noch ein Trip, knappe zwei Wochen. Was soll`s, ich gehe abends wieder mal in den Yachtclub und ziehe mir an der Bar ein paar Drinks rein. Unterhalte mich mit einigen Seglern, aus aller Herren Länder liegen kleine Yachten hier herum. Abenteurer-Typen, die alleine oder zu zweit auf großer Fahrt sind. Einige träumen von der Weltumseglung, die sie aber nie beenden werden. Andere sind hier schon gestrandet, Geldmangel ist häufig der Grund dafür. Die führen so ein vermeintlich freies Leben, geht es denen wirklich besser als uns Berufsseeleuten? Na ja, ausgeflaggt werden die nicht, aber sonst? Und schließlich bedeutet Ausflaggung 1984 noch nicht den Weltuntergang, Krischan wird schon wieder `nen Dampfer für mich haben. Aber wie lange noch?

Wir fahren ein letztes Mal die Standardtour ab. Port of Spain – Bridgetown – Ponce und zurück. In Bridgetown liegt ein deutsches Kümo hinter uns. Neubau, 999 BRT, 9 Mann an Bord, ebenfalls als Feeder in die Karibik verchartert. Und der Zwerg schleppt nicht viel weniger Container mit wie wir. Der Betrieb unserer deutlich größeren Gurke kann sich ja wohl kaum rechnen, der Kleine da achtern fährt mit weniger als der Hälfte unserer Betriebskosten. Einen Funker haben die auch nicht, der Kahn hat eine leistungsstarke Kurzwellenanlage auf der Brücke, und der Steuermann fummelt sich im Sprechfunkbetrieb so durch. Das erfahre ich, als er an Bord aufkreuzt und um technische Unterstützung bittet, sein UKW sei ausgefallen. So geht's auch, man spart sich den Funker, und wenn man doch einen braucht, schnorrt man woanders. Ich gehe mit rüber und schaue mir die Kiste mal an. Eine defekte Sicherung? Nein, die habe er schon gewechselt. Ich schaue nach, die Sicherung ist im Arsch. Noch mal 'ne Neue, und alles läuft rund. Das Problem entpuppt sich als Bagatelle, er hatte wohl eine defekte Sicherung durch eine defekte ersetzt. Ich teste das kleine Gerät wieder und wieder durch, jetzt läuft's einwandfrei, keine große Sache. Dankbar lädt mich der Steuermann auf ein Bier ein. Sein Kapitän stößt dazu. „Was sind Sie dort drüben? Funker? So was brauchen wir nicht." Jou, du Spinner, das habe ich gerade gemerkt. Diese Antwort verkneife ich mir und verabschiede mich achselzuckend.

Nachmittags versammelt der Alte die komplette Crew in der Messe, jetzt schlägt die Stunde der Wahrheit. In kurzen knappen Worten werden die Piepels informiert. Gut verpackt, keiner müsse sich Sorgen um seinen Arbeitsplatz machen, Krischan habe Schiffe genug. Noch, denke ich im Stillen. Beim Betrieb dieses Schiffes decke die Charterrate kaum noch die laufenden Kosten, so der Kapitän. Damit sei ein Ausflaggen unerlässlich geworden. Bei Ankunft in Port of Spain werde wie immer zunächst Ladung gelöscht. Am Tag 3 der Liegezeit wird die Mannschaft per Bustransfers zum Airport gekarrt, Offiziere bleiben noch an Bord, zwecks Einweisung der Philippino-Crew. Dann steigen Funker, 2. und 3. Offizier sowie 3. Ing ebenfalls aus und fliegen nach Hause. Der Rest ist Formsache, Flaggenwechsel, neue Schiffspapiere, und am Heck wird der Heimathafen „Hamburg" mit „Panama" überpinselt. Das war's

Die Crew reagiert schweigend. Reglose Gesichter. Als wir die Messe verlassen, knurrt der Bootsmann hinter mir „18 Jahre bei Krischan. Jetzt kannst 'de den Laden auch langsam vergessen!"

Seh` ich genauso, sage aber nichts.

Wir liegen an der Pier von Port of Spain. Ich mache die fälligen Abmusterungs-Eintragungen in die Seefahrtsbücher, erstelle Heuerabrechnungen. Der übliche Papieraufwand, wenn Seeleute abmustern. Eine letzte Funkabrechnung, das Unterscheidungssignal DICC wird nicht mehr im Äther zu hören sein, mit der Umflaggung wird dem Schiff auch ein anderes Rufzeichen zugeordnet.

Und dann verabschieden wir morgens früh unsere Matrosen, die Schmierer, die Reiniger, die Decksleute. Den Bootsmann, den „Storie", den Koch. Sauber geplant, die Sache. Man will vermeiden, dass die scheidende Crew mit den Asiaten zusammentrifft, die ihre Arbeitsplätze einnehmen werden. Da gab's bei anderer Gelegenheit wohl schon Umutsäusserungen der rustikaleren Art. Dabei können die Fipse nun wirklich nichts dafür, die sind froh für Jobs, wie jeder Seemann weltweit. Und die flaggen unsere Schiffe nicht aus, weil der Profit nicht mehr stimmt, die Verantwortlichen dafür sitzen in Hamburg und lassen sich als stolze hanseatische Reeder feiern.

Eine Stunde später wieder ein Bus auf der Pier. Und schon kraxeln sie die Gangway hoch, Seeleute aus Manila, aus Batangas, von Calapan, wer behält schon all die Städte mit den exotischen Namen. Zurückhaltend, geradezu schüchtern stehen sie in den Gängen herum. Wir bleiben freundlich, denen macht wirklich keiner einen Vorwurf. Ein älterer Mensch, das wahre Alter schwer zu schätzen, steht vor mir. „Good Morning, my name is Ginto Reyes, I am the Radio-Operator!" Wir schütteln Hände, ich biete Platz und einen Softdrink an. Ein paar freundliche Floskeln, dann beginne ich mit der Einweisung in die Funkanlage. Und stelle nach kurzer Zeit fest, dass der Philippino diese Station in weiten Teilen bereits kennt. Das ist nicht der erste ehemals deutsche Dampfer, auf dem der einsteigt. Die von der DEBEG installierten Anlagen sind ihm nicht fremd. Ist mir ganz recht, dann muss ich nicht so viel sabbeln. Anders als bei dem ratlosen Chinesen damals auf der AQUITANIA, der ganz verzagt in dem Radioladen saß. Bis er endlich „Sanghai Ladio" hörte.

# Verdammte Container – Seefahrt in den 1970er/1980er Jahren

Nach der Einweisung noch etwas privater Smalltalk. Und im Gespräch fragt mich der Kollege ganz unverblümt, was ich denn so verdiene nach deutschem Tarif. Bei uns ein Tabuthema, bei Asiaten durchaus üblich. Mir ist das Tabuthema egal, ich erzähle es ihm. In diesem Jahr liege ich gemäß Heuertarifvertrag nahe bei 4.000 DM brutto, inklusive einer Verwalterzulage von 750 DM. Der neue Sparky rechnet das flink in Dollars um und schaut mich groß an. Ist mir etwas peinlich im ersten Moment, ich will nicht angeben. Dann legt der los. Ihm zahlen sie 1.500 US-Dollars auf die Kralle, bei 9 bis 12 Monaten Fahrtzeit und anschließend rund einem Monat bezahltem Urlaub. Danach knallt er ein paar Fotos auf die Back, so nach dem Motto „Mein Haus, meine Yacht, mein Flugzeug". Nicht ganz so protzig, aber was ich höre, ist „mein Bungalow, meine Familie, mein Hauspersonal". Sprachlos vernehme ich, dass der Funker auf den Philippinen zu den wohlhabenden Gutverdienern gehört. Seine Frau, eine Lehrerin, bekommt mal gerade 200 US-Dollar im Monat. Und jawohl, die Familie bewohnt ein nettes kleines Häuschen, und da beschäftigen die vier weitere Menschen. Eine Haushälterin, eine Nurse für die Blagen, gelegentlich einen Gärtner. Und bei Dunkelheit hockt noch ein Nachtwächter vor der Bude und verscheucht etwaiges Gesindel. Hallo? Ich bewohne im Urlaub ein 1-Zimmer-Appartement, und wenn ich Hauspersonal sehen will, muss ich den Fernseher einschalten und „Dallas" glotzen. Auch Wohlstand ist relativ…

Ein letztes Essen an Bord. Zubereitet vom neuen Koch, und das Futter ist typisch asiatisch. Reis, und darin klein gehacktes Huhn. Mit kleingehackten Knochen. Die Piepels, die weiter mitfahren, gucken leicht verstört. Von Morgenstern sagt zu seiner Frau „Ich glaube, dem musst du in der Kombüse mal einiges erklären. Was den europäischen Geschmack betrifft!" Und jetzt bin ich froh, dass meine Reise hier endet.

Abends werden wir vier letzten Abmusterer von Bord geholt. Knappe drei Monate stehen in meinem Seefahrtbuch, nicht gerade üppig. Abschiedsrunde bei den Piepels, die weiterfahren dürfen. Oder müssen. Und schon sitzen wir in einem Kleinbus Richtung

Flughafen. Und verschwinden dort in einem Hotel, weil keine Maschine mehr Richtung Heimat rausgeht.

Das Seefahrtbuch belegt: Mit solchen Fahrtzeiten ist kein Blumentopf mehr zu gewinnen

Die Heimreise gerät noch einmal zum Horrortrip. Aus nicht erkennbaren Gründen hat man die Rückreise für uns bei SAS gebucht. Warum nicht British Airways, wie auf der Anreise zum Schiff, die Briten bieten Direktflüge von Port of Spain nach London. Die Skandinavier fliegen aber Trinidad gar nicht an, die PAN AM befördert uns zunächst. Trinidad – St.Lucia – New York. Dort setzen uns die Behörden fest, weil wir kein gültiges Transitvisum für die USA haben. Hat die Agentur in Port of Spain verpennt.

Große Debatte am Kennedy-Airport, die Immigration interniert uns in einem kahlen Büroraum, versorgt uns aber wenigstens mit etwas Junk-Food und Getränken, gegen Barzahlung versteht sich.

Ein Beamter begleitet uns später bis an die Tür der SAS-Maschine, die uns weiter nach Kopenhagen fliegen soll. Beim Rollen auf dem Taxiway rammt die Mühle einen Beleuchtungsmast am Rand der Bahn und kehrt um, Untersuchung auf mögliche Schäden.

Der nächste Startversuch wird abgesagt wegen einem schweren Gewitter über New York. Die langsam unruhig werdenden Passagiere werden mit freizügig ausgeschenktem Alkohol besänftigt, ein von uns sehr begrüßtes Verfahren. Dann sind wir mit drei Stunden Verspätung in der Luft.

Nach Zwischenlandung in Kopenhagen steige ich zwei Stunden später in eine Anschlussmaschine nach Frankfurt. Bei Ankunft dort bin ich über dreißig Stunden unterwegs. Die Reise mit der Sunshine-RIENZI ist zu Ende. Ein viertel Jahr in der Karibik, es war eigentlich das, was Seeleute gerne als Traumtrip sehen. Und so behalte ich es im Gedächtnis.

## Erster Nachtrag

Zeit für eine kleine Nachlese. Wie bei Seeleuten üblich, verlor man nach der Abmusterung die meisten Kollegen wieder aus den Augen. Mit Ausnahmen natürlich. Von der SEATRAIN PRINCETON und der Pazifikfahrt sind mir keine Kontakte geblieben. Sehr wohl aber von der SEATRAIN BENNINGTON. Es war Manfred Huber, unser Elektriker, der die Meute zusammenhielt.

Wir beide hatten nach den zwei gemeinsamen Schiffen immer Verbindung und haben zahllose Winterurlaube zusammen mit unseren Frauen genossen. Manni heiratete kurz nach mir, natürlich eine Japanerin. Und genau wie ich besorgte er sich einige Jährchen nach mir einen Landjob und versuchte, sesshaft zu werden. Leider ging seine Ehe in die Binsen, Manni warf den Landjob hin und stieg wieder ein. Qualifizierte Schiffselektriker gehören nach wie vor zu der kleinen Kernmannschaft, die trotz Billigcrew aus der dritten Welt gerne noch beschäftigt werden. Und er qualifizierte sich ständig weiter, erwarb mit dem Abschluss eines Schiffselektrotechnikers ein den kleinen Ingenieurspatenten gleichgestelltes Befähigungs-Zeugnis und fuhr bei verschiedenen Reedereien. Zuletzt war er auf dem Forschungsschiff „MARIA S. MERIAN" tätig, bis ihn eine schwere Erkrankung von Bord zwang. 2009 mussten wir ihn zu Grabe tragen.

Ihm ist es aber zu verdanken, dass der Kontakt zu Kapitän Heiko Lochmann wiederbelebt wurde. Und dann auch zu Kapitän Klaus Bergmann, dem ehemaligen Offiziersanwärter, der damals einige Reisen auf der BENNINGTON mitfuhr. Klaus wurde später Lehrer an der Seefahrtschule in Leer/Ostfriesland, außerdem ist er für ein dort ansässiges Schifffahrtsunternehmen in der Inspektion tätig und fährt gelegentlich als urlaubsvertretender Kapitän auf dem Forschungsschiff „METEOR". Eine Bilderbuchkarriere für einen Seemann. Nun sind wir die letzten drei noch in Kontakt sehenden Musketiere von der BENNINGTON, die sich in jedem Februar in Mannis österreichischer Heimat treffen, Ski fahren und den alten Zeiten huldigen. Die Kapitäne Bergmann und Lochmann sind auch an diesem Buch insofern beteiligt, dass sie ihre eigenen Unterlagen aus der gemeinsamen Fahrtzeit zur Verfügung stellten, für mich wertvolle Beiträge zur Rekonstruktion der damaligen Ereignisse.

Klaus Bergmann war es auch, der einen weiteren Kollegen aus dieser Zeit ausgrub und den Kontakt herstellte. Günter Dirks, 2. Offizier auf der BENNINGTON und 1. Offizier auf AQUITANIA, fährt nicht mehr zur See. Der betreibt jetzt in New Braunfels in Texas das Friesenhaus, ein deutsches Restaurant. Zusammen mit seiner Cornelia. Und mit beiden stand ich nun in regem Mailaustausch und bekam sehr viele Unterlagen zu den gemeinsamen Reisen. Allen sei hier noch einmal herzlich gedankt.

Siggi Weigel, der Koch auf der SEATRAIN BENNINGTON, verstarb wenige Jahre nach unserer gemeinsamen Fahrtzeit. Hermann von Morgenstern, Chiefmate auf der RIENZI, kehrte drei Jahre später der aktiven Fahrt den Rücken und machte sich in der Folgezeit einen Namen als Dozent und Trainer bei ISSUS (Institut of ship operations, sea transport and simulation). Er verstarb 2012.
Mit Erich Groth, dem „dicken Smutje", fuhr ich 1985 noch einmal

zusammen. Er lebt inzwischen auch nicht mehr.

Von einigen weiteren Bordkollegen aus dieser Zeit bekam ich gelegentlich Informationen aus dritter Hand, es war nicht immer schön, was man so vernahm. Frühzeitiges Ableben durch schwere Krankheiten, im Landjob gestrauchelt, mancher scheiterte am Alkohol. Andere Seeleute gingen unbeirrt ihren Weg, fuhren bis zur Rente, falls sie als Kapitäne oder Chiefs Beschäftigungsmöglichkeiten hatten. Oder sie starteten erfolgreich eine neue Karriere an Land. Bis eben hin zum Schnitzelrestaurant in Texas, es waren zum Teil interessante Lebenswege, die die Maaten beschritten.

Und meine Schiffe? Ihr Lebensweg ist es wert, auch erwähnt zu werden. Schiffe waren für uns nicht nur irgendein Haufen Stahl, auf dem wir mal 'ne Weile arbeiteten und lebten. Für Landratten mag es bekloppt klingen, aber die Kähne hatten für uns irgendwie eine Seele, die waren mehr als ein schwimmender Kasten für Frachttransport. Es gab schöne und hässliche Schiffe, es gab Pötte, auf denen zu fahren ein Traum war, und es gab Pötte, die nur Ärger machten. Auf manchen Dampfern fuhr man problemlos seine Dienstzeiten runter, und andere Dampfer piesackten ihre Crew bis zum Anschlag.

Die „PLUVIUS", während meiner Dienstzeit als SEATRAIN PRINCETON im Pazifik unterwegs, war schon eine dieser schwimmenden Zicken, der Pott machte uns mit seinen üblen Vibrationen ganz schön zu schaffen. Nach einem Umbau soll es ja besser gewesen sein. Immerhin war der Kahn bis 1985 im Einsatz, später unter anderen Charter-Namen. Sie fuhr als „HELLENIC PRINCE", als „INCOTRANS PROMISE", danach als „MAERSK CLEMENTINE". '85 verschwand sie in Taiwan im Hochofen.

Eine bemerkenswerte Karriere war der SEATRAIN BENNINGTON beschieden. Dieses Schiff gehörte einem Navifond, einer Schiffsbeteiligungsgesellschaft. Und der Kahn war wohl das am meisten lohnende Investment, welches Anteilseigner in der Flotte je gezeichnet hatten. Viele Einzelheiten sind mir auch deshalb bekannt, weil Heiko Lochmann den Dampfer über Jahre als Stammkapitän fuhr und mir umfangreiche Informationen darüber zukommen ließ.

Der Pott fuhr 29 Jahre für Ahrenkiel, eine unglaubliche Zeitspanne. Betrieben wurde das Schiff unter acht verschiedenen Namen und unter drei verschiedenen Flaggen, aber immer bei der gleichen Reederei. Es hieß später „TFL FRANKLIN", dann „FRANKLIN I", „EUROPEAN SENATOR", „CMB MOTION", „SEA BREEZE". In den Neunzigern fuhr der Pott unter dem Namen „EAGLE INTEGRITY", dann als „FRANCONIA". Erst 2009 landete mein alter Dampfer in einer chinesischen Abwrackwerft. Die Anleger, die diese Kiste finanzierten, erzielten über die Jahre eine Rendite von über 500 Prozent.

Die AQUITANIA ist ja in meiner Gegenwart in chinesische Hände übergegangen. Das war, wie geschildert, im Jahre 1981. 1984 soll ein Wechsel von der COSCO zur einer Guangzhou Ocean Shipping Co. stattgefunden haben, und laut einer Schifffahrts-Publikation war der Kahn 2011 noch in Fahrt.

Auch von der RIENZI, meinem Sunshine-Dampfer in der Karibik, gibt es Informationen über den Verbleib. Nach der Ausflaggung kachelte der Kahn zunächst weiter durch dieses Fahrtgebiet, er hieß dann „CALA ATLANTICA". Später wurde das Schiff mehrfach verkauft, nach Argentinien, danach an ein liberianisches Unternehmen, zumindest war der Sitz des Vereins in Monrovia. 1991 tauchte sie unter dem Namen „OOCL ARROW" wieder auf, später als „VIGOUR LUZON". Um die Jahrtausendwende fuhr der Pott als „SINAR MALAKA" für einen unbekannten Panama-Reeder.
Zuletzt wurde sie 2012 gesichtet, als „HILUR MAS". Auch ganz schön langlebig, der Zossen.

Die Reederei Ahrenkiel hat einige Jährchen nach meinem Ausstieg den Seebetrieb unter deutscher Flagge völlig eingestellt, bereederte aber weiterhin über 40 Schiffe, maßgeblich in Fernost. Dort etablierte sich ein weiteres Hauptquartier in Hongkong, Büros entstanden auch auf Zypern und in Bern. Für deutsche Seeleute war der Zug bei diesem Unternehmen abgefahren.
Die gegenwärtige Schifffahrtskrise (die wievielte eigentlich in den vergangenen Jahrzehnten?) brachte Ahrenkiel in schwere Turbulen-

zen. Im Frühjahr 2014 erfolgte der Verkauf an eine andere Hamburger Reedereigruppe, die das neu entstandene Unternehmen als Ahrenkiel Group weiterführt.

## Zweiter Nachtrag

Der Leser mag sich jetzt fragen, warum ich hier von „verdammten" Containern schrieb. Hört sich doch alles gar nicht so schlimm an. Nein, so schlimm ist es auch nicht gewesen. Es sind andere Dinge, die sich für uns deutsche Seeleute schlimm entwickelten, und diese Dinge entwickelten sich zeitgleich mit der Einführung und dem massiven Ausbau der Containerdienste. Die Container verbilligten mit ihrer flächendeckenden Nutzung jeglichen Seetransport, die weltweite Containerflotte wuchs und wuchs, die Frachtraten sanken und sanken. Aus der Sicht der Reeder ließ sich dies nur mittels Einsparungen im Schiffsbetrieb kompensieren, und damit sind wir bei den Personalkosten. Für Schiffe deutscher Reeder galt nun mal der gesetzlich festgelegte Grundsatz „Deutsche Flagge, deutscher Heuertarif". Theoretisch zumindest, etliche Schifffahrtsunternehmen hatten bereits dank intensiver Lobbyarbeit Ausnahmen durchgesetzt. So fuhren bei Laeisz schon in den Siebzigern „billige" Gilbertesen bzw. Kiribatis. Oder bei der Reederei HANSA die mies entlohnten Pakistanis. Aber ein Großteil deutscher Schiffe fuhr konsequent mit deutschem Heuertarif, und Ahrenkiel stand auch treu zu diesem Grundsatz. So lange noch Old Krischan selbst auf der Brücke des Unternehmens stand.

Es war auch in den Siebzigern, als man auf den Philippinen das Geschäftsmodell mit den „preiswerten" Seeleuten für die Reedereien dieser Welt entdeckte. Schnell errichtete Seefahrtschulen spuckten in Serie Tausende von Seeleuten aus, Agenturen vermittelten dann diese Sailors nach Europa und in die USA. Günstige Heuern, lange Fahrtzeiten, kein Trouble mit Gewerkschaften. Der Philippino-

Seemann gilt als willig, anstellig, diszipliniert und folgsam. Ich habe einige Philippinos an Bord erlebt, ihr Verhalten gegenüber Vorgesetzten war häufig ausgesprochen devot. Und das Heimatland dieser Kollegen hatte damit einen Exportschlager gefunden, die immer größer werdende Zahl philippinischer Crew-Mitglieder bei den Flotten dieser Welt generiert einen enormen Devisenstrom zu diesem Staat der tausend Inseln. Unlängst las ich, dass gegenwärtig, 2014, über 260.000 philippinische Seeleute weltweit aktiv sind. Registriert sind in dem Land aber über 500.000, fast die Hälfte der philippinischen Janmaaten ist also arbeitslos. Die findigen Reeder sind zum Teil längst weitergezogen, Chinesen zum Beispiel fahren billiger. Wie es ein alter Bootsmann mal schnoddrig, aber treffend ausdrückte, entdecken die Schiffseigner immer wieder eine neue entlegene Insel, wo man ganz preiswerte Matrosen von den Palmen schütteln kann.

Die politische Wende im Ostblock, beginnend 1989, löste ein weiteres Problem der deutschen Reeder. Der Seemannsberuf lockte in den Neunzigern bei uns niemanden mehr hinter dem Ofen hervor, die Zukunftsaussichten galten als trübe. Es wurden auch immer weniger Ausbildungsplätze auf den Schiffen angeboten. Trotz aller Bemühungen, den Seefahrtsberuf weiterhin attraktiv darzustellen. Da standen zahllose ausgebildete Nautiker, Schiffsingenieure und Besatzungen in Russland und der Ukraine in den Startlöchern. In deren Heimat gingen Arbeitsplätze auf See verloren, bei uns wurden sie mit Heuern auf Dollarbasis angeboten. Und so fahren inzwischen viele Schiffe deutscher Eigner nicht nur mit russischer Besatzung, sondern auch russischer Schiffsleitung.

So sahen also die neuen Traumbesatzungen hanseatischer Reeder aus. Wir waren ab der Mitte der Achtziger Jahre keine Mitarbeiter mehr, sondern zunehmend lästige Kostenfaktoren. Seriöse Firmen wie Hapag-Lloyd oder Hamburg-Süd hielten noch etwas länger am Bemannungsmodell „deutscher Seemann" fest, viele Firmen aber holten die deutsche Flagge nieder und ließen die Crew aus Manila einfliegen. Und wie gesagt, die Reeder-Lobby wirkte auch sehr effektiv auf den Gesetzgeber ein. 1989 wurde ein sogenanntes

# Verdammte Container – Seefahrt in den 1970er/1980er Jahren

„Zweitregister" geschaffen, das es deutschen Reedern erlaubte, die Bundesflagge zu führen und trotzdem internationale Besatzungen zu beschäftigen, zum Billigtarif, versteht sich. So ist es wohl zu erklären, dass die Zahl deutscher Seeleute enorm schrumpfte, der Flottenbestand deutscher Reeder aber unaufhaltsam anwuchs. Und mit zunehmender Ausflaggung schrumpfte auch der Bestand der Schiffe unter deutscher Flagge. Zahlen, die nachdenklich machen: In den frühen Siebzigern, zu Beginn meiner Fahrtzeit, gab es noch weit über 40.000 deutsche Seeleute. 2012 jedoch, in einer Debatte des Bundestages über die künftige Sicherung des Schifffahrtstandortes Deutschland, war noch von 4.500 bis 4.700 Seeleuten die Rede, wobei die Piepels aus anderen EU-Staaten schon mitgezählt wurden. Dabei betreiben deutsche Reeder die drittgrößte Handelsflotte der Welt. Gegenwärtig (2014) wird sie mit 3.559 Schiffen beziffert, davon fahren aber nur 566 Pötte unter deutscher Flagge. Tja, nach der Logik der Reeder und der Politik zählt somit auch ein Schiff unter Liberia-Flagge mit russischer Schiffsleitung und Philippino-Crew zur deutschen Handelsflotte.

Aber zurück in die achtziger Jahre: Von der RIENZI zurückgekehrt schwante mir Übles. Noch war ich innerlich nicht bereit für einen Wechsel in eine Landbeschäftigung, ich war zu gerne Seemann. Aber es war dringend geboten, sich näher mit dem Gedanken an einen „Change" zu befassen. Wenn nicht bald, wann dann? Mit Mitte Dreißig wurde es schon langsam eng, für viele Arbeitgeber war man damit schon an der Schwelle zum alten Sack. Und überhaupt, was sollte ich denn eigentlich anstreben? Als Schiffsfunker steckte ich in einer Sackgasse, der Job war, bedingt durch die Einführung der Satellitentechnik, ein Auslaufmodell. Und auch ohne neue Technik sah die Zukunft trübe aus, „preiswerte" Philippino-Funker wurden in Asien in Massen ausgebildet, da waren in Deutschland diese Lehrgänge schon eingestellt worden. Mit anderen Worten: Selbst, wenn heute noch Telegrafiefunk-Anlagen und Funkoffiziere benötigt würden, wären diese Stellen mit „billigen" Kräften aus Fernost oder sonst woher besetzt. So wie auch alle anderen nachgeordneten Offizierspositionen auf den Schiffen der Gegenwart.

Zunächst mal beschloss ich, abzuwarten. Und Krischan hatte bald einen anderen Dampfer für mich, ich landete erneut in der Bulkfahrt. Mal zur Abwechslung wieder eine normale Dienstzeit, ein halbes Jahr weltweit unterwegs mit Erz und Kohle, dann Urlaub. Anschließend ein Containerschiff, ebenfalls sechs Monate. Mit dieser „CAMPANIA" fuhr ich 1985 im Liniendienst nach Ostafrika, für wechselnde Charterer, bei meiner Abmusterung hieß das Schiff wegen Charterwechsel „CGM LANGUEDOC". Der Fahrplan las sich wie ein Werbeprospekt für seemännischen Nachwuchs. Hamburg – Rotterdam – Le Havre – Marseille – Livorno – durch den Suezkanal – Djibouti – Mogadishu – Mombasa – Dar es Salaam – Tanga – Réunion und zurück. Auf diesen Reisen beschlich mich wieder eine Ahnung, wie die Zukunft für uns Funker aussieht. Morsetelegrafie trat immer mehr in den Hintergrund, die meisten Nachrichten verschickte ich nun per Telex über die französische Küstenfunkstelle St.Lys. Die Franzosen boten als erste einen automatisierten Telexbetrieb, bei dem ich mich zum Fernschreiber des Endteilnehmers durchwählen konnte, ohne Vermittlung eines Operators. Es konnte nur eine Frage der Zeit sein, bis man solche „leichten" Tätigkeiten einem Steuermann aufs Auge drückte und den Funker einspart. Auf Schiffen unter 1.600 BRT war das ja schon lange üblich. Und die Satellitentechnik trug das ihre dazu bei, den Job anspruchsloser zu machen.

Ich stieg im Winter 1985/86 von diesem Schiff aus, fuhr nach Hause, wo meine Inge inzwischen die künftige gemeinsame Wohnung renovierte und freute mich auf meinen wohlverdienten Urlaub. Da hatte ich noch keine Ahnung, dass ich nie wieder anmustern würde.

Es sind Zufälle, die häufig im Leben die entscheidende Rolle spielen. Eine alte Freundin machte mich auf ein Jobangebot am Frankfurter Flughafen aufmerksam. Eine Tätigkeit, deren Anforderungsprofil viele Merkmale meines Funkerberufes aufwies. Ich erkannte die Chance und traf eine Entscheidung. Damit war meine Seefahrt Vergangenheit.

Die Bestätigung für die Richtigkeit meines Weges lieferte Kapitän Martens, als ich kurze Zeit später in Hamburg den Aufhebungsvertrag unterschrieb. „Herr Schlörit, Sie haben den richtigen Entschluss getroffen. Wir werden in der kommenden Zeit massiv ausflaggen müssen!"

Somit verließ ich die Seefahrt, bevor der Telegrafiefunkdienst und damit die Beschäftigung von Funkoffizieren an Bord endgültig eingestellt wurden. Es ging noch einige Jährchen weiter, aber unter immer mieseren Bedingungen, viele „Antennenheizer" gerieten in die Arbeitslosigkeit oder mussten bei üblen Plünnen-Reedern zu beschissenen Konditionen einsteigen. Und die letzten Funker, die noch bei Ahrenkiel fuhren, landeten wenige Jahre später vor dem Arbeitsgericht, wo sie mühsam wenigstens eine Abfindung für jahrelange treue Dienste erkämpfen mussten. Zuvor schon waren sie in Rechtsstreitigkeiten mit der Reederei verwickelt. Krischans Nachfolger hatten die Heuer eigenmächtig um wesentliche Bestandteile gekürzt. In der Zeit hatte ich längst in meinem Landberuf Fuß gefasst.

Habe ich je bereut, zur See gefahren zu sein? Nein, auf keinen Fall! Es war ein Leben mit Höhen und Tiefen, good times, bad times, an Land ist es ja auch nicht viel anders. Aber es war ein sehr spezielles Leben, und nicht jeder Mensch kann nachvollziehen, was uns dazu trieb. Wahrscheinlich wissen es viele Seeleute selbst nicht. Ganz profane Gründe dabei, Abenteuerlust, Fernweh, die Suche nach etwas Besonderem. Es gab sie, diese Abenteuer, den Reiz exotischer Häfen, die wilden Erlebnisse bei Landgängen. Erkauft haben wir das mit langen Seereisen, monotonen Tagesabläufen, eingepfercht auf engem Raum, einem Leben auf Sparflamme, solange das Schiff fährt. Lese ich meine eigenen Erzählungen, stelle ich fest, dass hier eine selektive Aneinanderreihung von Episoden geschildert wird. Die Wochen auf See, der Leerlauf zwischen den erzählenswerten Erlebnissen, die manchmal schwer erträglichen Spannungen innerhalb einer zusammengewürfelten Besatzung, dies alles wird nur am Rande erwähnt. Kehrte ich urlaubsbedingt nach Hause zurück, war dort das Leben weitergezogen. Freunde heirateten, gründeten Familien, bastelten an Häusern und ihren Karrieren. Ich ließ mich dafür feiern, ein weitgereister Seemann zu sein und wartete auf den nächsten Dampfer. Vieles lief an mir einfach vorbei.

Beziehungen ging ich lange Zeit aus dem Weg, die würden bei meinem Leben sowieso enden, bevor sie richtig begonnen haben. Und war immer wieder froh, wenn ich meinen Koffer eine Gangway hochschleppte.

Der Rest ist eine Frage menschlicher Verdrängungsfähigkeit. Die Scheiße habe ich weitgehend zu den Akten gelegt, die schönen Erlebnisse habe ich mir bewahrt. Wäre ich nie zur See gefahren, wüsste ich nicht, ob mir etwas entgangen ist. So aber weiß ich es, und verdammt, ich bin wirklich gerne Seemann gewesen, ich hatte noch tolle Zeiten. Aber heute bin ich auch überzeugt, zum für mich richtigen Zeitpunkt aufgehört zu haben. Jede Reise findet irgendwann mal ein

## Ende

# Anhang

Sowohl die Bücher des Autors als auch zahlreiche weitere See-mannserzählungen und maritime Biographien sind im Maritimbuch-verlag Jürgen Ruszkowski, Nagelshof 25, D-22559 Hamburg er-schienen und im Direktbezug dort erhältlich. Jürgen Ruszkowski, Diakon und Diplom-Sozialpädagoge, leitete von 1970 bis 1997 das Hamburger Seemannsheim der Seemannsmission am Krayenkamp – ein berufsspezifisches 140-Betten-Hotel für Fahrensleute – und lernte in dieser Zeit Tausende von Seeleuten aus aller Welt kennen. Unter dem Titel „Seemannsschicksale Band 1 -3" veröffentlichte er zunächst seine eigenen Erfahrungen mit den Seefahrern und schil-derte dabei in eindrucksvoller Weise Lebensschicksale von Men-schen, die ihr Leben der See verschrieben hatten. Seitdem bietet er zahlreichen ehemaligen Seeleuten die Möglichkeit, ihre eigene Ge-schichte zu verfassen und als Buch dem seefahrtinteressierten Le-ser nahezubringen. Entstanden ist so eine einzigartige Sammlung maritimer Erinnerungsliteratur. Ohne Jürgen Ruszkowski wäre die-ses Buch (In der 1. Auflage Band 77 in der gelben maritimen Buch-reihe des Ruszkowski-Verlages) wohl nie erschienen, für sein Wir-ken und seine Unterstützung sei ihm an dieser Stelle ausdrücklich gedankt.

Auf den folgenden Seiten findet sich ein Verzeichnis aller Werke, die bis zum heutigen Tage im Maritimbuchverlag Ruszkowski erschie-nen sind und dort bezogen werden können.

Im Juli 2015
Bernhard Schlörit

In der **maritimen gelben Buchreihe** „Zeitzeugen des Alltags" sind bisher folgende Bände erschienen:

Band 1 Anthologie Begegnungen im Seemannsheim Lebensläufe und Erlebnisberichte – ebook
Band 2 Seemannsschicksale – Anthologie – Seefahrerportraits – auch als ebook
Band 3 Seemannsschicksale – Anthologie – Erlebnisberichte von See – auch als ebook
Band 4 Seefahrt unserer Urgroßväter unter Segeln – auch als ebook
Band 5 Capt. Feiths Memoiren – Ein Leben auf See – auch als ebook
Band 6 Seemannserinnerungen – Anthologie – auch als ebook
Band 9 Endstation Tokyo – Achtern raus in Japan – 12 € – nur noch Restbestände
Band 10 Jürgen Ruszkowski: Rückblicke – Himmelslotse im Seemannsheim – auch als ebook
Band 14 Schiffselektriker in Cuxhaven – auch als ebook
Band 17 Schiffskoch Ernst Richter – auch als ebook
Band 18 Seeleute aus Emden und Ostfriesland – Anthologie – auch als ebook
Band 19 Das bunte Leben des Matrosen Uwe Heins – auch als ebook
Band 20 Kurt Krüger: Matrose im 2. Weltkrieg – auch als ebook
Band 21 Gregor Schock: Reiniger um 1963 auf SS RIO MACAREO – auch als ebook
Band 22 Jörn Hinrich Laue Frachtschiffreisen – auch als ebook
Band 23 Jochen Müller: Geschichten aus der Backskiste Masch.Assi bei DSR – 12 € –ebook
Band 24 Erlebnisse des Funkers Mario Covi: Traumtrips und Rattendampfer –ebook
Band 25 Erlebnisse des Funkers Mario Covi: Landgangsfieber und grobe See –ebook
Band 29 Logbuch – Anthologie mit Seemannsschicksalen – auch als ebook
Band 30 Günter Elsässer: Schiffe, Häfen, Mädchen – Trampfahrt um 1960 – auch als ebook
Band 31 Thomas Illés d. Ä. Sonne, Brot und Wein – 1 – Tagebuch eines Seglers – auch als ebook
Band 32 Thomas Illés d. Ä. Sonne, Brot und Wein – 2 – Tagebuch eines Seglers – auch als ebook
Band 33 Jörn Hinrich Laue: Hafenrundfahrt Hamburg – auch als ebook
Band 34 Peter Bening: Roman Seemannsliebe – auch als ebook
Band 35 Günter George: Junge, komm bald wieder… Junge aus Bremerhaven – auch als ebook
Band 36 Rolf Peter Geurink: Seemaschinist um 1960 – auch als ebook
Band 37 Hans Patschke: Frequenzwechsel – Funker 1932 – 1970 – auch als ebook
Band 39 Hein Bruns: In Bilgen, Bars und Betten – Roman – auch als ebook
Band 40 Heinz Rehn: Kanalsteurer – plattdütsche Texte – auch als ebook
Band 41 Klaus Perschke: Vor dem Mast – Seefahrt um 1953 – auch als ebook

Band 42 Klaus Perschke: Seefahrt um 1956 Ostasienreisen Nautiker 1958 – auch als ebook
Band 44 Lothar Rüdiger: Flarrow, der Chief Trilogie Maschinenassistent – auch ebook

# Verdammte Container – Seefahrt in den 1970er/1980er Jahren

Band 45 Lothar Rüdiger: Flarrow, der Chief - Trilogie Wachingenieur – auch ebook
Band 46 Lothar Rüdiger: Flarrow, der Chief – Trilogie – Ziel erreicht: Chief – auch ebook
Band 47 Seefahrtserinnerungen – Anthologie – auch als ebook
Band 48 Peter Sternke: Erinnerungen eines Nautischen Beamten – auch ebook
Band 49 Jürgen Coprian: MS FRANKFURT – Salzwasserfahrten 1 Ostasienreisen – ebook
Band 50 Jürgen Coprian: MS FRIEDERIKE TEN DOORNKAAT – Salzwasserfahrten 2 – ebook
Band 51 Jürgen Coprian: MS WIEN + NORMANNIA – Salzwasserfahrten 3 – auch als ebook
Band 52 Jürgen Coprian: MS VIRGILIA – Salzwasserfahrten 4 – auch als ebook
Band 53 Jürgen Coprian: MS COBURG Salzwasserfahrt 5 – auch als ebook
Band 54 Jürgen Coprian: MS CAP VALIENTE - Salzwasserfahrten 6 – auch als ebook
Band 55 Jürgen Coprian: MS BRANDENBURG – Salzwasserfahrten 7 – auch als ebook
Band 56 Immanuel Hülsen: Schiffsingenieur, Bergungstaucher, Flieger –: nicht mehr lieferbar
Band 57 Harald Kittner: Roman: Der Nemesis-Effekt   Preis: 14,90 € – auch als ebook
Band 58 Klaus Perschke: Seefahrt um 1960 unter dem Hanseatenkreuz – Nautischer Offizier – ebook
Band 59 Jörn Hinrich Laue Unterwegs auf Passagier-, Fracht-, Fährschiffen – auch ebook
Band 60 Kuddel Senkbklei: Wasser über Deck und Luken – Seefahrt in den 1950-60ern – ebook
Band 61 Franz Döblitz + Ernst Richter: Service an Bord – auch als ebook
Band 62 Bernhard Schlörit: Hast du mal einen Sturm erlebt? – auch als ebook
Band 63 Carl Johan: Das glückhafte Schiff – Seefahrerroman – auch als ebook
Band 64 Bernd Herzog: Opas Seefahrtszeit – als Maschinist – auch als ebook
Band 66 Bernhard Schlörit: Auf dicken Pötten um die Welt – auch als ebook
Band 67 Arne Gustavs: Schiffsjunge um 1948 – auch als ebook
Band 68 Ernesto Potthoff: Segelschulschiff LIBERTAD – auch als ebook
Band 69, 70, 71 Ernst Steininger: Seemann, deine Heimat ist das Meer – auch als ebook
Band 74 Fritz Gromeier: Freddy, der wilde Heizer – zur Zeit nicht lieferbar
Band 75 Jürgen Ruszkowski: Aus der Geschichte der Seemannsmission – nur als ebook
Band 76 Heribert Treiß: Rudis Weltenfahrten 1936 – 1948 – auch als ebook
Band 77 Bernhard Schlörit: Verdammte Container – auch als ebook
Band 78 Otto Schulze: Briefe aus Fernost – 1907 – Teil 1 – auch als ebook
Band 79 Otto Schulze: Briefe aus Fernost – 1908 – 1912-13 – Teil 2 – auch als ebook

weitere Bände sind geplant
Nicht maritime Bände in der gelben Buchreihe:
Band 11: Diakone des Rauhen Hauses: „Genossen der Barmherzigkeit" ebook
Band 12: Diakon Karlheinz Franke – Autobiographie – auch als ebook
Band 13: Diakon Hugo Wietholz,: Autobiographie – auch als ebook
Band 15: Zeitlebens im Gedächtnis – Deutsche Schicksale um 1945 - Wir zahlten für Hitlers Hybris – ebook
Band 26: Monica Maria Mieck: Liebe findet immer einen Weg – Kurzgeschichten – ebook
Band 27: Monica Maria Mieck: Verschenke kleine Sonnenstrahlen – Kurzgeschichten – ebook
Band 28: Monica Maria Mieck: Durch alle Nebel hindurch – besinnliche Kurzgeschichten – ebook
Band 38: Monica Maria Mieck: Zauber der Erinnerung – besinnliche Kurzgeschichten
Band 43: Monica Maria Mieck: Winterwunder – Weihnachtstexte – auch als ebook
Band 65: Johann Hinrich Wichern – Geschichte des Rauhen Hauses –ebook
Band 72: Kirche im Nachkriegs-Mecklenburg – Anthologie – auch als ebook
Band 73: Horst Lederer: Pastoren in Grevesmühlen (Mecklenburg) – auch als ebook

**Direktbezug beim Herausgeber** für je 13,90 €, soweit oben nicht anders erwähnt, im Inland an Privatpersonen portofrei  (Ausland: ab 3,00 €):
**Jürgen Ruszkowski, Nagelshof 25, D-22559 Hamburg**, Tel.: 040-**18090948**
Fax: 040-18090954 – eMail: maritimbuch@googlemail.com
Info: www.maritimbuch.de oder www.seamanstory.de oder http://maritimbuch.klack.org
http://maritimegelbebuchreihe.klack.org/                                        oder
http://zeitzeugenbuch.klack.org  oder   http://seemannsschicksale.klack.org
oder http://seeleute.npage oder
http://seefahrt1950-60er.npage.de  oder http://seamanstory.klack.org
oder http://seeleute.klack.org oder http://salzwasserfahrten.npage.de/
oder http://seefahrer.klack.org

Printed in Poland
by Amazon Fulfillment
Poland Sp. z o.o., Wrocław

72533762R00172